经济新常态背景下西藏地区草场产权改革与畜牧业经营方式创新

李继刚 著

·广州·

版权所有　翻印必究

图书在版编目（CIP）数据

经济新常态背景下西藏地区草场产权改革与畜牧业经营方式创新/李继刚著．—广州：中山大学出版社，2021.7
ISBN 978-7-306-07204-7

Ⅰ.①经… Ⅱ.①李… Ⅲ.①草地—土地产权—产权制度改革—研究—西藏②畜牧业—经营管理—研究—西藏　Ⅳ.①F326.32②F326.377.5

中国版本图书馆 CIP 数据核字（2021）第 079887 号

出版人：	王天琪
策划编辑：	嵇春霞
责任编辑：	陈晓阳
封面设计：	曾　婷
责任校对：	陈　莹
责任技编：	何雅涛
出版发行：	中山大学出版社
电　　话：	编辑部 020-84110283，84113349，84111997，84110779，84110776
	发行部 020-84111998，84111981，84111160
地　　址：	广州市新港西路 135 号
邮　　编：	510275　　传　真：020-84036565
网　　址：	http://www.zsup.com.cn　E-mail：zdcbs@mail.sysu.edu.cn
印 刷 者：	广东虎彩云印刷有限公司
规　　格：	787mm×1092mm　1/16　19.5 印张　261 千字
版次印次：	2021 年 7 月第 1 版　2021 年 7 月第 1 次印刷
定　　价：	62.00 元

如发现本书因印装质量影响阅读，请与出版社发行部联系调换

前　言

　　西藏自治区（简称"西藏"）是我国的五大牧区之一，具有得天独厚的草场资源。如何在经济新常态和供给侧结构性改革的大背景下促进西藏畜牧业的发展，是一个非常有价值的研究课题。本书以经济新常态为背景，以供给侧结构性改革为手段，借鉴社会体制发展框架，采取历史与现实相结合、文化与经济相结合等研究方法，探讨西藏草场产权改革与畜牧业经营方式创新。

　　本书分为五编，共十四章。第一编为总论。首先，建立逻辑起点，梳理西藏畜牧资源与畜牧业发展历程；其次，对青藏高原游牧业进行追溯与反思，以便在历史中寻找对我们今天发展西藏畜牧业的启示；最后，转向当前我国经济新常态下西藏经济与畜牧业发展的逻辑。

　　第二编为草场产权改革。一是对西藏草场承包制进行经济分析。厘清农地与草场的区别，对草场承包制进行思辨，提出发挥社区在合作中的作用以实现草场承包制度创新的建议。二是探讨西藏草场产权改革与畜牧业规模化经营的问题。先就草场产权何以变迁、何以复杂等问题进行多学科探讨；再从三方面分析草场流转与西藏畜牧业规模化经营的契合性；从自然生态环境和牧区社会分层两个方面探讨草场流转的内生动力；从牧民行为能力等方面阐述草场流转的阻力；同时，通过一县一乡四村的调查对西藏畜牧业经营现状进行基本素描。

　　第三编为畜牧业经营方式创新。一是探讨西藏畜牧业的产业化发展，梳理产业化发展的理论基础，以及西藏畜牧业产业化面临的特殊环境。分析认为，西藏畜牧业经营表现出以自给为主、家庭分散经营、一体化程度低等特点，提出在推进西藏畜牧业产业化中应处理好企业与牧户、生态环保与经济发展、区内市场与区外市场三对关系，并从五个方面给予对策建议。二是研究构建西藏新型畜牧业经营体系的推进路径，分析西藏在新的时代背景下面临的"谁来放牧""如何放牧""怎样放牧"等问题，探讨西藏新型畜牧业经营体系的一般性与特殊性，并对昌都市以及边坝县、察雅县在推进新型畜牧业经营体系建设中的具体做法、存在的问题等进行分析。进而提出坚持家庭经营的基础性地位、完善西藏畜牧业社会服务体系、创新组织方式等建议以推进西藏畜牧业经营体系建设。

第四编为启示与镜鉴，分别从国内和国外两个层面对相关问题进行研究。分析当前我国合作社面临的问题、领办模式、演变趋势等。探讨家庭农场发展的背景、发展的契合性以及制约家庭农场的不利因素，提出家庭农场发展的建议。通过对美国、澳大利亚、加拿大、荷兰四国草地畜牧业发展进行梳理，寻求对西藏畜牧业发展的启示；通过对美国、加拿大、法国、德国、日本等国的家庭农场发展进行多层次分析，试图找到发展我国农业的思路。

第五编为总结，延伸分析指出西藏畜牧业现代化要在畜牧业外下功夫。

目 录

第一编 总 论

第一章 导 论 …… 3
一、研究背景 …… 3
二、一个发展框架 …… 5
三、技术路线 …… 10
四、两个重要概念 …… 11
五、主要内容 …… 13
六、成果价值 …… 18

第二章 西藏畜牧资源与畜牧业发展历程 …… 19
一、西藏畜牧草场资源 …… 19
二、历史上西藏畜牧业基本形态及特征 …… 22
三、西藏和平解放后畜牧业发展历程 …… 28
四、西藏畜牧业发展基本优势 …… 36

第三章 青藏高原游牧业追溯与反思 …… 39
一、问题的提出 …… 39
二、青藏高原上的游牧技术与制度 …… 41
三、游牧的生态耦合性 …… 47
四、传统游牧的消极表现 …… 51

五、草场生态恶化：游牧文明的反思 …………… 54

第四章　经济新常态下西藏经济与畜牧业发展的逻辑 …… 59
　　一、问题的提出 …………………………………… 59
　　二、经济新常态的基本判断 ……………………… 61
　　三、西藏经济发展现状与经济新常态下的行动逻辑 … 65
　　四、新常态下西藏畜牧业发展的逻辑 …………… 73

第五章　西藏畜牧业供给侧结构性改革的方向 ………… 79
　　一、农业供给侧结构性改革的内涵、特征、要求 …… 80
　　二、西藏畜牧业供给侧存在的问题 ……………… 87
　　三、西藏畜牧业供给侧结构性改革的基本思路 …… 92

第二编　草场产权改革

第六章　西藏草场承包制的经济分析 ……………… 103
　　一、草地畜牧业与农耕的比较 …………………… 103
　　二、草场承包的理论依据 ………………………… 106
　　三、西藏草场承包制推进的经济分析 …………… 109
　　四、草场承包的费用分析 ………………………… 113
　　五、草场承包后牧区的一些改变 ………………… 116
　　六、促进合作：实现草场承包的制度匹配 ……… 121

第七章　西藏草场产权改革与畜牧业规模化经营 …… 129
　　一、草场产权及引申含义 ………………………… 129
　　二、草场流转与西藏畜牧业规模化经营的契合性 … 137
　　三、草场流转的动力 ……………………………… 141
　　四、草场流转的阻力 ……………………………… 144
　　五、扩大草场经营的模式 ………………………… 149

六、草场产权改革推进畜牧业规模化发展的
基本遵循……………………………………… 155
七、微观调查：畜牧业经营的基本素描……………… 160

第三编　畜牧业经营方式创新

第八章　西藏畜牧业产业化发展……………………… 171
一、理论基础…………………………………………… 171
二、西藏畜牧业产业化发展环境的特殊性…………… 174
三、在西藏畜牧业产业化中处理好三对关系………… 180
四、畜牧业产业化的对策……………………………… 183

第九章　西藏构建新型畜牧业经营体系的推进路径……… 190
一、西藏构建新型畜牧业经营体系的时代背景……… 190
二、西藏新型畜牧业经营体系的一般性与特殊性…… 198
三、一市两县新型农牧业经营主体发展状况………… 201
四、构建西藏畜牧业经营体系的建议………………… 209

第四编　启示与镜鉴

第十章　中国农民专业合作社演进趋势……………… 215
一、合作社问题表现…………………………………… 217
二、合作社类型与发展趋势…………………………… 220
三、政策启示…………………………………………… 226

第十一章　中国家庭农场发展创新研究………………… 228
一、什么是家庭农场…………………………………… 229
二、家庭农场形成背景………………………………… 231
三、发展家庭农场的契合性…………………………… 236

四、家庭农场生成的制约因素……………………………… 239
　　五、家庭农场成长的途径选择……………………………… 242

第十二章　美、澳、加、荷四国草地畜牧业的
　　　　　借鉴与启示……………………………………………… 251
　　一、如何利用和保护草地…………………………………… 251
　　二、如何发挥社会服务体系的作用………………………… 255
　　三、如何保证畜牧产品质量………………………………… 258

第十三章　发展家庭农场的国际扫描……………………………… 262
　　一、家庭农场扫描…………………………………………… 262
　　二、家庭农场规模如何扩大………………………………… 267
　　三、家庭农场主如何培养…………………………………… 271
　　四、社会化服务组织如何支持家庭农场…………………… 275

第五编　总　结

第十四章　结论及余论……………………………………………… 281
　　结论一：草场产权制度创新是推进畜牧业发展
　　　　　　的基础……………………………………………… 281
　　结论二：经营方式创新是推进畜牧业发展的关键………… 282
　　结论三：培养职业农牧民是推动畜牧业发展
　　　　　　的重要手段………………………………………… 282
　　结论四：政策支持是畜牧业发展的保障…………………… 283
　　余　论：西藏畜牧业现代化要在畜牧业外下功夫………… 283

参考文献……………………………………………………………… 286

后　　记……………………………………………………………… 302

第一编 总论

第一章 导 论

本章作为全书的首章,介绍本书的研究背景、理论遵循以及技术路线。并对两个关键概念进行解释说明,以便对后续章节起到一个指引作用。

一、研究背景

2014年5月,习近平总书记在河南进行考察时指出,"我国发展仍处于重要战略机遇期,我们要增强信心,从当前我国经济发展的阶段性特征出发,适应新常态,保持战略上的平常心态"①。同年12月,习近平总书记在中央经济工作会议上进一步指出,"认识新常态,适应新常态,引领新常态,是当前和今后一个时期我国经济发展的大逻辑"②。

2015年10月,党的十八届五中全会对我国经济社会发展做出了精炼研判:我国发展仍处于可以大有作为的重要战略机遇期,也面临诸多矛盾叠加、风险隐患增多的严峻挑战。其后,在中央财经领导小组第十一次会议上,习近平总书记指出,"在适度扩大总需求的同时,着力加强供给侧结构性改革,着力提高供给体系

---

① 崔小粟、姚奕:《习近平在河南考察时强调:深化改革发挥优势创新思路统筹兼顾 确保经济持续健康发展社会和谐稳定》,见人民网(http://cpc.people.com.cn/n/2014/0511/c64094-25001070.html)。

② 霍文琦:《中央经济工作会议召开 认识新常态 适应新常态 引领新常态》,见中国共产党新闻网(http://theory.people.com.cn/n/2014/1216/c49154-26214589.html)。

质量和效率,增强经济持续增长动力"①。同年12月,中央农村工作会议针对农业工作,首次提出"农业供给侧结构性改革",并指出要提高农业供给体系质量和效率,使农产品供给数量充足、品种和质量契合消费者需要,真正形成结构合理、保障有力的农产品有效供给。

2016年中央一号文件强调,要推进农业供给侧结构性改革,加快转变农业发展方式。2017年中央一号文件进一步指出,农业的主要矛盾由总量不足转变为结构性矛盾,突出表现为阶段性供过于求和供给不足并存,矛盾的主要方面在供给侧。

我国属于多民族国家,幅员辽阔,地区差异性极大,既有发达的沿海地区,也有经济落后的老少边穷地区。在经济新常态和供给侧结构性改革这一大背景下,在习近平新时代中国特色社会主义思想的指导下,既要面临像粤港澳大湾区这样不到1%的国土面积上创造出我国12%的经济总量的城市群的竞争力提升问题,又要面临像西藏这样占国土面积1/8、人口仅300多万的落后地区的脱贫致富实现小康问题。

西藏自治区是我国的五大牧区之一②,具有得天独厚的草场资源。西藏自治区作为我国最大的高寒牧区,平均海拔在4000米以上,草场面积占西藏土地总面积的69%,占我国牧区草地面积的23%。同时,草地资源也是236.75万西藏农牧民[《西藏统计年鉴(2018)》]③ 最重要的生存依靠。

从西藏发展的实际看,西藏第二、第三产业发展滞后,城镇化整体发展程度不高,吸纳农牧区剩余劳动力作用有限。因此,

---

① 崔东:《习近平主持召开中央财经领导小组第十一次会议》,见人民网(http://politics.people.com.cn/n/2015/1110/c1024-27800298.html)。
② 我国牧区一般有"四大牧区""五大牧区"和"六大牧区"之说。四大牧区一般是指:内蒙古、新疆、西藏、青海;五大牧区一般指:内蒙古、甘肃、新疆、青海、西藏;六大牧区一般指:内蒙古、新疆、西藏、青海、甘肃和川西北草原。
③ 文中所有数据如没有特别说明,均来自历年的《西藏统计年鉴》。

在一个相对长的时期内，畜牧业依然是广大农牧民一个重要的收入来源。

党的十八大提出要构建集约化、专业化、组织化、社会化相结合的新型农业经营体系；尔后，党的十八届三中全会通过的《中共中央关于全面深化改革重大问题的决定》提出，加快构建新型农业经营体系，坚持家庭经营在农业中的基础性地位，推进家庭经营、集体经营、合作经营、企业经营等共同发展的农业经营方式创新。当前，全国各地都在积极推进新型农业经营体系建设。《国务院关于加强草原保护与建设的若干意见》中指出："草原是少数民族的主要聚居区，是牧民赖以生存的基本生产资料，是西、北部干旱地区维护生态平衡的主要植被，草原畜牧业是牧区经济的支柱产业。"西藏作为重要的畜牧业大省（区），构建新型畜牧业经营体系无疑具有重要的意义。

基于上述背景，本书以经济新常态为背景，从供给侧结构性改革入手，分析畜牧业产业化与经营方式创新，以便在新的历史时期加快推进西藏畜牧业发展，巩固脱贫成果，实现整个农牧区的振兴。

二、一个发展框架

为了能够科学有效地开展工作，本书在研究思路上有意识地借鉴速水佑次郎、神门善久等日本学者所提出的社会体制发展框架①（见图1-1），并结合新制度经济学理论对其内涵进行适当的扩展和必要的丰富，以便更好地指导本书的研究。

（一）文化—制度子系统

文化是指社会中人们的价值体系，"是一个国家、一个民族的

---

① ［日］速水佑次郎、［日］神门善久：《发展经济学——从贫困到富裕》（第三版），李周译，社会科学文献出版社2009年版，第8-25页。

灵魂"①。制度为社会成员认同的规则,"是一个社会的游戏规则,更规范地说,它们是决定人们的相互关系的系列约束。制度是由非正式约束(道德的约束、禁忌、习惯、传统和行为准则)和正式的法规(宪法、法令、产权)组成的"②。文化与制度不可分割。在传统农业社会,土地是最为关键的生产资料,而土地有别于其他要素的一大不同就是非移动性,这也使得以土地为生的小农祖祖辈辈生活在一个地方,而很少流动。人们生于斯,死于斯,相互守望,形成了安土重迁的习惯,并由此导致了熟人社会的形成。个人在以血缘、情缘、地缘相互交织而成的网中生产、生活和交往。人情、面子、关系构成了人们之间联系与行动的基本心态与文化,构成对人们行为的约束。③

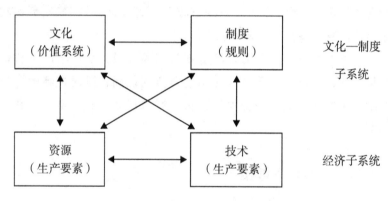

图1-1 社会体制发展框架

文化是意识形态的基础和前提,意识形态是存在于各种文化

---

① 《习近平在中国共产党第十九次全国代表大会上的报告》,见人民网(http://cpc.people.com.cn/n1/2017/1028/c64094-29613660.html)。

② [美]道格拉斯·C.诺斯:《制度、制度变迁与经济绩效》,刘守英译,上海三联书店1994年版,第3页。

③ 李继刚:《中国小农去自给化研究》,陕西师范大学出版社2014年版,第37-38页。

现象中的本质，是文化的核心。① 意识形态处于非正式制度的核心地位，因为它不仅可以蕴涵价值观念、伦理规范、道德观念和风俗习性，而且还可以在形式上构成某种正式制度安排的"先验"模式。② 意识形态具有节约交易费用的功能，是一种自我实施机制，它对人们行为的约束是出于人们"这样做是不对的"的信念，不但节约社会财产的保护成本，同时还有助于人们克服"搭便车"行为，促进集体行动的发挥。"通过一个共同文化遗产所提供的一种减少人们在社会中拥有的不同的心智模型的方式，一种代际之间传递共同感知的途径"③，从而减少信息费用与谈判费用，使决策过程简化。

诺斯在《经济史中的结构与变迁》一书中指出，"制度提供了人类相互影响的框架，它们建立了构成一个社会，或确切地说一种经济秩序的合作与竞争关系"④。人类社会发展离不开合作，制度的产生就是要在纷繁复杂、多样的社会中形成一个可学习、可预见、更简单的人与人之间的交易协调关系，增进人际交流交往，促进主体之间的合作。在信息不完全、人的理性有限以及机会主义的情况下，只有通过文化、非正式制度、正式制度的配合，形成一定的行为框架，人的行为才具有可预知性，才能使行为主体的目的、手段及与之跟随的后果之间具有客观的因果关系，为每个行为主体最大限度地形成可预知、可计算、可获得的合作空间。

（二）经济子系统

分析框架中的资源不仅包括自然资源、劳动力和资本，而且

---

① 王智民：《意识形态与文化的关系》，载《安顺学院学报》2008年第6期，第19－21页。
② 卢现祥：《新制度经济学》，武汉大学出版社2004年版，第115页。
③ [美]道格拉斯·C. 诺斯：《理解经济变迁过程》，钟正生、邢华、高东明等译，中国人民大学出版社2008年版，第23页。
④ [美]道格拉斯·C. 诺斯：《经济史中的结构与变迁》，陈郁、罗华平等译，上海三联书店、上海人民出版社1994年版，第225－226页。

我们还将资源扩大到包括自然地理、生态气候、动物、植物等方面。资源是一个动态和演进的概念,其内容随着生产技术的发展而变化。从历史发展的角度看,农业资源是决定人口定居方式及经济活动区位的主要限制因素。地理环境的优劣决定对外贸易和对外交往的难易程度,过热或过冷的气候都不利于人们工作和生活,所以在工作效率、工作积极性以及劳动对身体健康影响程度等方面都会受到影响。① 资源的差异性与其制度、技术有直接的相关性。在经济发展过程中,人们通过智慧传递、科学创造和物质投资来增加生产资料,因此,生产资料的增加、技术条件的改变都会导致经济发展模式的改变。

技术是利用特定的生产要素组合生产产品价值的能力。没有一定的技术,自然资源和人的劳动就会处于分离状态,当然就不可能有生产过程和产出。本书更强调全要素生产率,即直接衡量的增长决定因素后剩余的产出增长量是生产力发展水平的表现和经济增长的源泉。要促进全要素生产率的提高,一方面要借助于文化—制度子系统,促进要素等资源流动和高效配置;另一方面要促进技术进步,特别是鼓励企业加大技术创新。

制度的演变是人为降低生产交易成本所做出的努力,技术则是人为降低生产的直接成本所做的努力。技术变化决定制度的结构及其变化,而技术发展水平及其变化对制度变迁的影响又是多方面的。技术发展导致利益结构、产权结构等发生改变,导致制度不平衡,进而推进制度变迁。由此可见,技术创新是制度创新的源泉和动力,也是制度创新的前提,而制度创新又是技术创新的必要准备。②

经济子系统以文化—制度子系统为条件,文化—制度子系统的变迁受经济子系统诱发,两者之间是辨证的相互作用的关系。

---

① 张培刚:《农业与工业化》(中下合卷),华中科技大学出版社2002年版,第140-143页。

② 卢现祥:《新制度经济学》,武汉大学出版社2003年版,第148-151页。

人们通过建立一种反馈机制，逐步形成一套能满足资源禀赋和技术变化要求且与文化传统相适应的制度，从而提高诱致性创新的速度。

本书就是按照这一理论框架展开研究，我们认为，该框架非常契合对西藏畜牧业现代化问题的研究。一是西藏的历史文化传统具有鲜明的独特性，对西藏问题的研究绕不开其历史文化背景；二是西藏畜牧业发展正处于我国"百年未有之大变局"当中，草场产权改革、畜牧业经营方式创新等都是围绕这一制度（规则）背景展开的；三是西藏畜牧业资源丰富，发展畜牧业是西藏摆脱贫困、实现乡村振兴的重要途径；四是处于新时代、新经济、新动能大背景下的西藏畜牧业，必将完成供给侧结构性改革。正是基于以上几点认知，我们试图沿着速水佑次郎、神门善久所提出的社会体制发展框架，运用新制度经济学理论展开对问题的分析。

（三）研究方法

遵循社会体制发展框架，本书主要采取了以下三种研究方法。

一是历史与现实相结合的方法。本书结合西藏畜牧业发展的历史和现实状况，实事求是地进行分析，力图完成一个接地气的研究成果。

二是文化与经济相结合的方法。笔者一直以来都秉持对西藏经济社会发展研究必须结合西藏的文化研究这一立场和观点。并且认为经济行为嵌入社会环境，在研究过程中紧密结合西藏文化传统与习惯，才能使研究成果能够反映西藏的实际，所提建议符合当地的发展要求。

三是调查分析方法。由于研究问题的复杂性和多样性，笔者率领课题组成员先后深入阿里、日喀则、昌都等地进行实地调查，通过调查发现问题、探寻原因，探求解决问题的切实可行的思路与方法。同时，通过对一些具有代表性案例的研究，延展分析思路，丰富研究内容。

三、技术路线

本书以西藏游牧业为历史背景，以我国经济进入新常态为客观现实，对西藏草场产权改革与畜牧业经营方式创新展开研究。在新制度经济学指引下，借鉴速水佑次郎、神门善久提出的社会体制发展框架展开对问题的分析。侧重于研究畜牧业供给侧结构性改革，即从制度创新入手对草场产权进行改革，从组织创新入手推进畜牧业产业化发展，从经营模式创新入手构建新型畜牧业经营体系。为了更有效地对所研究的主题进行科学分析，本书还对国内外农业发展、国外草地畜牧业发展进行研究，以便能够更好地为西藏畜牧业发展提供借鉴。全书的研究思路如图1-2所示：

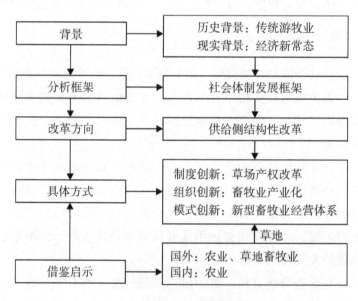

图1-2 技术研究进路

四、两个重要概念

本着"中国特色、西藏特点"的分析理念,我们首先对两个重要概念做出解释和限定,以便读者能更好地理解本书所研究的问题。

(一)概念一:畜牧业

畜牧业是指用放牧、圈养或者二者结合的方式,饲养畜禽以取得动物产品或役畜的社会生产部门。这里包括以下两层内涵:其一,畜牧业生产是以第一性植物生产为基础的第二性生产[1],也就是利用动物机体的生命活动,将植物性产品转化为各种动物性产品的生产活动,因此植物生产属于第一性生产。其二,畜牧业生产者在特定的社会中结成一定的生产关系,借助一定的生产工具对劳动对象进行具体的生产活动,以获得所需要的畜产品。

根据考古发现,畜牧业的萌芽是在狩猎技术发展到晚更新世时,具备猎取大群动物能力和使用弓箭的情况下,当时猎人为生活所迫,在拘系动物以备急需的过程中,对动物和植物产生了具有特别意义的认识。[2] 从驯养野生动物发展到繁殖、饲养以便获得更多动物产品,即出现了原始畜牧业和原始种植业。畜牧业在产生之初,完全分布在江河流域附近或气候、土壤条件比较适宜的天然草场放牧。但随着人畜不断增多,为了解决固定地区放牧饲料资源不足的问题,产生了两种扩大饲料来源的方式:发展种植业和扩大放牧空间范围。在生态条件差、位置偏僻、不能发展种植业的地区逐步形成草地畜牧业;而在天然水草条件好、适宜农

---

[1] 杨武、曹玉凤、李运起、李建国:《国内外发展草地畜牧业的现状与发展趋势》,载《中国草食动物》2011年第1期,第65—68页。

[2] 徐旺生:《中国原始畜牧的萌芽与产生》,载《农业考古》1993年第1期,第189—198页。

作物生长的地区，除部分粮食可作为饲料外，秸秆、糠麸等也可用于饲养牲畜，便发展为农地畜牧业。①

长久以来，畜牧业一直被狭隘地理解为一个单纯的生产部门。随着技术进步、社会发展，畜牧业的多功能性不断被挖掘出来：除了提供基本肉、蛋、奶、皮、毛、绒等产品之外，畜牧业还为工业提供越来越多的原料。特别是在牧区，其自然环境、自然景观、游牧文化、牧民生活等资源不断被发掘出来，形成了具有休闲观光、文化传承、情感享受等多种功能的大畜牧业。

西藏有牧业县（区）15个②，半农半牧县（区）24个③，农业县（区）35个④。西藏的现实情况是，没有纯粹的农业县，但有纯粹的牧业县。也就是说，即便是在农业县，农民从事的也是草地畜牧业。基于这一认识，本书对西藏畜牧业的分析就带有一定的普遍性，即主要集中在草地畜牧业上。也正是基于此，本书更多地使用"农牧民""农牧区"这两个概念。

（二）概念二：家庭承包经营制

20世纪70年代末80年代初，在坚持土地集体所有制前提下，中国农村引入家庭承包经营制度⑤，实行农户分散经营和集体统一

---

① 乔娟、潘春玲：《畜牧业经济管理学》（第3版），中国农业大学出版2018年版，第5-7页。

② 包括：当雄县、仲巴县、萨嘎县、色尼区、嘉黎县、聂荣县、安多县、申扎县、班戈县、巴青县、尼玛县、双湖县、革吉县、改则县、措勤县。

③ 包括：林周县、昂仁县、谢通门县、康马县、亚东县、岗巴县、卡若区、江达县、贡觉县、类乌齐县、丁青县、察雅县、八宿县、工布江达县、曲松县、措美县、错那县、浪卡子县、比如县、索县、普兰县、札达县、噶尔县、日土县。

④ 包括：城关县、堆龙德庆区、达孜区、尼木县、曲水县、墨竹工卡县、桑珠孜区、南木林县、江孜县、定日县、萨迦县、拉孜县、白朗县、仁布县、定结县、吉隆县、聂拉木县、左贡县、芒康县、洛隆县、边坝县、巴宜区、米林县、墨脱县、波密县、察隅县、朗县、乃东区、扎囊县、贡嘎县、桑日县、琼结县、洛扎县、加查县、隆子县。

⑤ 改革初期，称为"家庭联产承包责任制"，1998年中共十五届三中全会将其正式定名为"家庭承包经营"。

经营相结合的双层经营体制。其中，集体统一经营主要通过乡村合作组织围绕集体土地形成[①]；家庭成为拥有自我生产决策权、自负盈亏的市场主体。也就是说，我国农地是以农村集体所有权和农户承包经营权"两权分离"为特征的农地制度。

家庭承包经营制度较好地处理了国家、集体和农民的利益关系，但随着我国经济的发展，农村分化，农民就业结构等不断变化，土地承包经营权的分权设置创新成为必然。2013年7月，习近平总书记在湖北考察时指出，深化农村改革，完善农村基本经营制度，要好好研究土地所有权、承包权、经营权三者之间的关系。2013年年底召开的中央农村工作会议提出，顺应农民保留土地承包权、流转土地经营权的意愿，把农民土地承包经营权分为承包权和经营权，实现承包权和经营权两权分置并行。

本书研究西藏草场承包制以及畜牧业经营方式创新，也是基于上述认知，按照《中华人民共和国农村土地承包法》第二条中"农村土地，是指农民集体所有和国家所有依法由农民集体使用的耕地、林地、草地，以及其他依法用于农业的土地"[②]等规定，在尊重相关法律法规的基础上展开研究。

五、主要内容

本书围绕经济新常态背景下西藏草场产权改革与畜牧业经营方式创新开展研究，具体分为五编，共十四章。

第一编为总论，共五章。

第一章为导论。介绍本书的研究背景、理论遵循以及技术路线。对两个关键概念进行解释说明，以便对后续章节起到一个指

---

① 李周、杜志雄、朱钢：《农业经济学》，中国社会科学出版社2017年版，第241－242页。

② 《中华人民共和国农村土地承包法》，见法律图书馆网（http://www.law-lib.com/law/law_view.asp?id=41400）。

引的作用。

第二章梳理西藏畜牧资源与畜牧业发展历程,对西藏畜牧草场生态资源基本状况进行介绍。回顾自吐蕃时期以及封建农奴制下畜牧业的基本社会形态及特征。分析西藏和平解放后各个阶段畜牧业的发展,特别是改革开放后历次中央西藏工作座谈会对西藏畜牧业的促进。最后,通过区位商和综合比较优势的测算指数法对西藏发展畜牧业进行分析。

第三章对青藏高原游牧业进行追溯与反思。回顾生活在青藏高原上的藏民族的游牧文明,游牧是一种生存智慧,通过游走,克服自然生态的局限,降低不确定性风险,以顺应自然规律,达到人、草、畜的天然融合。同时,通过统一行动、资源划分等制度,避免"公地悲剧"的发生。"逐水草而居"体现了牧人与牲畜、大自然的紧密关系。当然,传统游牧业的消极方面也非常明显。一是抗风险能力的脆弱与资本积累的困难;二是牲畜产品供给的季节性导致供需之间不协调;三是社会发展处于停滞状态,人类的主动性被抹杀。今天,草场生态面临的严重问题,我们该如何思考,如何应对?游牧民所具有的独特的思维方式以及人与自然的平等关系给了我们诸多启示。

第四章分析经济新常态下西藏经济与畜牧业发展的逻辑。通过对我国经济发展从"旧常态"转向"新常态"的背景分析,并依据这一背景,结合西藏自身实际,提出西藏在经济新常态下的行动逻辑:一是西藏要在保持稳定的前提下不断改革,二是要保持增长速度与提高质量并重的发展理念,三是实施具有西藏特点的创新驱动战略,四是推进西藏绿色发展。分析认为,西藏良好的发展环境为推进畜牧业发展提供了基本保障,新经济为西藏畜牧业发展提供了新的动力,市场消费结构变化给西藏畜牧业提供了广阔的空间。通过实施创新驱动发展、协调区内畜牧业分工合作、构建绿色生产服务体系、加强区内外资源流动,改善西藏畜牧发展环境,坚持畜牧发展与农牧民群众增收相协调等是促进畜牧业发展的基本逻辑。

第五章就西藏畜牧业供给侧结构性改革问题进行探讨。首先，对农业供给侧改革的内涵、特征、要求进行阐述。其次，通过分析指出畜牧业生产要素价值不高，经营方式落后，产业链、价值链水平较低，社会化服务体系不健全等是西藏畜牧业供给侧的主要问题。最后，提出通过构建符合西藏发展实际的畜牧业生产体系、产业体系、社会化服务体系等推进西藏畜牧业供给侧结构性改革。该章在全书中具有总领性的作用，为后续各章做铺垫。

第二编为草场产权改革，分为两章。

第六章对西藏草场承包制进行经济分析。首先，从地理区位、生态系统、自然风险、专业化分工、产权保护等方面厘清农地与草场的区别，以便更好地对草场承包制进行分析。其次，对草场承包制进行思辨分析。再次，分别从技术水平、人口压力、草场多价值性等方面分析西藏草场承包制推进的内生动力。对草场承包后出现牲畜结构单一化、农牧民抵御风险的能力脆弱性、畜牧经营规模不经济等问题进行探讨。最后，提出发挥社区在合作中的作用，实现草场承包制度创新。

第七章探讨西藏草场产权改革与畜牧业规模化经营问题。先就草场产权何以变迁、何以复杂，地方性认知与产权之间的关系，以及草场产权的社会建构等问题进行多学科探讨。从草场流转为畜牧业转型奠定基础，草场流转是化解风险、平衡产量的需要，以及草场流转是维护生态系统不可分性的需要三个方面分析草场流转与西藏畜牧业规模化经营的契合性。接着，从自然生态环境和农牧区社会分层两个方面探讨草场流转的内生动力。同时分析认为，农牧民对草场的情感、传统产权认知、农牧户行为能力、农牧户"代际分工"等因素不利于草场流转。当前，西藏扩大草场经营的主要模式有反租倒包、共管共用草场、租赁草场、联户经营、放牧配额等。指出推进畜牧业规模化的基本遵循为，在"三权分置"基础上坚持集体所有底线不动摇，实现地权稳定与规模化经营。最后，通过一县一乡三村的调查对西藏畜牧业经营现状进行基本素描。

第三编为畜牧业经营方式创新，分为两章。

第八章探讨西藏畜牧业的产业化发展。首先，梳理产业化发展的理论基础，对农业产业化的特点、主要组织形式等进行分析。其次，从自然地理环境的独特性、社会发展程度的特殊性、面临市场的特殊性等方面对西藏畜牧业产业化发展环境进行探讨。分析认为，西藏畜牧业经营表现出以自给为主、家庭分散经营、一体化程度低等特点。同时研究认为，在推进西藏畜牧业产业化的过程中，应处理好企业与牧户、生态环保与经济发展、区内市场与区外市场三对关系。最后，从培育龙头企业、突出畜牧产品特色、推进畜牧业横向拓展和纵向延伸、创新商业模式、整合地方资源五个方面对畜牧业产业化提出对策建议。

第九章研究构建西藏新型畜牧业经营体系的推进路径。首先，探讨西藏在新的时代背景下面临"谁来放牧""如何放牧""怎样放牧"等问题。通过对西藏新型畜牧业经营体系的一般性与特殊性的分析，认为其特殊性应具备生态化、适度规模化、科学化、组织化、市场化等特征。其次，对昌都市以及边坝县、察雅县在推进新型畜牧业经营体系建设中的具体做法、存在问题等进行分析，以便对西藏发展畜牧业有一个较为清晰的认识。最后，提出坚持家庭经营的基础性地位、完善西藏畜牧业社会服务体系、创新组织方式等推进西藏畜牧业经营体系建设。

第四编为启示与镜鉴，分为四章。

第十章针对中国农民专业合作社问题进行分析，围绕合作社社员的三大角色，指出当前我国合作社面临合作社领办人利用政策优惠获取收益、侵害广大农户，扶持政策的倾向性导致合作社分化，农户的个人主义与合作社的短视行为增加了合作社运行成本等问题。接着，对公司领办合作社、基层党组织及村干部领办合作社、商人领办合作社、乡村能人领办合作社等不同类型进行分析。发现合作社有四方面的演变趋势，即合作社成员异质化趋势明显；合作社从互助走向互惠；合作社产权安排趋于股份化；合作社演进受到多种因素的交织影响，其发展结果具有不稳定性。最后，提出几点政策思考。

第十一章围绕我国家庭农场的发展进行研究。研究认为，农户阶层化为家庭农场产生提供土壤，规模经济成为家庭农场产生的动力源泉，行政推力加速了家庭农场的形成，农村剩余人口与食物消费结构的转变为家庭农场提供了发展机遇。同时，从八个方面分析发展家庭农场的契合性，并从四个方面探讨制约家庭农场的不利因素。最后，提出通过制度创新鼓励家庭农场规模化经营，通过金融服务破解家庭农场资金短缺的问题，培养职业农民为农业发展提供主体支持，构建合理的社会服务体系支撑家庭农场发展，创新家庭农场与小农户、合作社、工商企业的有效对接等构建一个以家庭农场为基础的新型农业经营体系。

第十二章通过对美国、澳大利亚、加拿大、荷兰四国草地畜牧业发展进行梳理，试图对西藏畜牧业发展有所启示。对四国在发展草地畜牧业中如何利用和保护草地、如何发挥社会服务体系作用、如何保护畜牧产品质量等具体做法进行梳理提炼。发现四国做法具有共同之处，即遵循自然规律，做好草场利用与保护；重视畜牧良种的培育、推广，发挥畜牧合作社、协会等在行业中的作用，建立"产学研"紧密结合的技术支持体系等是完善畜牧业服务体系的基本做法；强化法律法规、严格监督检测体系、利用现代信息管理手段以及生产经营者的自律意识对质量的高度重视等是保证畜牧产品质量的有效途径。

第十三章对美国、加拿大、法国、德国、日本等国的家庭农场发展进行多层次分析，试图说明什么是家庭农场、家庭农场规模，以及研究土地规模如何扩大、家庭农场经营者如何培养、社会化服务组织怎样支持家庭农场发展等，为我国发展家庭农场寻求借鉴与思路。

第五编为总结，并延伸讨论跳出畜牧业的角度来看如何发展西藏畜牧业。

六、成果价值

本书的学术价值表现为：一是对青藏高原传统游牧文化的现代价值进行探讨，对市场经济下推进畜牧业发展进行反思；二是对经济新常态背景下，西藏畜牧业供给侧结构性改革顺应新常态进行理论分析；三是通过对草场承包制的实践考察，对产权理论在全国，特别是西藏的实践进行再思考，提出具有西藏地方性的产权认知；四是在畜牧业产业化与经营方式创新上，与农地农业进行对比，分析其差别，以便发现畜牧业经营体系的特殊性。

本书的应用价值表现为：一是通过对草场承包制的分析，对草场承包制在西藏的实践进行较为全面、深刻的分析，为下一步改革奠定基础；二是通过分析草场产权的地方性建构，加深对产权理论的认识，更好地指导我们推进西藏草场产权制度创新；三是结合国内外农牧业发展趋势，为促进西藏畜牧业经营方式创新提供借鉴。

第二章　西藏畜牧资源与畜牧业发展历程

本章对西藏畜牧草场生态资源的基本状况进行介绍,指出西藏草场面积大、类型多样,气候高寒干旱、降雨量集中,草地承载力有限,由于气候多样,西藏生物资源异常丰富。回顾自吐蕃时期以及封建农奴制下畜牧业的基本社会形态及特征。梳理西藏和平解放后各个阶段畜牧业的发展情况,特别是改革开放后历次中央西藏工作座谈会对西藏畜牧业的促进。最后,通过区位商和综合比较优势的测算指数法对西藏发展畜牧业进行分析。

一、西藏畜牧草场资源

西藏自治区作为我国最大的高寒牧区,地处青藏高原主体部分,平均海拔在4000米以上,空气稀薄,气压低,含氧量少,草场面积占西藏土地总面积的69%,占我国牧区草地面积的23%。[①]同时,草地资源也是236.75万西藏农牧民[《西藏统计年鉴(2018)》]最重要的生存依靠。因此,本书首先对西藏草场的基本情况加以介绍。

1. 西藏草场面积大,类型多样

西藏地处我国西南边陲,位于青藏高原的腹心地带,面积为120万平方公里。据西藏第二次草原普查成果显示,目前西藏草原总面积达13.23亿亩,其中可利用草原面积11.57亿亩。拥有17

---

① 李忠魁、拉西:《西藏草地资源价值及退化损失评估》,载《中国草地学报》2009年第2期,第14-21页。

个草地大类、7个草地亚类、104个草地型。① 不仅有高山草甸草场、湖盆河滩草甸草场，还有山地稀疏森林草场、山地灌丛草场等（见表2-1）。同时，西藏草场蛋白质含量丰富，营养价值极高。被誉为"地球之肺"的草原，占西藏高原的主体面积，而西藏高原作为我国乃至亚洲的空气调节器，是重要的生态安全屏障。

表2-1 西藏草地主要类型基本情况

草地类型	占总面积（%）	主要牧草	地貌特征
高山草甸草场	40.6	矮蒿草、小蒿草等	山原、宽谷、湖盆 海拔>4200米或4700米
湖盆河滩草甸草场	6.8	西藏蒿草、矮蒿草	湖盆、河漫滩
高原宽谷草原草场	37.3	紫花针茅、固沙草	高原、湖盆、宽谷 海拔>4500米
山地草原草场	8.3	禾草、针茅草	山坡、谷坡 海拔<4500米
高原宽谷荒漠草场	1.8	垫壮驼绒藜	山原、湖盆 海拔>4800米
山地荒漠草场	2.8	驼绒藜、阿加蒿	山原深谷 海拔<4500米
山地稀疏森林草场	0.8	毛状叶蒿草、矮蒿草	高山峡谷
山地灌丛草场	1.6	矮蒿草、毛状叶蒿草	山地、谷坡

资料来源：狄方耀、图登克珠、李宏《西藏经济学概论》，厦门大学出版社2016年，第40页。

---

① 《普查成果显示：西藏草原总面积达13.23亿亩》，见中国政府网（http://www.gov.cn/xinwen/2016-10/26/content_5124585.htm）。

2. 高寒干旱，降雨量集中，草地承载力有限

西藏75%以上的草地分布在海拔4500米以上的高寒地带。一方面，由于干旱少雨，牧草低矮、稀疏、产量低。据估算，全区40%以上的草地青草产量为25～50公斤/亩，有的不足25公斤/亩，只有部分湖盆沼泽化草甸大蒿草草地的产量在250～500公斤/亩。① 从地理区位看，各地降雨也有明显差异。水热条件最好的藏东南昌都地区产草量最高，由藏东南向藏西北，降雨量逐渐减少，干燥程度逐渐加重，至西部最干燥的阿里地区草地产草量最低。据计算，西藏年均产鲜草7790.69万吨，全年载畜量3213.72万个绵羊单位。②

另一方面，由于气温低，降雨量集中，牧草生长缓慢。西藏平均海拔在4000米以上，光照充足，各地年平均日照时数为1550～3390小时。气温低，藏北高原年平均气温在-2℃左右，藏南谷地在8℃左右，藏东南地区在10℃左右。同时，各地降水分配不均，每年4月至9月为雨季，10月到次年3月为干季，干季多大风。无霜期一般为120～140天，藏北地区无明显的无霜期。

3. 气候复杂多样，西藏生物资源异常丰富

多种多样的区域气候和明显的垂直气候带形成了极为复杂多样的植物生态环境。西藏横跨温带到亚热带的广阔区域，同一地区不同海拔地带气候条件迥异。③ 截至2000年，西藏的草地植物共有3171种，隶属于116科640属，其中饲用植物2672种，分别属于83科557属。④ 同时，这样的地理气候条件有利于牧草的光

---

① 魏学红、郑维列、张跃为：《西藏野生优良牧草资源及其开发利用》，载《中国野生植物资源》2004年第4期，第24-25、33页。

② 《普查成果显示：西藏草原总面积达13.23亿亩》，见中国政府网（http://www.gov.cn/xinwen/2016-10/26/content_5124585.htm）。

③ 李锦华、王春梅、田福平、尕藏加措：《西藏牧草种子生产的有关问题与对策》，载《草业与畜牧》2009年第11期，第17-21页。

④ 边巴卓玛、呼天明、吴红新：《依靠西藏野生牧草种质资源提高天然草场的植被恢复效率》，载《草业科学》2006年第2期，第6-8页。

合作用和有机物质的积累，牧草中含有较高的粗蛋白质、粗脂肪无氮生物，营养价值高，适口性强。①

二、历史上西藏畜牧业基本形态及特征

早期的藏民族有着较为发达的原始畜牧业。1978年对西藏昌都卡若村遗址的发掘，证明早在新石器时代古老的藏民族就开始驯养猪、牛、羊等牲畜。在定日县南果乡达拉山发现的30幅雕刻岩画，图案多是马、牛、放牧人等场景，也反映出当时的藏民族过着以游牧为主的生活。②

（一）吐蕃时期畜牧业基本形态

1. 放牧技术大为提高

经过原始畜牧业的不断发展，到松赞干布时期，西藏畜牧业已经有了巨大的进步。在畜牧业生产上，推行"开垦荒地划分农田牧场"。在生产技术上，实行"储备冬草"，即将草场区分为夏季牧场和冬季牧场。在冬春季节，天气寒冷时实行定居放牧，到天气转暖，就离开冬季牧场，游动到夏季牧场。《新唐书·吐蕃传》记载："吐蕃居寒露之野……随水草以牧，寒则城处，施庐帐。"这种畜牧放养技术，大大提高了畜牧业的生产效率，反映出藏族居民对畜牧业认识程度的提高，已掌握了一定的生态知识和放牧技巧。

另外，因畜牧业生产的大发展，畜牧种类也日益增多，主要有牦牛、黄牛、犏牛、骡、马、驴、山羊、绵羊、骆驼、猪、犬等牲畜。③ 这对于牧民抗击自然风险能力、充分利用天然草场以及

---

① 王建林、陈崇凯：《西藏农牧史》，社会科学文献出版社2014年版，第11页。
② 王建林、陈崇凯：《西藏农牧史》，社会科学文献出版社2014年版，第56页。
③ 孟作亭、格桑塔杰：《西藏吐蕃时期畜牧业发展管窥》，载《西藏研究》1989年第4期，第22-26页。

实现畜牧结构相互协作都具有非常重要的意义。

2. 草场所有制结构

草场是开展畜牧业最基本、最重要的生产资源。草场所有制一定程度上反映了畜牧业的发展形态。吐蕃时期，绝大部分草场、牲畜等生产资料被官府、贵族和寺庙占有。占有权的实施是通过"部落"这一具体的组织加以实现的，即领主拥有部落，领主通过部落实现对所属牧民的统管。

初期，部落的草场都是自然占有，牧民依靠群体的力量占据一定的地域作为自己的生存空间。在部落内部，牧户与牧户之间没有固定的放牧边界，形式上是所有部落成员都可以任意在部落草场上放牧，具有一定的"集体公用制"性质。① 部落占有、使用草场，需要以承担三大领主②的差乌拉③为前提条件。

具体到部落内部，就部落头人与牧户之间的利益关系而言，虽然部落成员共同享有草场使用权，但部落头人利用其权力，占有一定数量的草场，其他牧户不得入内进行放牧活动。而牧民在享有草场使用权的同时，必须承担向所属权力主体缴纳赋税并服差役的义务。这种权利与义务结合的制度一直延续到部落进入封建化阶段。此后，部落的性质虽然发生了质变，草场的使用方式却依旧保留了下来。④ 在牲畜的分配上，牧民一般享有牲畜的所有权，但由于社会发展水平低下，牲畜的保有量一直保持在较低的水平。

---

① 多杰才旦：《西藏封建农奴制社会形态》，中国藏学出版社2005年版，第146页。

② 三大领主是指西藏民主改革前的西藏地方政府（官府）、贵族、寺院三大类农奴主的概称。

③ 差乌拉是包括徭役、领主地租和政府赋税在内的混合概念。差乌拉是一个总称，由"差"和"乌拉"两个词组合，"差"主要指实物、货币等混合贡赋，"乌拉"指人畜劳役。差乌拉一般可分为外差和内差。外差是向各级官府缴纳的贡赋和支应的劳役，内差是为直接占有农奴的领主提供的劳役及实物。

④ 多杰才旦：《西藏封建农奴制社会形态》，中国藏学出版社2005年版，第146-147页。

（二）封建农奴制下畜牧业的社会形态

1. 草场的部落占有制

公元9世纪，吐蕃王朝崩溃，社会形态逐渐向封建农奴制过度，吐蕃原有地域部落制大部分被封建庄园制所取代，土地国有制瓦解，土地私有制迅速扩大。表现为，一方面，许多未被消灭的奴隶贵族对土地实现私有；另一方面，与公社有或多或少联系的农民，其土地私有成分也在增长。

与之形成对比的是，在广大藏北地区、安多、康巴等地，部落及其联盟这种主要的社会组织形式仍延续下来。历经宋、元、明、清，上述地区的部落及其联盟的数量、规模、分布地域等虽时有变化，但部落却一直是主要的社会组织形式，这种状况一直持续到近现代社会。①

部落制之所以能够延续到民主改革之前，究其原因可能与以下因素有关：一是广大牧区自然条件异常恶劣，道路艰难，地广人稀，远离政治中心，部落的血缘与地缘并存的特征保证了牧民抵御严酷环境的能力。二是畜牧业自身的脆弱性，使其完全依赖于自然，也许一场大雪就可能导致牧民或整个部落丧失全部畜群，多年积蓄的财产毁于一旦，部落因而离散消亡。② 正是由于这样的特点，部落积累财富困难，其社会发展更是举步维艰，甚至很难取得经济社会进步。加之部落之间因草地纠纷等引起的武装冲突和仇杀几乎连年不断，战争消耗了部落大量资源，从而遏止了藏族聚居区的社会发展，使部落制社会处在动荡与停滞状态。

2. 部落内部与部落之间处理草场的形式

部落内每个小部落或牧户都有权在牧区从事牧业生产。但如

---

① 星全成：《民主改革前藏族部落组织制度》，载《青海民族研究》1997年第3期，第40－43、45－46页。

② 洲塔：《试论甘肃藏族部落发展进程中的特点》，载《中国藏学》1998年第3期，第74－79页。

果一旦选定牧业，那么，直到放弃牧业生产为止，其都有承担管理及保护部落草场的义务，不让外部落占用以及牲畜越界食草。然而，在部落内部，贫富差距悬殊，等级鲜明。部落牧民只在形式上享有对草场平等的使用权，草场的牲畜、畜群的迁牧均由头人安排。部落头人已经转化为特权阶级。他们成为三大领主的代理人，除有权主持分配草场使用和调解草场纠纷外，还拥有了优先选用职务专用草场的权力，使其他牧户不得进入这些草场。所谓草场公有制实际上成为操纵在封建头人手中的有利于少数富裕大户的制度。①

部落与部落之间在处理草场使用方式上的情况各异，这主要是由部落自身拥有草场的大小、草场质量的高低、牲畜数量的多少等因素造成的。一般情况而言，外部落进入某一部落草地必须要得到该部落头人的同意。对于草地资源广阔、牧户稀少的安多北部，借牧者只需礼节性地向部落头人赠送哈达，提出的请求一般都会获得同意。而在那曲一带，借用草场则需按牲畜的数量向部落缴纳规定的草钱或定额的酥油，并且这些收入归集体所有。本部落牧民使用草场要按牲畜的占有量分担差乌拉，办法是把各户的牲畜登记并换算成部落内设置的支差单位。②

3. 领主在畜牧生产中剥削牧民的方式

三大领主在整个藏北牧区主要是通过控制草场的占有权来主宰部落、剥削牧民。领主的牲畜数量虽然仅占20%，但其经营完全依赖牧户进行管理，强制性、强剥削是其显著特点。③ 具体形式主要有以下三种：

一是"结美其美"制，即不生不死制。就是说，领主放给牧民1头牛或1只羊，规定牲畜生了幼崽归牧户，死了也不注销。同

---

① 多杰才旦：《西藏封建农奴制社会形态》，中国藏学出版社2005年版，第146—148页。
② 多杰才旦：《西藏封建农奴制社会形态》，中国藏学出版社2005年版，第147页。
③ 多杰才旦：《西藏封建农奴制社会形态》，中国藏学出版社2005年版，第151页。

时，依据牛羊等牲畜不同，每年收取牧户一定的酥油或藏银。这种形式是一种极为不公平的合约安排。在高寒缺氧、自然条件极其严酷的高原牧区，牧户随时都可能面临灭顶之灾。而领主通过转嫁风险，强制性地要求牧户进行接收。

另外，放"结美其美"时，领主为了提高剥削，往往并不一定给牧户真正可以繁殖生产的牲畜，不少是以公牛或老弱牛充数的，甚至以货币、茶叶等作价代替。① 这就进一步给牧民套上了永远挣脱不了的枷锁。

二是"结约其约"制，即有生有死制。这种契约形式相较于"结美其美"，其剥削较为温和，即畜主把母畜租放给牧户，规定繁殖的幼畜归畜主所有，自然死亡可以注销，每年按繁殖幼畜的不同情况，缴纳相应数额的酥油。除此之外的部分，如副产品奶渣、牛毛、牛绒等由牧民取用。这种规定的权利义务，一方面领主可以通过牧民的放牧管理达到保持并发展畜群的目的，另一方面，牧民也可通过这一形式增加放养牧畜的头数，提高生产能力，补助生活。当然，领主为了降低风险，保障自身利益不受损失，在选择牧户时，是根本不会将其牲畜交由牲畜很少或者基本无牲畜的贫困户放牧的。②

三是设立专门牧场派人放牧经营。相比于上述两种形式，设立专门牧场派人放牧经营是一种领主直接参与经营管理的方式。若要推行这种方式，一个基本前提条件就是要节约管理费用、实现有效监督。从实际情况看，由于牧业管理费用高昂，只有个别贵族或寺院上层在靠近农区的周围设置有专放公牛或母牛的牧场，派几个牧奴放牧经营，这种方式与农区的小牧场相似。③

---

① 多杰才旦：《西藏封建农奴制社会形态》，中国藏学出版社2005年版，第155页。
② 多杰才旦：《西藏封建农奴制社会形态》，中国藏学出版社2005年版，第155—156页。
③ 多杰才旦：《西藏封建农奴制社会形态》，中国藏学出版社2005年版，第155—156页。

4. 部落内部阶层的划分

在部落内部，由于各种不确定情况的发生，贫富差距逐步拉大，大体上形成三个层级。（见表2-2）

表2-2 部落内部社会分层

类别	占比	自有牲畜数	经营规模	放牧方式	劳动力状况
贫困户	80%左右	牛最多不过20头，山绵羊20~30只	公母大小牛30~40头，各类羊30~40只	几户联合，分工放牧	多余劳力做零工或长工
中等户	10%~20%	牛50头左右，羊少于100只	约牛100头羊100只	自家劳力单独经营	劳力多的平时不雇工，劳力少的雇长工或季节工
富户	2%~3%	牛100头以上，羊200~500只	不租协	按公母大小分群放牧	以雇工经营为主

资料来源：多杰才旦《西藏封建农奴制社会形态》，中国藏学出版社2005年版，第167-168页。

（三）一个县的资料：察雅封建农牧社会的畜牧业经营方式①

察雅在西藏和平解放前境内所有牲畜归三大领主所有，广大农牧民只能靠租养家畜和出卖劳动力为生。据统计，1959年，察雅县有牲畜18.39万头（只、匹）。在旧社会的畜牧业生产关系中，由于家畜占有数量的不同，察雅在经营方式上形成了几种特

---

① 参考《察雅县志（2019）》（打印版），第556-557页。

殊的生产关系。

1. 租佃关系

佃户租1头母犏牛每年交45斤酥油,租一头母牦牛每年交20斤酥油,占收入部分的45%～55%。两年交不清租,必须用其财产抵偿,如还抵不清,其余部分则转为高利贷。佃户租的牛,如因疾病和自然灾害死亡,佃户不负责赔偿,但必须交回牛皮和肉;春天死亡可以不交租,夏天死亡交半租,秋后死亡交全租。

2. 雇工关系

牧主、富牧雇用牧工专门放牧家畜。放羊工一般每年付给工资100藏元左右,另给毡衣1件、皮被1件,不定期发给靴子。放牛工分女工和男工,女工负责挤奶、打酥油、熬奶渣、磨糌粑、晒牛粪等;男工则负责放牛、割草、驮运等。每年工资为母牦牛1头,另发给少量衣物。有的每年付给现金40～60藏元,伙食由主人供给,有时给少量的旧衣服、靴子等。放马工的工资和待遇与放牛工的相同。

3. 寄放

半农半牧区由于草场少,农牧民将家畜寄放在牧区畜群里,交代牧费。每年寄放1匹马给代牧费3藏元或青稞40斤,1头母犏牛由畜主收回酥油40斤,1头母牦牛收回酥油10斤,如果生小牛则酥油减半。

三、西藏和平解放后畜牧业发展历程

1951年西藏和平解放后,中共中央考虑到西藏的实际情况,并未急于进行社会主义改造,直到1959年,中央政府才开始对西藏进行民主改革,由此西藏牧区经历了由土地改革到人民公社的强制性制度改造,再到集体所有制被确立为社会主义公有制的实现形式。具体可以分为如下四个阶段:"一大二公、一平二调"体制、"三级所有、队为基础"体制、"集体所有、农户承包经营"

体制、"成员集体所有、农户承包经营权自发分离"体制。① (见图2-1)

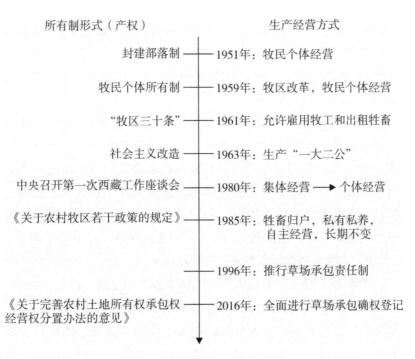

图2-1 西藏畜牧业发展主线

资料来源：根据相关资料整理形成。

(一) 西藏和平解放到改革开放前的畜牧业发展

我们首先对西藏和平解放到改革开放前的畜牧业历程进行梳理，可将其分为三个阶段。

1. 畜牧业发展停滞阶段 (1951—1958)

1951年5月23日，中央人民政府与西藏地方政府签订了《中

---

① 刘守英、熊雪锋、龙婷玉：《集体所有制下的农地权利分割与演变》，载《中国人民大学学报》2019年第1期，第2-12页。

央人民政府和西藏地方政府关于和平解放西藏办法的协议》，即著名的"十七条协议"。毛泽东主席在1952年指出："西藏至少在两三年内不能实行减租，不能实行土改。"由于西藏封建农奴制的社会制度没有改变，受旧的生产方式的束缚，畜牧业发展极为缓慢。1952年年末，牲畜存栏保持在955万头（只、匹）左右，畜牧业年产值不到1亿元。① 1951年西藏和平解放至民主改革的8年间，其畜牧业基本状况没有变化。

民主改革前的牧区社会具有不同于农区社会的特征，一是除大部分牧草资源为三大领主占有外，作为牧区主要生产资料的牲畜，三大领主占25%～30%，其余归牧主阶级和牧民所有；二是当时社会组织的基本情况是部落制，远远落后于农区；三是牧区的社会生产力基础更为脆弱。基于以上情况，中央在对西藏牧区进行民主改革时，制定和实施了一系列更为优惠、灵活的政策。②

2. 畜牧业快速发展阶段（1959—1965）

1959年3月，西藏地方上层悍然撕毁"十七条协议"，发动全面武装叛乱。中央政府宣布解散西藏地方政府，并由西藏自治区筹备委员会行使西藏地方政府的职权。1959年9月，西藏自治区筹委会做出《关于废除封建农奴主土地所有制，实行农民的土地所有制的决议》《西藏地区减租减息实施细则》《关于西藏地区土地制度改革的实施办法》等重大决策和工作部署。西藏进入民主改革时期，推翻了封建农奴制度，完成了土地改革任务。在牧区，变封建部落制为牧民个体所有制，发展牧业生产互助组。③

1961年，西藏工委和自治区筹备委员会制定了《关于牧区当

---

① 杨时民：《西藏"三农"政策体系研究（上册）》，人民出版社2013年版，第36页。
② 狄方耀、图登克珠、李宏：《西藏经济学概论》，厦门大学出版社2016年版，第63页。
③ 范远江：《西藏草场制度变迁的实证分析》，载《华东经济管理》2008年第7期，第35–39页。

前若干具体政策的规定》（简称"牧区三十条"）。1962年，经中央修订后正式执行。其主要内容有：稳定牧民个体所有制和牧主所有制，至少5年不办牧业合作社；认真贯彻"牧工牧主两利"政策，允许雇用牧工和出租牲畜，发挥牧工生产积极性和牧主经营积极性；大力开展爱国增产保畜运动，认真办好互助组，积极发展生产；广泛开展自由交换，允许自由借贷，活跃牧区经济；实行轻税政策，4年内增收不增税。①

1963年，党中央批转了中央民委党组《关于少数民族牧区工作和牧业区人民公社若干政策的规定（草案）的报告》（简称"牧区四十条"）。1965年，西藏自治区成立，开始进行社会主义改造。其基本任务是通过对生产资料个体、私营所有制进行一定方式及途径的改造，将这些非公有制的生产资料改造成为社会主义公有制。在牧区，对牧民个体私有制经济的改造是按照自愿互利的原则，通过互助合作的方式，把分散、游牧的经营活动逐步改造成社会主义畜牧业的集体经济。具体办法是，牧民每人可保留3头（只）牲畜，其余入社实行统一经营、按畜分等、按股分红。对未叛乱牧主采取和平改造的办法，即对其所拥有的牲畜等生产资料除留给他们相当于当地中等牧民平均数量的牲畜外，其余牲畜等作价赎买，分期付款，或实行公私合营，付给定息。对富裕牧民个体所拥有的牲畜等生产资料实行公私合营的办法，除留给其相当于中等牧民平均数量的牲畜外，其余的牲畜计股入社，按股付酬，或者是比照对待牧主的办法，实行赎买。②通过这些政策的贯彻实施，西藏畜牧业生产得到迅速发展，牲畜头数从1959年的956万头发展到1965年的1701万头，畜牧业产值也由9713万元增

---

① 孙勇：《西藏当代经济社会发展中的制度供给研究》，中国社会科学出版社2016年版，第79页。

② 中国藏学研究中心社会经济研究所：《西藏家庭四十年变迁——西藏百户家庭调查报告》，中国藏学出版社1996年版，第63页。

长到17878万元，分别增长了78%和84%。①

这一时期，在中央"稳定发展"方针和自治区工委的"大办农业、大办粮食、大办牧业、农牧并举、多种经营"决策精神的鼓舞下，农牧区很快掀起了互助生产和"爱国增产保畜"运动高潮，农牧业连续6年增产丰收。这期间粮食产量增长了66%，牲畜总头数增长了78%。②

3. 畜牧业徘徊阶段（1966—1978）

该阶段西藏开始在畜牧业经营方式上搞"一大二公"，忽视经济效益的提高，导致牲畜出栏率和商品率极低。1970年，中央发布《关于西藏社会主义改造问题的指示》，本着中央关于"增加生产、不死牲畜"的精神及"要让社员留自留畜"等具体要求，同步推进民主改革和人民公社体制的建设。到1975年年底，全区农牧区基本上实现了人民公社化。1973年，西藏工委召开第三次牧区工作会议，调整了牧业生产工作方针，落实社员自留畜政策，贯彻执行"草、水、繁、改、管、防、舍、工"牧业措施，畜牧业生产得到一定发展。③ 1975年，国务院召开全国畜牧工作座谈会议，批转《全国畜牧业工作座谈会议纪要》，重申了"以牧为主、禁止开荒、保护牧场和发展畜牧业生产"等政策规定。

这一时期，西藏畜牧业经营制度出现以下几个方面的变化：一是畜牧业经营实行"三级所有，队为基础"，即以生产队为基础，公社、生产大队、生产队三级所有。二是生产队是畜牧业的经营者也是草场的主要所有者，实行独立核算、自负盈亏。三是生产队成为草场的产权主体，拥有生产队范围内的草场所有权、

---

① 杨时民：《西藏"三农"政策体系研究（上册）》，人民出版社2013年版，第37页。

② 白玛朗杰等：《口述西藏百年历程（上册）》，中国藏学出版社2012年版，第129页。

③ 杨时民：《西藏"三农"政策体系研究（上册）》，人民出版社2013年版，第38页。

使用权、收益权及有限的处置权。四是高度集中的计划经济体制、草场产权的多主体所有,导致生产队的产权不仅经常受到上面的干预,而且残缺不全。①

"三级所有、队为基础"体制安排也存在对生产队决策者激励不足、生产队所有权被侵犯、产权残缺导致的行为扭曲、生产队统一经营下的监督困难和社员积极性不高等弊端。这些制度弊端导致生产效率低下、农牧民收入增长停滞和生活较为困难,体制内存在进一步变革的要求。②

(二) 改革开放以来西藏畜牧业发展

1978 年 12 月中共十一届三中全会的召开,标志着我们党和国家的工作重心开始转移到社会主义经济建设上来,实行改革开放。我国从此迎来一个新的历史发展时期。对于西藏而言,在推进社会主义市场经济建设过程中,畜牧业也开始进入不断改革创新的新阶段。

1. 畜牧业休养生息政策

1980 年 3 月,中央召开第一次西藏工作座谈会,面对西藏的实际情况,会议提出要"让农牧民休养生息、发展生产,尽快富裕起来"。此后,西藏自治区党委和人民政府确立了一系列休养生息、治穷致富的政策,可将其概括为"放、免、减、保"四字方针。"放"即放宽政策,尊重队、组、户的自主权,取消政府对生产、种植的指令性计划;"免"即免征农牧税收,取消一切形式的派购;"减"即减轻农牧民负担,废除一切形式的用工摊派任务;"保"即保证必要的供给。

随着土地家庭联产承包责任制在全国的推行,1982 年西藏自

---

① 范远江:《西藏草场制度变迁的实证分析》,载《华东经济管理》2008 年第 7 期,第 35-39 页。
② 刘守英、熊雪锋、龙婷玉:《集体所有制下的农地权利分割与演变》,载《中国人民大学学报》2019 年第 1 期,第 2-12 页。

治区提出在牧区实行"牲畜归户、私有私养、自主经营、长期不变"的方针政策。到1982年年底，牧区95%的生产队实行了"大包干"和包产到户的畜牧业生产承包责任制。由于西藏历史传统以及放牧习惯，当时只是将集体草场划分到行政村或自然村，没有落实草场使用权和经营权。

2. 坚持"两个长期不变"政策，承包到村到组

1984年，中央召开第二次西藏工作座谈会，进一步放宽政策，充分调动和发挥广大农牧民的积极性。同年4月，西藏自治区党委制定了《西藏自治区党委关于农村牧区若干政策规定》。其主要内容包括：免征农牧业税政策延长到1990年；土地、牲畜的承包期30年不变；集体林木、荒山、荒地的承包期50年不变，其中开发性经营允许继承。① 1985年2月，自治区修订了《关于农村牧区若干政策的规定》，公布20条具体实施政策，包括农牧区实行"土地归户使用，自主经营，长期不变"和"牲畜归户，私有私养，自主经营，长期不变"的政策，并将"两个长期不变"的政策进一步具体化。

1994年7月，中央召开第三次西藏工作座谈会，会议将"一个中心，两件大事，三个确保"②确定为新时期西藏工作的指导方针，确立"分片负责、对口支援、定期轮换"的援藏方针，确定投资62个项目，总投资48.6亿元。出台《中共中央国务院关于加快西藏发展、维护社会稳定的意见》，在农业和农村政策方面，提出继续推行"土地归户使用、自主经营、长期不变，牲畜归户、私有私养、自主经营、长期不变"的政策，继续免征农牧业税。在土地、草场公有的前提下，鼓励个人开垦农田、荒滩、荒坡，

---

① 孙勇：《西藏当代经济社会发展中的制度供给研究》，中国社会科学出版社2016年版，第88页。

② "一个中心，两件大事，三个确保"指坚持以经济建设为中心，抓好发展和稳定两件大事，确保西藏经济的发展，确保社会的全面进步和长治久安，确保人民生活水平的不断提高。

种植农作物和植树、种草，实行"谁开发、谁经营、谁受益，长期不变，允许继承"的政策。①

1996年开始，西藏自治区按照"草地公有、分户经营、有偿使用、长期不变"等政策，推行草场承包责任制。当时，草场承包责任制在部分地市、县开始启动，但只把草场承包经营权划分到村委会、自然村或联户。② 2001年，中央第四次西藏工作座谈会再次明确了关于农业的六项政策，其中更加明确了1994年《中共中央国务院关于加快西藏发展、维护社会稳定的意见》的文件精神。

3. 进一步明晰产权，草场承包到户

直到2004年，西藏还没有彻底将草场承包到户，导致出现诸如农牧民群众建设草原积极性不高、吃草场资源"大锅饭"、超载过牧等现象，由此也推动了新的草场产权改革。

2005年1月，自治区党委、政府先后制定并下发《中共西藏自治区委员会、西藏自治区人民政府关于进一步落实完善草场承包经营责任制的意见》和《2005年西藏自治区实施草场承包经营责任制试点工作方案》，明确提出"草场公有、承包到户、自主经营、长期不变"的指导方针和"积极主动、慎重稳妥"的总体要求，并在16个县启动草场承包责任制试点工作。③

2010年，中央召开第五次西藏工作座谈会，决定将中央援藏政策再延长10年至2020年。2011年国务院第161次常务会审议通过《"十二五"支持西藏经济社会发展建设项目规划方案》的226个建设项目中，涉及西藏自治区农牧业的有16个重点建设项目，主要包括游牧民定居工程、退牧还草工程、人工种草和天然草地改良等项目。在2015年中央第六次西藏工作座谈会上，习近平总

---

① 白玛朗杰等：《口述西藏百年历程（上册）》，中国藏学出版社2012年版，第143页。
② 兰志明：《西藏农牧业政策与实践》，西藏人民出版社2013年版，第30、83页。
③ 兰志明：《西藏农牧业政策与实践》，西藏人民出版社2013年版，第83页。

书记提出六个方面的治藏方略和坚持"依法治藏、富民兴藏、长期建藏、凝聚人心、夯实基础"的重要原则。① 这些精神的贯彻、政策的落实,极大地推动了西藏畜牧业的可持续发展。

但是我们也要看到,"集体所有、草场承包"体制作为被动应对改革而形成的制度安排,其存在以下弊端:一方面,农牧民对草场产权预期不稳定,易造成农牧业生产中农牧民采取短期行为;另一方面,由于土地权利的残缺性,草场产权很容易受到上级政府以土地所有者名义的侵蚀,从而导致集体产权和集体成员权利模糊、权利主体不明,影响农牧民生产经营的积极性。因此,这一制度从建立之日起就面临理论和现实的挑战。② 时至今日,这也成为我们推进西藏草场产权改革、进行制度创新的原因和背景。

四、西藏畜牧业发展基本优势

畜牧业在西藏经济体系中一直占有重要的地位,是西藏农牧民衣食住行的主要经济来源,对经济发展有重要贡献。21世纪以来,西藏畜牧业产值一直呈上升态势(见表2-3),从2000年的23.53亿元增加到2018年的98.36亿元,实现了快速增长。畜牧业产值占西藏农林牧渔业总产值的比重也在逐步提高,从2000年的45.94%增加到2018年的50.32%,说明西藏畜牧业在西藏农业中的贡献也在逐年增大。因此,西藏发展畜牧经济不仅可以壮大西藏乡村产业,还对全区经济发展起到积极的推动作用。

---

① 张敏彦:《习近平阐述新时代治藏方略,要点全在这里》,见新华网(http://www.xinhuanet.com/politics/xxjxs/2020-08/30/c_1126431397.htm)。

② 刘守英、熊雪锋、龙婷玉:《集体所有制下的农地权利分割与演变》,载《中国人民大学学报》2019年第1期,第2-12页。

表2-3 2000—2018年西藏畜牧业产值占比情况

年份	地区生产总值（亿元）	农林牧渔业总产值（亿元）	畜牧业产值（亿元）	畜牧业占地区生产总值比重（%）	畜牧业占农林牧渔业产值比重（%）
2000	117.80	51.22	23.53	19.97	45.94
2001	139.16	52.78	23.87	17.15	45.23
2002	162.04	55.89	25.58	15.79	45.77
2003	185.09	58.63	27.09	14.64	46.21
2004	220.34	62.74	29.12	13.22	46.41
2005	248.80	67.74	30.05	12.08	44.36
2006	290.76	70.48	31.70	10.90	44.98
2007	341.43	79.83	34.91	10.22	43.73
2008	394.85	88.45	38.96	9.87	44.05
2009	441.36	93.38	44.29	10.06	47.43
2010	507.46	100.77	48.86	9.63	48.49
2011	606.13	109.37	54.11	8.93	49.47
2012	701.65	118.33	59.02	8.41	49.88
2013	816.57	128.00	64.16	7.86	50.13
2014	921.73	138.72	69.34	7.52	49.99
2015	1027.43	149.46	75.30	7.33	50.38
2016	1151.41	162.46	82.73	7.19	50.92
2017	1310.92	178.16	92.17	7.03	51.73
2018	1477.63	195.47	98.36	6.66	50.32

资料来源：根据《西藏统计年鉴（2019）》数据计算所得。

就生产效率优势和规模优势来看，西藏的牛和羊具有较高的比较优势。根据学者熊镇邦、沈彩虹（2009）[1]基于比较优势原理对西藏农牧业结构调整研究中采用的比较优势测算方法，我们选择区位商和综合比较优势的测算指数法对西藏畜牧产品3年（2016—2018年）的平均数据进行了比较优势计算。比较所需数据

---

[1] 熊镇邦、沈采虹：《基于比较优势原理的西藏农牧业结构调整研究》，载《康定民族师范高等专科学校学报》2009年第1期，第17-22页。

指标为牲畜年底头数、牲畜肉产量。（见表2-4）

表2-4 西藏同全国畜牧业比较

牲畜种类	全国		西藏	
	年底头数（万头）	平均单产（公斤/头）	年底头数（万头）	平均单产（公斤/头）
牛	8929.5	70.8	597.9	36.3
羊	29958.6	15.6	1093.9	5.7
猪	43728.4	124.1	41.5	26.4
牲畜年底总头数	82616.5	79.0	1733.2	16.7

资料来源：根据《中国统计年鉴（2019）》《西藏统计年鉴（2019）》数据计算所得。

对上述数据进行效率优势指数（EAI）、规模优势指数（SAI）和综合优势指数（AAI）计算，结果见表2-5。西藏牛、羊、猪的效率比较优势（EAI）均大于1，说明西藏畜牧业中牛、羊、猪的生产效率均高于全国水平；西藏牛、羊的综合优势指数（AAI）大于1，猪的综合优势指数（AAI）小于1，说明西藏畜牧业中牛、羊的规模效率高于全国水平；西藏牛、羊的规模优势指数（SAI）大于1，猪的规模优势指数（SAI）小于1，说明西藏畜牧业中牛、羊的生产具有比较优势。因此，西藏畜牧业应该抓住牛、羊等特色牲畜品种进行扩大生产以推动畜牧经济发展。

表2-5 西藏畜牧业比较优势测算结果

种类	效率优势指数（EAI）	规模优势指数（SAI）	综合优势指数（AAI）
牛	2.43	3.19	2.78
羊	1.73	1.74	1.73
猪	1.01	0.05	0.21

第三章 青藏高原游牧业追溯与反思

本章回顾生活在青藏高原上的藏民族的游牧文明。游牧是一种生存智慧，通过游走，克服自然生态的局限，降低不确定性风险，顺应自然规律，从而达到人、草、畜的天然融合。同时，通过统一行动、资源划分等制度，避免"公地悲剧"的发生。"逐水草而居"体现了牧人与牲畜、大自然的紧密关系。当然，传统游牧业的消极方面也非常明显，一是抗风险能力的脆弱与资本积累的困难，二是牲畜产品供给的季节性导致供需之间不协调，三是社会发展的停滞性，人类的主动性被抹杀。今天，草场生态所面临的严重问题，我们该如何思考，如何应对？游牧民所具有的独特的思维方式和人与自然的平等关系，对我们今天加强草原建设、推进畜牧业现代化意义重大。

一、问题的提出

我国草原面积近60亿亩，约占国土面积的41.7%，承担着陆地生态系统和生态安全屏障的作用，草原更被誉为"地球之肺"。但是，工业化以来，人类对自然资源的剥夺式开发，导致生态环境遭到严重破坏，环境污染触目惊心。2005年，仅就草原资源而言，我国90%的可利用天然草场发生不同程度退化，其中轻度退化面积占57%，中度退化面积占31%，重度退化面积占12%。[①]

学界对草原生态退化与畜牧业发展问题进行了大量研究，其

---

① 韩俊等：《中国草原生态问题调查》，上海远东出版社2011年版，第5页。

中部分学者从游牧业、游牧文化、游牧定居等角度探讨了草原保护与畜牧业现代化问题。市场对草原的侵入改变了牧民的传统生计，而这种改变仅仅触及到整个社会系统的某些方面，却由此引发对传统社会经济的失范，进而导致草原生态系统的退化。① 而照搬适用于养畜业的饲养方法来推进牧业现代化，是草场破坏、不可持续利用的根本原因。② 因此，草原生态恶化应该从文化的角度加以理解，其实质是特定文化对特定生态系统的适应能力是否合理科学的问题。③

游牧民族在长期的生产实践活动中，形成了适应当地生态环境的生计与文化系统，这一系统维系着游牧民对草原的永续利用。④ 而游牧经济形态是唯一能适应青藏高原独特自然环境的生产方式，在历史上成为藏民族生产生活的基础。⑤ 为此，推进游牧到定居是实现草原畜牧业现代化的重要保障和必由之路⑥，是一个民族走向文明的重要标志⑦。实现草场保护和畜牧业现代化就在于把当地牧民的经济、文化及社会需要与保护草原的资源、生物多样性、水源结合起来。⑧ 当前，我们对草原生态系统的研究更多关注

---

① 敖仁其、文明：《资源利用方式改变与社会经济脆弱性关联探讨——以内蒙古牧业区 Y 嘎查为例》，载《广西民族大学学报》（哲学社会科学版）2013 年第 4 期，第 46 – 51 页。

② 吉田顺一、阿拉腾嘎日嘎：《游牧及其改革》，载《内蒙古师范大学学报》（哲学社会科学版）2004 年第 6 期，第 37 – 38 页。

③ 罗康隆：《论藏族游牧生计与寒漠带冻土层的维护》，载《青海民族大学学报》（社会科学版）2014 年第 4 期，第 36 – 45 页。

④ 陈祥军：《游牧生态 – 环境知识与草原可持续发展——以新疆阿勒泰哈萨克为例》，载《湖北民族学院学报》（哲学社会科学版）2012 年第 5 期，第 52 – 56 页。

⑤ 苏永杰：《试论藏族传统文化与青藏高原游牧经济的相互影响》，载《西南民族大学学报》（人文社会科学版）2011 年第 6 期，第 162 – 165 页。

⑥ 阿德力汗·叶斯汗：《游牧民族定居与新疆草原畜牧业现代化研究》，载《新疆社会科学》2003 年第 5 期，第 61 – 68 页。

⑦ 阿德力汗·叶斯汗：《从游牧到定居是游牧民族传统生产生活方式的重大变革》，载《西北民族研究》2004 年第 4 期，第 132 – 140、166 页。

⑧ 丹尼尔·米勒（Daniel Miller）：《游牧民族的本土知识及经验对中国西部草原牧场发展策略的重要性》，载《草原与草坪》2001 年第 4 期，第 41 – 42、45 页。

的是提高畜产品产量，而忽略了畜牧与生态系统的关系。

上述研究成果均具有一定的启发价值，特别是在中国走向生态文明的新时代、建设美丽中国、实现中华民族伟大复兴的大背景下，更好地追溯与反思人类历史上的游牧文明，其价值是不言而喻的。本章对生活在青藏高原上的藏民族的游牧文明进行回顾、梳理和反思，以便能够对今天我们促进人与自然的和谐、更好地保护生态环境、更快地实现西藏畜牧业现代化有所启示。

二、青藏高原上的游牧技术与制度

游牧业作为人类为适应恶劣气候环境而采取的生存方式出现相对较晚，大约9000年至1万年以前，西南亚最早出现游牧民，他们主要放牧绵羊和山羊。[1] 青藏高原是藏族的发祥地，生活在这里的藏民族与生活在蒙新高原的蒙古族、哈萨克族等游牧民族共同创造了中华民族优秀的游牧文化。考古发现，早在新石器时代，青藏高原上的藏族先民就开始驯养野生动物。要考察、理解游牧业及其游牧文化，生活在青藏高原这一世界第三极地区的西藏牧民是再好不过的研究对象，他们的生存方式曾为世界上许多地区的民族所采用。

（一）游牧的基本技术：人、草、畜的天然融合

我们以藏北牧区为例，回顾反思生活在这里的人们是如何在生存条件极度恶劣、生产技术极度落后的条件下生生不息的。

1. 冬、春季放牧法

对于生活在青藏高原的牧民而言，春天是一个自然风险最大、气候条件极度恶劣的季节，而同时这个时节也是接羔育幼的关键

---

[1] ［美］梅尔文·C. 戈尔茨坦、［美］辛西娅·M. 比尔：《今日西藏牧民——美国人眼中的西藏》，肃文译，上海翻译出版公司1991年版，第15页。

时期。因此，牧民处处小心，谨慎对待可能发生的各种意外。考虑到牲畜体质虚弱、难以抵御恶劣气候等原因，此时放牧距离往往会保持在一个较小的范围。并将牛羊放牧在山上水草较好、日照暖和、少风或无风的地方。当遇到阴沉、寒冷、大风天气时，牧民将牲畜赶到背风的山坡和平川中放牧。冬天，由于天气寒冷，牧民放牧采取晚出早归，即在太阳出来后、气温升高时将牲畜放出去，下午太阳落山、气温下降时赶回营地。

2. 夏季放牧法

夏天对于牧民而言，是一年中最好、最舒适的季节。一年中90%的降雨都集中在夏季，雨水充沛，冷热适度，高寒山地草甸类、沼泽草甸类、灌丛草甸类草地牧草生长最旺。这时，牧民必须尽可能地充分利用难得而短暂的时间，促使牲畜长膘。同时，这也是牧民收获奶制品的最佳时期。

此时，牧民在放牧方式上完全与春季不同。在放牧时间上，在天刚破晓时放出去，中午赶回营地挤奶。挤完奶后又赶出去。太阳落山前赶回，再挤奶，挤完后不再放牧。由于天气暖和，放牧时间较长，牛羊尽可能吃饱喝足。"放出—赶回—放出—赶回"，这样高频度地对牲畜与草场进行利用是人类适应自然的一种超乎想象的智慧表现。在放牧地点选择上，牧民一般会把牲畜放在山坡、山顶，这里此时成为水草丰盛的放牧好去处。

3. 秋季放牧法

秋天对于牧民而言是最忙碌最紧张的季节，是牲畜抓膘配种的关键期。此时的放牧技术就是早出晚归，即牛羊要在太阳未出山前放出，太阳落山时赶回，其关键就是要做到"抓膘"，牲畜经过一个夏天的体力恢复和上膘，这时已经相当健壮，牧民利用秋季这样一个天气尚不寒冷、牧草还算丰裕的时期，抓紧时间早放晚归，让牛羊多上膘。在放牧地点的选择上，主要放牧在山坡、山顶等水草较好处，要将拿淌（平川暖地）的草留下作为冬春饲草，特别是春天，牛羊瘦弱，天气严寒，需要在拿淌吃草并避风。①

（二）游牧制度：制度克服自然的局限

"制度是一系列被制定出来的规则、守法程序和行为的道德伦理规范，它旨在约束追求主体福利或效用最大化的个人行为"②，人的有限理性和外部环境的不确定性是制度存在的必要条件之一。制度的核心功能就是"对个人行为形成一个激励集，由此鼓励发明、创新和勤奋以及对别人的信赖并与别人进行合作。通过这些激励，每个人都将受到鼓励去从事那些对他们是良有益处的经济活动"③。由此可见，制度就是要通过约束人的行为来达到集体理性，增进集体福利。青藏高原的牧民在上千年的游牧活动中，形成了自身一套有效的游牧制度，既顺应了自然，又增强了自身风险抵御能力。

1. 顺应自然规模，草场共同所有

游牧本身就是对干旱、高寒等恶劣环境的一种适应，而这种适应需要通过大范围的游走来实现，因此，牧场的共同所有和共同使用就成为必然。青藏高原干旱少雨，牧草生长缓慢，密度稀疏，单位面积载畜量极其有限，大部分地区的牧草在一年当中很难恢复。因此，扩大放牧范围，调节冷暖，牧场的共有和共用就成为一种必要条件。④

由于受到部落人口、牲畜以及草场面积等因素的影响，草场的共同所有制度也存在着差异性。在藏北牧区，部落牧民只要遵

---

① 尕藏才旦、格桑本：《青藏高原游牧文化》，甘肃民族出版社2000年版，第53页。
② [美] 道格拉斯·C. 诺斯：《经济史中的结构与变迁》，陈郁、罗华平等译，上海三联书店、上海人民出版社1994年版，第225－226页。
③ [美] 丹尼尔·W. 布罗姆利：《经济利益与经济制度——公共政策的理论基础》，陈郁等译，上海三联书店、上海人民出版社1996年版，第1－2页。
④ 吉田顺一、阿拉腾嘎日嘎：《游牧及其改革》，载《内蒙古师范大学学报》（哲学社会科学版）2004年第6期，第37－38页。

守部落的一些基本规定或约定俗成的基本规则，就可按照自身生产实际，在迁徙路线、时间等方面自由决定，不受部落头人的限制。

而在果洛、山南、江孜等牧区，草场由部落共同所有，但牧民使用草场受到较为严格的限制。果洛在和平解放前主要有十多个互不统属的部落。部落之下还有低一级的社会组织——直属部落，直属部落之下为帐圈。在牧场的管理使用方式上有两种形式。其中一种形式是部落在按季轮换牧场时，首先由红保（部落头人）召集所属旗下管理的直属部落头人，宣布迁移的具体路线、时间以及草场区域。在牧场的选定上，由红保优先选择，其他各小部落采用抽签或别的方法分配一定草场区域。接着，各小部落头人又在本部落分到的区域内首先指定自己的居处与牧场，把较好的牧场分配给其他牧主和富户，剩下偏僻及不好的草山分配给一般牧民使用。值得注意的是，这种由抽签等形式分配到的草场可能与部落的牲畜数量不匹配，这时会有一个弹性制度来化解这一矛盾，即在草畜矛盾尖锐的部落，由牧户集资给红保好处，然后红保才会同意从有富余草场的小部落调拨部分草山，加以补足。① 虽然这一形式并不规范，但其积极意义非常明显，它化解了草畜之间的矛盾，对于生产和草场保护都是有利的。

2. 统一行动，避免"搭便车"行为发生

生存环境的恶劣性，决定了游牧必须遵循自然规律，制定和执行严格的制度，保护部落整体利益，避免因个别牧户不守规则而导致部落的不可持续。保护好、利用好每个草场，调节好冷、暖季草场都是非常必要和关键的。因此，各地根据当地的气候条件，对牧场迁徙时间、路线等都有十分严格的规定，并且大都有历史上沿袭下来的固定迁移的时间。一般情况下，五月下旬至六月初把牲畜转移到夏季牧场，八月底至九月初转场至秋季牧场，

---

① 张建世：《藏族传统的游牧方式》，载《中国藏学》1994年第4期，第61–71页。

到十月上旬落脚到冬春牧场。统一迁移是部落的一项法规，任何人不得违犯。

四川理塘毛娅地区的"十三禁令"规定，不准任意搬迁牧场，每年藏历五月十五日在土司、部落头人的统一指挥下，牧民们才能搬到夏季牧场，必须统一行动，若提前一天或延后一天，每户罚带鞍驮牛1头或者藏洋5元，两天为10元，以此类推。① 在安多多玛部落，为便于支差和举行全部落的宗教活动及赛马会，规定每年藏历五月一日前，牧民必须南迁，过扎加藏布，集中到错那湖畔的牧场放牧。②

3. 严格的产权划分，避免"公地悲剧"发生

草场作为最重要、最基础的生产资料，在游牧过程中起着基础性作用。游牧能够顺利开展的一个重要前提就是草原产权的清晰界定，只有清楚的产权才能够保证游牧部落的延续与发展。"产权是一系列用来确定每个人相对于稀缺资源使用时的地位的经济和社会关系。"③

在藏北牧区，每个部落都有一定范围的草场。部落与部落之间一般都有历史上形成的草场界线。在部落所属的草场范围内，只有部落成员才能够使用。同时，对于大部落下的各个小部落而言，每个小部落同样控制着有一定地界的公用草场，拥有边界清晰、相互尊重彼此的草场产权。

甘南藏族聚居区，牧民属于不同的部落，他们以小部落为单位居住和放牧。若干牧户组成部落帐圈组织秋德合（放牧单位），若干个秋德合组成较大的部落组织格尔广吾和更大的部落组织郭

---

① 张济民：《渊源流近——藏族部落习惯法规及案例辑录》，青海人民出版社2002年版，第135页。
② 张建世：《藏族传统的游牧方式》，载《中国藏学》1994年第4期，第61—71页。
③ [美] R. 科斯、[美] A. 阿尔钦、[美] D. 诺斯等：《财产权利与制度变迁——产权学派与新制度学派译文集》，刘守英等译，上海三联书店、上海人民出版社1994年版，第204页。

哇。各个部落之间有明确的草场边界，部落内部各牧民家庭的草场分配，在格尔广吾和秋德合头人的主持下，每年均采用抓阄方式决定。①

在黑河宗的南部，各部落均有划定的草场范围，不能越界放牧。如果外部落的牧民到本部落草场放牧，事先必须经过头人的批准，而且来者必须向头人赠送一定的酥油、肉等礼物，其数目视来者的贫富状况而定，同时外来牧户只能在被指定的有限草场范围内放牧。②

川西北藏族牧区每个部落都占有相当大的共同地域，并以山峰、河流为界。部落的草场是神圣不可侵犯的，基本上是部落公有的生产资料，洪波（部落首领）掌握着草场的支配权，给各个寨子定期分配草场，佬民和寨首必须遵照洪波指定的范围安排草场，制定放牧路线，牧民随路线游牧。③

即便是在地广人稀的安多地区，部落之间虽然只是将草场进行大致的划分，但草场产权依然重要，具有经济和象征意义。例如，安多以外的牧民或商人到此地短期放牧必须要事先征得部落头人的同意。④

---

① 高永久、邓艾：《藏族游牧民定居与新牧区建设——甘南藏族自治区调查报告》，载《民族研究》2007年第5期，第28-37页。
② 周大鸣：《藏北游牧部落与马克思的亚细亚生产方式》，载《西藏研究》1996年第4期，第47-53页。
③ 杨明：《试论川西北藏族游牧部落次生牧区公社形态——纪念恩格斯〈家庭、私有制和国家的起源〉发表一百年》，载《西南民族学院学报》（哲学社会科学版）1984年第2期，第1-7页。
④ 周大鸣：《藏北游牧部落与马克思的亚细亚生产方式》，载《西藏研究》1996年第4期，第47-53页。

三、游牧的生态耦合性

（一）逐水草而居：对自然规律的顺应

游牧为"逐水草而居"，这里关键体现在"逐"上。"逐"是人对自然的顺应，是循自然规律而行动，"逐"具体外化表现为"移动"。"移动以及随时做出有关移动的抉择，是游牧社会人群适存于物质匮乏且变量多的边缘环境的利器。移动，使得他们能利用分散且变化无常的水、草资源，也让他们能够及时逃避各种风险。"①

藏族游牧社会自古以来"居无恒所"，"无城郭常居耕田之业"，"各有分地，逐水草迁徙"。牧民们凭借对自然的把握，依靠天然的牧草资源进行畜牧生产和再生产。在上千年的游牧活动中，他们积累了大量的地方性知识，使他们能够较为游刃有余地驾驭牧群，进行周期性迁徙。例如，"开春羊赶雪，入冬雪赶羊"，就生动深刻地反映了牧民对自然、草、畜的把握。这种高原游牧的生存方式，保证了牲畜的繁衍生息，维护了草原生生不息的可持续利用，成为珍贵资源的"基因库"，并使草原保持着生物演替的顶极群落状态，完成牧民自身的生产与繁衍生息。② 同时，也使得青藏高原上的游牧文化得以产生和发展。

"逐水草而居"是游牧文化生生不息的精神源泉，游牧生活全面塑造了游牧人的身体构造、心灵世界和文化模式，游牧人也因此在不断的迁徙与流动中，在与自然的斗争与融合中，创造了帝

---

① 王明珂：《游牧者的抉择：面对汉帝国的北亚游牧部族》，广西师范大学出版社2008年版，第26页。

② 特力更、敖仁其：《游牧文明与草场畜牧业》，载《前沿》2002年第12期，第53－55页。

国、军队、史诗和信仰,流动是游牧文化的核心价值。①

(二)人与畜的互生:对生灵的关爱

牧民与牲畜之间的关系,从牲畜为牧民提供生存资料到牧民像对待孩子一样照看牲畜,充分体现了人与生物之间平等、和谐的关系。牦牛为牧民提供营养丰富的牛奶、酥油和奶渣。一头牦母牛,年产奶约600斤,酥油20斤,奶渣10多斤,足够一个人半年食用。牦牛肉为牧民提供高蛋白,一头牦公牛,产肉300斤左右,可以满足一个人全年的肉食。牦牛皮为牧民提供御寒衣物,牧民利用毛和绒制成毛布、衣裤、藏靴、毡房等。同时,牦牛也是牧民重要的交通工具。即便是牦牛的粪便,也是牧民取暖的燃料。②

"我们靠羊身上的东西过日子。每年羊为我们提供毛、皮、奶和酥油,供我们吃、穿,还可拿去与农民交换青稞、茶叶,等等。此外,成熟的母羊每年都会给我们一只小羊羔。山羊、绵羊都如此。只要我们能把羊带到有草的地方,它们就会满足我们的一切需求。它们是我们真正的养育者和财富的衡量者——只要它们兴旺,我们就差不了。"③ 从牧民的话语中,我们能够感受到牧民对牛羊的感情。

当然,牧民对待牛羊也像对待自己的孩子。严寒的夜晚,牧民裹一皮袄,与自己的羊群为伴,防止狼群的侵犯。在春季,还要照顾可能夜间产羔的母羊,刚刚出生的羊羔,牧民将其放在自己的羊皮袄里,防止其冻伤冻死。他们会不分昼夜地守候在牲畜

---

① 吉尔嘎拉:《游牧文明:传统与变迁——以内蒙古地区蒙古族为主》(学位论文),内蒙古大学2008年。

② 杨明:《川西北藏族游牧部落的经济形态》,载《西南民族学院学报》(社会科学版)1986年第1期,第51-56页。

③ [美]梅尔文·C.戈尔茨坦、[美]辛西娅·M.比尔:《今日西藏牧民——美国人眼中的西藏》,肃文译,上海翻译出版社1991年版,第20页。

旁，精心照料刚生产的羊羔与母羊。"一双敏锐的眸子，一副惊人的记忆，一个奇巧的名字，使牧人每天清点牲畜时，能在自己上千只羊里发现哪只羊丢了，在数百头相似的牦牛中知晓哪一头离群了，从而迅速前去寻找。这其中虽然有着天赋的因素，但更多的应归于牧人对自己的牲畜的热爱，对日夜厮守的牲畜的感情。"①

"春天牲畜像病人，牧人是医生；夏天好像上战场，牧民是追兵；冬天牲畜像婴儿，牧人是母亲。"这样的描述，生动而深刻地反映了牧民与牲畜之间的亲密关系。春天，牛羊弱不禁风，牧民精心呵护；夏天，水草丰美，牧民要像严父一样，让牛羊吃饱；冬天，天气寒冷，牧民要像慈母，照顾好自己的牛羊。牧民跟着牛羊群转，牛羊群随着水草走，浑然一体，融入自然。"我们不知何谓开发自然，因为我们是自然的子女；我们不知何谓生态保护，因为我们是生态的一部分。"这是牧民对自己的认识，也是他们对待自己的态度。

虽然学界对藏民族的"放生"行为给予了更多的批判，但这也从另一个方面折射出牧民与牲畜的关系。"放生"的牛羊，从生到老死一直受到牧民的看护、照料。有一个非常典型的实例：山南地区的赤钦是统管山南拉加里地区的王爷，20世纪50年代前期，他管辖2000余户农牧民，自己直接拥有7000克耕地②，12个牧场。饲养牦牛近4000头，绵羊2800只。赤钦将饲养牛羊看作一种慈善事业，饲养数千头（只）牛羊只是为了照料牛羊安全度过一生。③

青藏高原的游牧，孕育了藏民族对待自然的观念。对他们而

---

① 尕藏才旦、格桑本：《青藏高原游牧文化》，甘肃民族出版社2000年版，第67页。
② 这里的"克"是西藏历史上特有的计量单位，1藏克约28市斤，而1藏克地就是播种1藏克青稞种子的土地面积。因土地地理区位、气候条件等不同，1克土地差异性较大。
③ 南文渊：《藏族牧民游牧生活考察》，载《青海民族研究》1999年第1期，第46-54页。

言，包括人在内的一切生物，在神灵面前都是平等的，没有高低之分、贵贱之别。这样的观念、信仰是在不断的游牧活动中，在同自然界交互过程中演化而来的，万物之间相互依存、相互感应，互为因果，共生共长。

（三）草、畜合理搭配：不确定性的降低与自然资源的充分利用

青藏高原的游牧不仅降低了不确定性，化解了各种自然风险，而且充分利用仅有的、贫瘠的自然资源实现牧民自身收益最大化。具体表现在以下两个方面。

一是通过游牧平衡了不同草场资源的利用，提高了利用效率。游牧过程扩大了资源的利用概率，解决了荒漠无法利用的问题。同时，游牧意味着对环境的适应，即适应干旱和多变的生态环境，[①] 化解因水资源不均衡、匮乏而导致牲畜无法放牧等问题。青藏高原，降雨量极度偏少且分布不均，成为牧草生长的根本性制约因素。牧民根据地方性知识，充分利用自然界提供的各种利用可能，通过掌握恰当的出牧方向、归牧时间、合理的放牧距离等，确保在合理的放牧区间，牲畜可以获得饮用水，同时又能保证水资源的永续利用，特别是利用冬季降雪提供的水资源越冬。

二是从生态学、物种平衡、生物链的意义看，在一个开放的生态系统中，一定的生物都有互补、互助的功能，以维系生态平衡。机械地、孤立地看待生态问题必将造成生态系统混乱及生态环境恶化。而游牧能够调节好生物之间的依存关系，促进生物系统的完整与良性发展。

这里仅就牲畜多样性与生态系统做简单说明。牦牛被誉为"高原之舟"，习性适应高寒草甸草原植被的生存能力，能攀登上

[①] 中国社会科学院研究所农村环境与社会研究中心：《游牧社会的转型与现代性（山地卷）》，中国社会科学出版社2015年版，第1-2页。

高峻山峰觅草，能觅食低矮的小蒿草。也能利用具有毒性的各类杂草，达到充分利用夏冬牧场最高、最冷地方的牧草，而这些地方的牧草是其他牲畜无法采食到的。而藏羊有极薄的嘴唇，能充分觅食草原低草，在积雪覆盖的草地上，它们用蹄扒开积雪吃草，而且它们对毒草识别能力很强。这种牲畜对资源的错位使用，使一个地区的牧草资源能够得到充分合理的利用。① 牧民可以通过牧养不同牲畜达到对自然地理地貌的充分利用，同时也是对气候恶劣、自然灾害频繁的青藏高原的一种积极适应与应对。

四、传统游牧的消极表现

（一）脆弱性：抗风险能力的脆弱与资本积累的困难

"脆弱性"在学界的使用源于地理学和自然灾害研究，之后又拓展到其他领域。世界银行将脆弱性定义为：个人或家庭面临某些风险的可能，并且由于遭遇风险而导致财富损失或生活质量下降到某一社会公认的水平之下的可能。② 本书将脆弱性概括为：潜在灾害、风险发生的概率，以及灾害发生时，人们抵御这些灾害的能力或受到灾害冲击时恢复原状的强弱和时间的长短。

对生活在青藏高原的游牧民族而言，其面临的脆弱性主要表现在以下两个方面。

一方面，牧民的所有生产生活都暴露在自然环境之下，对天然草场几乎是全年放牧利用，对自然的依赖性很强，唯一抵御风险的方式就是不断地移动。因此，游牧完全"靠天吃饭"。青藏高原自然灾害频繁发生，牧民随时随地都要面对各种灾害。特别是

---

① 南文渊：《藏族牧民游牧生活考察》，载《青海民族研究》1999年第1期，第46—54页。
② 陈传波、丁士军：《中国小农户的风险及风险管理研究》，中国财政经济出版社2005年版，第37页。

在冬季牧区遭遇雪灾,牧区称之为白灾,牲畜无食可寻,就可能导致所有牲畜全部死亡。如果牧区干旱少雨,就会发生黑灾,这对牧民而言同样是一场灾难。资料显示,羌日下属的部落数,在1828年前为52个,一场毁灭性的雪灾使得这些部落仅剩下37个(1829年)。①

另一方面,游牧民族大都以牲畜为财富的象征,而牲畜却是不耐储藏、不易保管、耗资费力的有生命的"活物"。这样的财富是很难积累的,最重要的原因就在于牲畜生命的有限性和多变性,它们完全暴露在大自然之中,雪灾、风灾、旱灾、鼠灾等灾害很容易导致牲畜大批死亡,造成繁荣一时的游牧经济忽然崩溃。②已故著名学者贾敬颜曾说:"畜牧业的脆弱性,是它的致命创伤,游牧国家突然衰落或灭亡,和它依赖的单一性的畜牧业本身的缺陷和不足大有关系。"

资本难以积累成为游牧经济脆弱性的一个关键性因素。没有合理的资本积累,社会就不可能持续发展,就不可能提高风险抵御能力,也就不可能摆脱贫困的境地。

(二)牲畜生长的季节性:生产与消费不平衡

从畜产品生产与消费的角度看青藏高原游牧生产活动,其不平衡性明显,表现在:在游牧过程中,牧民完全顺应自然规律,牲畜生长、繁育同样也处于完全的自然状态,整个过程表现出强烈的自然生产特征,这也决定了游牧畜产品集中出栏的季节性特征。牲畜出栏都集中在秋末冬初,一年一次出栏,不能平稳、均衡地供给四季。这主要是因为在游牧状况下,夏秋季节牧草丰茂,是抓膘的好时机,而由于靠天畜牧,没有人为储备足够的饲料等

---

① 周大鸣:《藏北游牧部落与马克思的亚细亚生产方式》,载《西藏研究》1996年第4期,第47–53页。
② 阿德力汗·叶斯汗:《从游牧到定居是游牧民族传统生产生活方式的重大变革》,载《西北民族研究》2004年第4期,第132–140,166页。

因素，导致其他季节牲畜膘情差、无法上市。① 这种季节性的不均衡出栏造成两方面的困难：一是在秋末冬初，畜产品大量供给，造成储存难、保管难等问题；二是生产与消费的不平衡性，导致畜产品价值降低，严重影响牧民的生活质量。

（三）社会发展的停滞性：人类的主动性被抹杀

游牧文化有着自身积极的作用，但是也由于其自身的生产特点，导致游牧社会进步困难，社会发展停滞不前。表现在以下三个方面。

一是人们在生产中的从属地位。在游牧社会中，人的自主性要遵循自然规律，服从畜群的生存需要，而人自身的生存和发展则降至从属地位。这样的从属地位，抹杀了人自身本应有的自主能动性，消极看待自身，他们所能做的一切只不过是让牲畜顺其自然。② 这种观念一旦在整个社会蔓延，就会对整个社会的生产产生消极影响，使本应成为生产生活主体的人，被动地服从自然，成为大自然的附庸物，变得无足轻重，人的主体意识变得淡薄。

二是人们的主动性被抹杀，缺乏积极向上的创造精神。一个社会长期的发展，不仅靠技术、资本等物质形式，关键是依赖这个社会人们的思想观念。由此展开，我们发现，由于在游牧生产方式中人的从属性、依附性抹杀了人们的主观能动性，人类的智慧和创造力失去了潜在的机会，难以得到应有的发挥。加之，牧区地广人稀、居住分散，人们的交往极为有限，游牧社会变成了"虽然存在但无生长"的停滞社会。游牧民族变成了每年气候与植

---

① 阿德力汗·叶斯汗：《游牧民族定居与新疆草原畜牧业现代化研究》，载《新疆社会科学》2003年第5期，第61-68页。
② [美] 梅尔文·C. 戈尔茨坦、[美] 辛西娅·M. 比尔：《今日西藏牧民——美国人眼中的西藏》，肃文译，上海翻译出版社1991年版，第21页。

物生长周期的囚犯，游牧社会成为没有历史的社会。①

三是知识积累困难，产业难以形成规模。在游牧社会中，放养牲畜，对畜产品进行简单利用几乎是牧民的所有活动。创造知识、进行知识积累、改进畜养技术、提高抗风险能力，在游牧社会基本是不存在的。

在牧民看来，放养牲畜仅仅是为了满足自身的生存需要，仅仅是通过将畜产品与农业社会交换日用品，获得生活需要而已。游牧经济结构基本为单一的畜牧业，种植业、手工业、商贸业等行业没有能够发展起来，全体游牧民几乎都以畜牧作为自己的唯一活动，除了饲养畜群以外，很少有别的活动领域。这样的社会是无法通过细化分工促进专业化发展的，更难以通过资本积累，延长产业链，促进经济发展。没有产业就谈不上发展，产业不发达则经济必然落后。游牧社会就是因这些因素的综合影响，造成资本积累困难、技术进步停滞不前，导致游牧民族经济具有"落后性""被动性"等特点。②

五、草场生态恶化：游牧文明的反思

在新的历史时期，面对草场生态破坏问题，我们该如何思考，如何应对？青藏高原传统的游牧文明给了我们诸多启示。

（一）畜牧业经营过程中对生态系统的破坏

通过与游牧的比较，我们发现当前畜牧业经营中对草场生态有一定的破坏。

---

① 陕锦风：《青藏高原的草原生态与游牧文化》，中国社会科学出版社2014年版，第72-73页。

② 阿德力汗·叶斯汗：《从游牧到定居是游牧民族传统生产生活方式的重大变革》，载《西北民族研究》2004年第4期，第132-140，166页。

1. 牲畜移动性降低是草场生态恶化的一个重要原因

草场利用的机动性、灵活性与草场分割之间存在矛盾。西藏草场大多分布在海拔 4500 米以上的高寒缺氧地带，单位承载力、生产力非常低下，而草场自身资源基础的不可调性和季节性变化，需要牧民通过大范围的不断转场游牧实现草畜之间的平衡。因此，自然生态系统决定了牧民必须通过大面积的有规律的"流动"来完成生产过程。历史上形成的相对固定的游牧路线和转场时间及其相关的制度，证明牧民先祖对自然界的深刻理解，对天时、地利、人和的精确把握，以及他们高超的畜牧能力。

当前，草场家庭承包制将草场进行了分割，这与草场生态自然系统有所冲突，冬季草场严重过度放牧，其草场承载力远远低于牲畜数量，草场退化严重，植被难以恢复。更为严重的影响还在于，草场沙漠化以后，地表温度升高，寒漠带地底的永冻层受到干扰。[①]

2. 草场承包制在一定程度上阻碍了生态系统自身的互补、协调机制

传统游牧采取多畜种放牧的方式，既可以充分利用草原中的各类植被提高载畜量，又有利于草原的可持续利用。如前文所述，不同的牲畜对牧草的采食各有偏好，存在差异化。例如，牛喜食高大的、多汁的、适合性较好的草类，羊则爱吃短小的、含盐量高的、有气味的各种植物。多畜种放牧可以立体利用草原空间，连续利用植物生长时间，使各种不同类型的牧草都得到采食，以保证草场的各类牧草得到均衡消费，实现草原的综合利用。同时，还可以控制那些在单种动物生存条件下极力滋生的不适物种，降低灾害风险。[②]

---

① 罗康隆：《论藏族游牧生计与寒漠带冻土层的维护》，载《青海民族大学学报》2014 年第 4 期，第 36 – 45 页。

② 罗康隆：《论藏族游牧生计与寒漠带冻土层的维护》，载《青海民族大学学报》2014 年第 4 期，第 36 – 45。

草场资源的多层次性、复合性与畜群之间存在着相互的依赖，如果简单地通过人为分割草场，就必然影响畜群对不同季节、不同营养成分牧草的利用，不同畜种对不同草地类型的利用模式，以及不同畜种对同一草地类型的复合利用。简单人为分割草场的做法，将会导致草地类型与畜种结构趋于单一化或草原生物群落的逆向演替。[①] 人类早已认识到，草场生态系统不仅是畜牧业发展的基础性条件，也是人类天然生态的保护屏障。特别是对于青藏高原的草场而言，草场生态系统是我国乃至亚洲重要的生态安全屏障，其生态价值不可估量。在市场利益的驱动下，农牧民为了追逐更多的货币，需要放养更多的牲畜。从目前的情况看，农牧民饲养的牲畜数量一般都达到甚至超过牧场放牧数量的阈值。为了缓解草场压力，有些农牧民开始驱赶和捕杀野生动物，这种人为的对生物链的破坏，必然导致青藏高原上的畜种群趋于单一，生态系统遭受破坏。

（二）游牧文明体现为人与自然的和谐

受市场利益的驱动，人们经济活动的目的就是满足物质需求，以最小的成本取得个人财富最大化。但市场也不是完美的，它存在失灵现象，在相关制度不完善、实施有困难的情况下，就可能导致人们无节制地为获得个人利益而对自然、环境采取掠夺式开发。人与自然之间由合为一体的利益共同体，转化为对立的利用与被利用的关系。

当生态环境被破坏、人类生存条件恶化时，我们不得不开始反思人类的发展问题。在经历了自然对人类的惩罚之后，我们发现，要持续发展至少包括环境责任、经济情况健全程度、社会公平，而文化则是可持续发展的第四大基石，文化具有维持社会持

---

① 郝时远、[挪]科拉斯、扎洛：《当代中国游牧业——政策与实践》，社会科学文献出版社2013年版，第105页。

久稳定的潜能。①

面对草场生态恶化，我们也需要从游牧文明当中寻找对后人的启发，这值得我们不断反思。游牧文化遗产本身就是价值，它与经济增长和发展同样重要。青藏高原上的游牧民族形成了人与自然和谐的生态伦理观。这种生态伦理观是以保护自然环境、爱惜自然资源为出发点的，其行为表现为对自然的尊重与敬畏，一切行为方式都以保护自然环境为前提，并以此为主导而展开、延伸。有时，看似原始落后的行为，其背后却隐藏着人与自然的和谐。例如，藏族牧民通过"以血献祭"，宰杀大量的马牛羊等动物作为祭品，"义策忠贞不二，尔死后，我为尔营葬，杀马百匹以行粮"②。通过这样的祭奠来保持草、畜之间的平衡。同时，牧民每年冬初都要根据实际情况，有选择性地挑出一批老、弱、病、残的牲畜进行出售或宰杀，以便能够在严寒缺草的冬、春季保证大多数牲畜的存活。

（三）启示

当我们重新回顾青藏高原传统游牧文化、反思定居农业文明及相关文化时，就会对游牧社会有一个客观、公正的把握。传统的游牧活动，是人类适应自然的智慧，它以合理充分运用自然环境资源储备、满足人畜需求、保持生态平衡、保证游牧生产产品稳定为目的，在自然生态环境所限定的条件内，以家庭或部落形式进行移动型生产、生活。③

人与畜的流动，是为了生存需要，所有或大多数人都参与流

---

① 郝时远、[挪]科拉斯、扎洛：《当代中国游牧业——政策与实践》，社会科学文献出版社2013年版，第9页。
② 王尧、陈践：《敦煌本吐蕃历史文书》，民族出版社1992年版，第164页。
③ 敖仁其、席锁柱：《游牧文明的现代价值》，载《前沿》2012年第15期，第4—6页。

动放牧。① 为了避免灾害发生，牧民通常通过移牧躲灾，在一个可以避灾的大范围内移动。由此看来，畜牧业经营需要的不仅是草场产权的清晰，更需要草场所承载的人与人之间的支持与帮助、合作与配合。

  游牧民族创造了大量的应对人、畜、草之间关系的地方性知识，这些知识是牧民长期积累的、独特的、适于本地的，涵盖了生产生活等各个层面。这些知识历代相传，通过对自然环境仔细地观察、不断地实验及创新而发展形成。② 今天，草原被看作耕地、被人改造利用的同时，却被忽略了草原生态系统的完整性和不可分割性。而牧民的迁徙在有些人看来是一种落后、原始的流浪，他们并未认识到这种迁徙是为了更有效地利用草场资源。"青山绿水就是金山银山"是我们新时期应有的发展理念，游牧人所具有的独特的思维方式和人与自然的平等关系，对我们今天加强草原建设、推进畜牧业现代化具有重大的意义。

---

  ① 阿纳托利·M. 哈札诺夫、贾衣肯：《游牧及牧业的基本形式》，载《西域研究》2015 年第 3 期，第 101－110 页。
  ② 丹尼尔·米勒（Daniel Miller）：《游牧民族的本土知识及经验对中国西部草原牧场发展策略的重要性》，载《草原与草坪》2001 年第 4 期，第 41－42、45 页。

第四章　经济新常态下西藏经济与畜牧业发展的逻辑

本章首先对我国经济发展从"旧常态"转向"新常态"的背景进行分析，并依据这一背景，结合西藏自身实际，提出西藏在经济新常态下的行动逻辑：一是西藏要在保持稳定的前提下不断改革，二是保持增长速度与提高质量并重的发展理念，三是实施具有西藏特点的创新驱动战略，四是推进西藏绿色发展。分析认为，西藏良好的发展环境为推进畜牧业发展提供了基本保障，新经济为西藏畜牧业发展提供了新的动力，市场消费结构变化给西藏畜牧业提供了广阔空间。通过实施创新驱动发展、协调区内畜牧业分工合作、构建绿色生产服务体系、加强区内外资源流动，改善西藏畜牧发展环境，坚持畜牧发展与农牧民群众增收相协调等是促进畜牧业发展的基本逻辑。

一、问题的提出

"新常态"这一概念是习近平总书记2014年5月在河南进行考察时所提出的，他指出，"我国发展仍处于重要战略机遇期，我们要增强信心，从当前我国经济发展的阶段性特征出发，适应新常态，保持战略上的平常心态"[①]。同年12月，习近平总书记在中央经济工作会议上进一步指出："认识新常态，适应新常态，引领

[①] 《习近平总书记在河南考察时提出"新常态"四周年　各地在新常态中积极开创经济发展新局面》，见央广网（http://china.cnr.cn/news/20180510/t20180510_524227730.shtml?from=timeline&isappinstalled=0）。

新常态,是当前和今后一个时期我国经济发展的大逻辑。"①

　　什么是经济新常态?它的内涵是什么?如何把握好经济新常态?学界对这些问题进行了热烈的讨论。中国经济"新常态"是从"计划经济常态"经过"市场化转型的市场经济非常态"进入"社会主义市场经济常态"②,是从经济高速增长、通货膨胀较低、劳动力成本低廉、经济发展不平衡、高投资率、高储蓄率、高杠杆率和低消费率等特征的"旧常态"转化而来的③。只有通过改革消除经济发展方式转变的体制性障碍,才有可能实现所期望的一种新常态。④ 新常态讲究增长质量,实现就业可充分、企业可盈利、风险可控制、民生可改善、资源环境可持续。⑤ 要尊重经济从高速转向中高速甚至中速的现象,政策不应频繁变动,而应保持相对稳定,给企业和社会稳定的预期。⑥

　　进入新常态,协调推进"四个全面"⑦,转变发展方式、跨越"中等收入陷阱"是关键⑧。新常态下经济发展的主要任务就是要

---

　　① 霍文琦:《中央经济工作会议召开　认识新常态　适应新常态　引领新常态》,见中国共产党新闻网(http://theory.people.com.cn/n/2014/1216/c49154 - 26214589.html)。

　　② 齐建国:《中国经济"新常态"的语境解析》,载《西部论坛》2015年第1期,第51-59页。

　　③ 石建勋、张悦:《中国经济新常态趋势分析及战略选择》,载《新疆师范大学学报》(哲学社会科学版)2015年第4期,第1-7页。

　　④ 吴敬琏:《准确把握新常态的两个特征》,载《北京日报》2015年5月14日第18版。

　　⑤ 刘世锦:《如何适应中国经济新常态大逻辑》,载《人民论坛》2015年第9期,第22-24页。

　　⑥ 李佐军:《一个含义丰富深刻的重要表述——如何理解"新常态"》,载《北京日报》2014年8月18日第17版。

　　⑦ 四个全面是指全面建成小康社会、全面深化改革、全面依法治国、全面从严治党。

　　⑧ 刘伟:《经济新常态与经济发展新策略》,载《中国特色社会主义研究》2015年第2期,第5-13页。

深化改革,产业结构调整;① 要逐渐向强调质量、效益、创新,关注生态文明建设,重视民生改善,可持续性的轨道过渡。②

自经济新常态提出以来,学界对其研究是极其深刻和全面的。我国属于多民族国家,幅员辽阔,地区差异性极大,既有发达的沿海地区,也有经济落后的老少边穷地区。而学界往往集中在对中国整体经济的讨论,忽视了落后地区,特别是少数民族地区。本书主要研究在经济新常态背景下,西藏经济该如何适应这一要求,如何适应这一发展逻辑,以及如何更好地促进西藏农牧业发展、农牧区建设。

二、经济新常态的基本判断

(一)中国经济发展要求从"旧常态"转向"新常态"

2014年,习近平总书记在APEC(亚洲太平洋经济合作组织,简称"亚太经合组织")工商领导人峰会上指出:"中国经济呈现出新常态,有几个主要特点:一是从高速增长转为中高速增长。二是经济结构不断优化升级,第三产业消费需求逐步成为主体,城乡区域差距逐步缩小,居民收入占比上升,发展成果惠及广大民众。三是从要素驱动、投资驱动转向创新驱动。"③ 之所以会出现一种不同于以往的经济发展态势,与我国经济发展的约束条件变化有关,具体体现在以下四个方面。

---

① 魏杰、杨林:《经济新常态下的产业结构调整及相关改革》,载《经济纵横》2015年第6期,第1—5页。
② 李扬、张晓晶:《"新常态":经济发展的逻辑与前景》,载《经济研究》2015年第5期,第4—19页。
③ 《习近平在亚太经合组织工商领导人峰会开幕式上的讲演》,载《人民日报》2014年11月10日第2版。

一是经济基础发生改变。改革开放以来，我国经济快速发展，业已步入工业化与城市化中后期阶段。通过多年的发展，我国的生产能力与财富积累已经为完成工业化和城市化奠定了坚实的物质基础。

二是传统生产要素效率下降。随着我国人口老龄化的到来、人口红利的耗尽，劳动力供给增长率开始下降。资本回报率由于人口老龄化、传统工业化结束等影响开始下降。技术进步缓慢，由此带来了竞争力与贡献率的下降。

三是传统产业趋于饱和。一方面，各种日常生活用品在数量供给上趋于市场饱和；另一方面，传统的重化工业、汽车产业、建筑产业等的产能已经接近工业化的天花板，产业结构急需转变。另外，随着基础设施规模的不断扩大，固定资产投资增速也在下降。[1]

四是技术创新条件改变。作为发展中国家，我国通过多年的技术引进，各门类技术水平已接近世界先进水平，再要靠引进技术实现产业升级已不现实，全要素生产率的增长率开始下降，传统制造业竞争加剧并且盈利能力下降。[2]据经济合作与发展组织对全球价值链的最新测算结果，我国出口包含的国内增加值比例只有67%，而美国、德国和日本则分别为89%、85%和73%。这也反映了我国与发达国家之间的技术差距。[3]

（二）经济新常态的基本描述

21世纪初，西方媒体就开始使用"新常态"一词来描述经济

---

[1] 齐建国：《中国经济"新常态"的语境解析》，载《西部论坛》2015年第1期，第51–59页。

[2] 齐建国：《中国经济"新常态"的语境解析》，载《西部论坛》2015年第1期，第51–59页。

[3] 李扬、张晓晶：《"新常态"：经济发展的逻辑与前景》，载《经济研究》2015年第5期，第4–19页。

状态。特别是2010年，太平洋投资管理公司CEO（首席执行官）埃里安发表题为"驾驭工业化国家的新常态"的报告，提出"新常态"这一概念来刻画危机后世界经济的变化。这与习近平总书记在2014年所提出的"新常态"是两个具有不同内涵的概念。西方提出的"新常态"是用来描述20世纪80年代以来全球经济增长长周期的阶段转换，更倾向于悲观主义。① 我国所提出的"新常态"是站在中国经济发展向高级化转变的角度，深刻描述将要面对的新形式、新要求和新机遇。

习近平总书记的一系列关于经济新常态的论述，具有丰富的内涵。一是经济增长速度从高速增长开始转向中高速增长。2015年政府工作报告强调，"我国经济发展进入新常态，正处在爬坡过坎的关口"。我国经济的这一变化，可以形象地比喻为从宽阔平坦的道路，驶向较为艰难的上坡道路，处于爬坡阶段，一不留神就会退回原地。今后有可能还会往下变成中速增长，稳定在这个状态。② 速度的这一变化是符合经济发展规律的，经济新常态的这一判断是对规律的尊重，应该更加科学地认识这一规律。

40多年的改革开放，我国一直坚持社会主义市场经济建设。1978年，我国人均收入仅为155美元，不及非洲国家平均人均收入的1/3，属于绝对贫困国家。1986年，我国国内生产总值刚刚超过1万亿人民币；2001年，超过10万亿人民币；2010年，达到40万亿人民币，成为世界第二大经济体。我国经济已进入工业化后期并开始形成某些"后工业化"时代的特征。③ 国际经验显示，二战后，成功追赶型经济体（如日本、韩国、中国台湾），在人均收

---

① 李扬、张晓晶：《"新常态"：经济发展的逻辑与前景》，载《经济研究》2015年第5期，第4—19页。
② 吴敬琏：《准确把握新常态的两个特征》，载《北京日报》2015年5月14日第18版。
③ 刘伟：《经济新常态与经济发展新策略》，载《中国特色社会主义研究》2015年第2期，第5—13页。

入达到 11000 国际元后，均出现从经济增长高速转向中高速，甚至中低速现象。① 我国到 2014 年年底，GDP（国内生产总值）总量超过 63 万亿人民币，已经达到这个关键点，2018 年，我国实现经济总量 90 万亿人民币。由此，我们提出经济新常态就是要适应这一客观规律，同时，也要引领这一规律。

二是从注重规模速度转向重视发展质量。我们进入经济新常态，就是要把重视规模扩大的粗放型增长转向集约化、质量型增长。应该讲，我们所探讨的经济增长速度下降，只是一个非常表面化的问题，更为关键的是在这一转换期，重视发展质量。随着我国收入水平的提高，人民物质文化等的要求也越来越高，特别是对产品质量的要求表现得尤为强烈。随着经济转换期的到来，增长动力和机制转换，矛盾和风险集中显露或释放，不确定、不稳定因素都明显增加。② 当前，我们面临的问题更复杂，需要解决的问题更艰巨，放慢经济增长速度是为了更好地在调整产业结构、优化发展方式、转变政府职能、提高产品质量等方面下功夫。

三是资源配置方式由市场起基础性作用向起决定性作用转换。十八届三中全会做出的《中共中央关于全面深化改革若干重大问题的决定》指出，"经济体制改革是全面深化改革的重点，核心问题是处理好政府和市场的关系，使市场在资源配置中起决定性作用和更好地发挥政府作用"③。这一论述是我们党在经过艰苦奋斗，历经磨难后，对市场与政府在资源配置中地位的深刻认识。从以往多年的实践看，我国的经济体制基本上是政府主导的不完善的市场经济，这里面存在着许多问题。党的十八届三中全会提出

---

① 刘世锦：《如何适应中国经济新常态大逻辑》，载《人民论坛》2015 年第 9 期，第 22－24 页。

② 刘世锦：《经济新常态：从速度到质量》，载《西部大开发》2014 年第 12 期，第 20－23 页。

③ 《十八届三中全会〈决定〉、公报、说明》（全文），见中国经济网（http://www.ce.cn/xwzx/gnsz/szyw/201311/18/t20131118_1767104.shtml）。

"使市场在资源配置中起决定性作用",十八届四中全会提出"社会主义市场经济本质上是法治经济",表明了我们党对市场经济规律的认识达到了新的高度。[①]

随着我国经济发展水平的提高,市场与政府在资源配置中的地位、作用也在不断发生变化。我国经济新常态下,资源配置方式由市场起基础性作用向起决定性作用转换,政府不再搞强刺激、大调整,而是通过转变职能、简政放权、减税让利等手段,将资源配置的决定权交给市场,体现了我们党驾驭经济能力的提高,同时,也反映出我国经济保质增优的发展态势。

四是人与自然和谐发展成为常态。生态文明建设是我国经济新常态的一大标志。"绿水青山就是金山银山"体现了我们党对生态文明建设、发展绿色经济的新理念、新举措,是对我国经济可持续发展的清醒认知和准确判断。新常态下,我们既要金山银山,也要绿水青山。而绿水青山就是最大、最久的金山银山。过去我们走"先污染后治理"的发展道路,现在我们必须在生态文明建设的大背景下,实现绿色循环低碳发展。如今,我们的生存环境遭到极大破坏,生态环境已经到了不得不治理的地步。因此,新常态就是要实现人与自然的和谐共处,实现中华民族的永续发展。

三、西藏经济发展现状与经济新常态下的行动逻辑

(一) 西藏经济发展的特殊性

西藏经济作为我国经济的一个重要组成部分,既深深嵌入全国经济当中,同时也表现出其独特的一面。与全国相比,进入经济新常态下的西藏经济,主要表现出以下四个方面的特点。

[①] 张占斌、周跃辉:《关于中国经济新常态若干问题的解析与思考》,载《经济体制改革》2015年第1期,第34—38页。

1. 西藏经济增长速度依然保持高速增长

2017年,西藏生产总值为1310.63亿元,比上年增长14%,而全国平均增速仅为6.8%。相比于全国经济增长减速,西藏经济增长速度依然保持两位数的高速增长。(见图4-1)

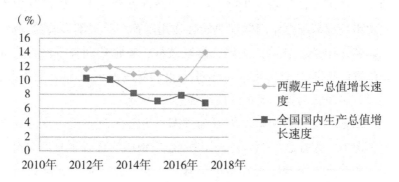

图4-1 全国与西藏经济增长速度

资料来源:《西藏统计年鉴(2019)》。

当前,西藏之所以保持快速增长,是需求拉动经济增长的因素在起作用。具体表现为:一是西藏地方政府投资持续增长,基础设施、公共服务的大量投资,拉动着西藏经济的快速增长。2017年,西藏全社会固定资产投资总额为2051.04亿元,比2016年增长23.9%,其中第二产业固定投资达413.44亿元,增长40.2%。二是西藏消费增长速度高于全国平均水平。2017年,西藏人均消费支出为10320元,比上年增长10.7%。其中,城镇居民人均消费支出为21088元,增长8.5%;农村居民人均消费支出为6691元,增长10.2%。而全国2017年人均消费支出为18322元,比上年增长7.1%,扣除价格因素,实际增长5.4%。按常住地分,城镇居民人均消费支出实际增长4.1%,农村居民实际增长6.8%,均低于西藏消费增速。

2. 西藏消费与全国整体消费结构差异明显

西藏整体消费结构落后于全国水平,突出表现在,消费支出远远落后于全国平均值,2016 年,全国人均消费支出为 17110.70 元,西藏为 9318.70 元,仅为全国的 54%;同时,其生活必需品消费在整个消费支出中的比例较大,教育文化及娱乐、医疗保健等支出小,均未达到全国平均水平的 1/5。(见图 4-2)

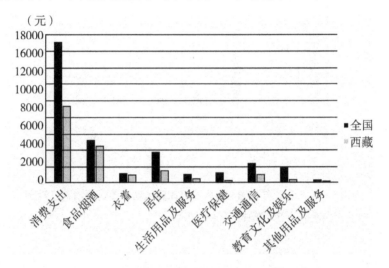

图 4-2　2016 年全国与西藏居民人均消费支出

资料来源:《中国统计年鉴(2017)》《西藏统计年鉴(2017 年)》。

此外,西藏居民消费结构单一,仅就居民主要食品消费量而言,西藏粮食(原粮)消费是全国平均值的 2.13 倍,而蔬菜及食用菌消费量为全国的 27%,干鲜瓜果类更少,仅为全国平均量的 14%。(见图 4-3)

3. 西藏人口增长远高于全国平均水平

与全国人口增速下降相比,西藏人口自然增长率持续增长,基本保持在 10‰ 的水平,而 2016 年全国人口自然增长率仅为 5.86‰。(见图 4-4)2010 年我国进行的第六次人口普查结果显示,劳动年龄人口(15~59 岁)增长已经停止,人口红利开始消失。而西藏人口则由 2010 年的 300.22 万增加到 2016 年的 330.54 万。

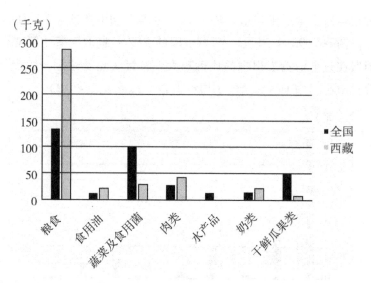

图4-3 2016年全国与西藏居民家庭人均主要食品消费量对比

资料来源：《中国统计年鉴（2017）》。

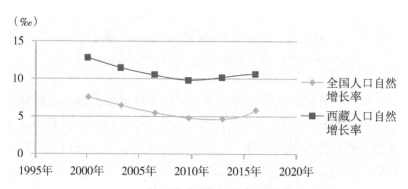

图4-4 西藏与全国人口自然增长率

资料来源：《中国统计年鉴（2017）》《西藏统计年鉴（2017）》。

在此，我们应该辩证地看待西藏人口增长问题。一方面，西藏人口增长是否与经济发展相适应。西藏人口的快速增长首先与我国少数民族生育政策有关。在国家二胎政策放开之前，西藏实行"一二三"政策，即汉族干部生一个，藏族干部生两个，农牧区群众生三个，且没有强制执行。同时，由于卫生医疗条件的巨大进步，西藏人口死亡率大大下降，也促进了人口的总量增长。然而，由于西藏生态环境的脆弱性，人口承载能力有限，过快的人口增长会对经济产生消极影响。另一方面，人口数量与教育质量不符的问题。由于受西藏地理环境、宗教文化等影响，西藏基础教育质量还很薄弱，人口教育质量赶不上经济发展对人力资本的要求。

4. 相比于全国，西藏不稳定因素更多

西藏由于受境内外分裂势力的干扰，经济社会发展受到一定程度的影响。随着我国经济发展水平的提高，经济总量稳居世界第二位，一些别有用心的国家和组织借助西藏分裂势力对我国进行干扰，目的是想阻挠我国经济的发展。由于境内外敌对势力对西藏的干扰，加之某些敌对国家或明或暗的支持，西藏稳定问题一直都是国家头等大事，由此也影响了西藏经济社会的发展。特别是在"一带一路"倡议的背景下，西藏正积极推进南亚大通道建设，如何应对新常态、推进经济结构转型升级并保持社会稳定就是一个必须面对的全新的课题。

（二）经济新常态下西藏经济发展的基本思路

以习近平新时代中国特色社会主义思想为指导，结合我国经济新常态的发展形势，立足西藏经济社会的特殊性，走"中国特色、西藏特点"的发展路子，应考虑从以下四个方面开展工作。

1. 西藏要在保持稳定的前提下不断改革

"治国先治边，治边先稳藏"，可见西藏在我国国家治理中的重要地位。因此，在经济新常态下，要通过稳定保障发展，通过发展促进稳定，而要发展就需要改革。西藏经济社会整体落后于全国，在诸多方面需要进行改革。通过改革，消除制度性障碍，提高资源配置效率，可以更好地挖掘要素供给潜力，释放改革红利。

具体而言，一是进一步处理好市场与政府的关系，尽快从市场在资源配置中的基础性作用转变为决定性作用。西藏市场化改革起步较晚，发展较为缓慢，政府在本应该退出的领域还没有完全退出，过度干预还时有发生，资源错配现象明显，因而阻碍了市场经济的发展。

二是处理好城镇与农牧区的发展问题。目前，现代化的城镇与落后贫瘠的农牧区并存，这种"二元结构"[①]需要转变为"一元结构"，就要进行城乡结构改革，依据西藏实际，推进新型城镇化建设，构建城乡发展一体化体制机制。

三是处理好第一、第二、第三产业之间的关系。西藏作为我国社会主义市场经济的一个部分、社会化分工体系的有机体，应按照资源禀赋条件，发挥比较优势，推进产业结构改革，优先发展农牧特色产业、民族文化产业、旅游服务产业等，力图更好地实现国家给西藏提出的"两屏四地一通道"[②]的发展定位。

2. 保持高速增长与提高质量并重的发展理念

经济新常态下，西藏还要保持经济高速增长，这是由西藏人均收入水平远低于全国平均水平决定的，也是我国治边稳藏的战略需要。按照西藏自治区党委提出的"一产上水平，二产抓重点，三产大发展"的发展战略，只有增强质量指标优先，以发展质量倒推速度，才能摆正经济发展中的诸多关系，实现充分利用增长潜力且可持续性的增长。按照"就业可充分、企业可盈利、财政

---

① 20世纪90年代，孙勇等学者通过对资料、数据和实地调查的分析，认为西藏经济形态既不是自然经济，也不是现代经济，是一种非典型二元经济。这一判断对于理解20世纪西藏经济社会发展具有非常大的启发意义。（参见孙勇《西藏：非典型二元结构下的发展改革》，中国藏学出版社2000年版）进入21世纪，西藏经济社会得到快速发展，其经济结构也发生了变化，越来越明显地表现出新的结构特征，但二元结构还没有发生彻底改变。

② "两屏四地一通道"指国家安全屏障、生态安全屏障、战略资源储备基地、高原特色农产品基地、中华民族特色文化保护地、世界旅游目的地，以及面向南亚开放大通道。

可增收、民生可改善、风险可控制、资源环境可持续"的要求，形成若干有利于提高发展质量、切实可行的指标。然后，以质量指标倒推或确定速度指标。① 西藏在党中央以及兄弟单位的大力支持下，完全可以提升经济增长质量，增强增长的集约性，使各类资源要素得到更加高效的配置和利用。

3. 实施具有西藏特点的创新驱动战略

习近平总书记指出，"我们必须把创新作为引领发展的第一动力，把人才作为支撑发展的第一资源，把创新摆在国家发展全局的核心位置，不断推进理论创新、制度创新、科技创新、文化创新等各方面创新"②。如何在西藏这一较为落后的少数民族地区实施创新战略，我们认为，应从以下三个方面入手。

第一，要在发展理念上进行创新。走"中国特色，西藏特点"的发展路子，说明西藏发展必须考虑其特殊的地理、历史、文化等因素。在经济新常态下，西藏推进创新驱动战略：一方面，我国经济社会发展已经进入经济新常态，创新已经成为引领发展的第一动力，对于西藏而言，一定要适应大环境的变化，必须首先在发展理念上树立创新理念；另一方面，西藏属于落后地区，更需要通过创新来加快经济社会发展。

第二，西藏要通过不断的制度创新，提高资源配置效率。如上所述，西藏市场经济建设程度不高，市场配置资源功能发挥不充分。因此，要通过制度创新，节约交易费用。特别是在国有企业改革、公共设施服务、农牧区土地制度创新等领域，加快创新，突破现有制度，充分利用国家给予西藏的制度优势来推进经济社会发展。

第三，借助科技创新，发挥资源禀赋优势。信息技术已经改变了整个经济形态，互联网以其巨大的潜力对实体经济的改造催

---

① 刘世锦：《经济新常态：从速度到质量》，载《西部大开发》2014 年第 12 期，第 20-23 页。

② 习近平：《习近平谈治国理政（第二卷）》，外文出版社 2017 年版，第 198 页。

生出新的生产流程、业态和商业模式。① 西藏经济要发展必须紧紧依靠大数据、云计算、物联网等新技术，促进自身优势产业的发展。同时，由于西藏资源禀赋与其他地区的巨大差异，以及生态环境脆弱性等的要求，依靠模仿、引进技术等会出现"水土不服"，这也就要求西藏必须借助援藏力量，连接国家发展战略，有重点地进行创新，逐步形成自身的发展优势。

4. 推进西藏绿色发展

"推动形成绿色发展方式和生活方式，是发展观的一场深刻革命。"② 西藏地处青藏高原腹地，是我国的生态安全屏障，同时也是生态环境最脆弱的地区之一。因此，西藏适应新常态的一个重要内容就是推进绿色发展方式和生活方式。

一方面，要加快从粗放型经济扩张转向节能环保型、生态友好型发展。西藏自治区政府提出到2020年加快健全绿色产业体系和市场经济体系，全面提升生态环境保护和生态文明建设目标。西藏走绿色发展，必须把握两个关键：一是发挥其在资源、文化等方面的比较优势，结合现代科技创新引领型经济发展；二是突出"生态"，围绕"生态+"做文章，如生态农牧产业、生态旅游业等，走具有西藏特点的产业发展模式。

另一方面，加快美丽城镇、美丽乡村建设。习近平总书记指出"生态兴则文明兴，生态衰则文明衰"③，西藏自治区党委、政府也提出"绿水青山、冰天雪地都是金山银山"的发展理念。我们在西藏城镇化建设中要贯彻这一发展理念，同时，在推进乡村振兴战略中也要加以贯彻，这不仅会提高人民的福利，更会成为

---

① 刘世锦：《如何适应中国经济新常态大逻辑》，载《人民论坛》2015年第9期，第22-24页。

② 《习近平：推动形成绿色发展方式和生活方式　为人民群众创造良好生产生活环境》，见人民网（http://env.people.com.cn/n1/2017/0601/c1010-29312487.html）。

③ 《习近平讲故事：生态兴则文明兴　生态衰则文明衰》，见人民网（http://cpc.people.com.cn/n1/2018/1206/c64094-30445855.html）。

一种优质生活方式。

四、新常态下西藏畜牧业发展的逻辑

结合上述西藏经济发展现状以及我国步入经济新常态的现实,我们就西藏畜牧业在这一大背景的发展方向、基本逻辑加以分析。

(一)新常态下西藏畜牧业发展的良好机遇

1. 西藏良好的发展环境为推进畜牧业发展提供基本保障

一方面,我国经过40多年的改革开放,人均GDP由1978年的381元,提高到2019年的70892元,经济总量稳居世界第二位,这为西藏全面发展提供了强大的政治保障和物质支撑。另一方面,西藏自改革开放后的1979年到2018年,经济年平均增长速度为10.5%,2018年西藏人均生产总值为43398元。虽然西藏人均生产总值与全国平均水平有一定差距,但经济增速高于全国平均水平。同时,国家援藏支持力度还在不断加大。这些都为新常态下畜牧业改变粗放型增长方式、改善生态环境、转向更高质量发展提供了基本保障。

2. 新经济为西藏畜牧业发展提供新的动力

2016年政府工作报告指出,"当前我国发展正处于这样一个关键时期,必须培育壮大新动能,加快发展新经济"。新经济是在新一轮科技革命和产业变革中所生成的新技术、新产业、新业态和新模式,包括数字经济、网络经济、平台经济和智能经济等。[①]

新经济的到来,对地处西南边陲的西藏,意义不言而喻。如何抓住这次机遇,改造深化传统畜牧业,使畜牧业脱胎换骨,成为西藏农牧区乃至西藏经济发展的重要引擎,具有重大价值。通

---

① 钞小静、薛志欣:《以新经济推动中国经济高质量发展的机制与路径》,载《西北大学学报》(哲学社会科学版)2020年第1期,第49-56页。

过新技术、新模式的引入，催生新的业态，可以促进畜牧业转向高质量发展。

3. 市场消费结构变化给西藏畜牧业提供了广阔空间

党的十九大报告指出，"我国社会主要矛盾已经转化为人民日益增长的美好生活需要和不平衡不充分的发展之间的矛盾"[①]。这一重大判断反映出我国社会主要矛盾已经不再是供给不足的总量性矛盾，而是人们对美好生活需要的结构性矛盾，突破原有的对物质文化的理解，进入更高层次、更大范围的需求层次。

当前，我国食品消费已经饱和，2019年全国居民恩格尔系数为28.2%[②]，现阶段食品消费的主要矛盾表现为结构性矛盾，食物消费结构中粮食、水果蔬菜、肉蛋奶的比例结构由之前的8∶1∶1逐步转向4∶3∶3。对食品的要求也从之前的"有没有""有多少"转向"好不好""优不优"的问题。放心食品、绿色食品成为消费者的首选。如前所述，西藏具有发展畜牧业的独特优势，在发展绿色畜牧业、大畜牧业方面有巨大的发展空间。

（二）新常态下西藏畜牧业改革的逻辑

2016年，习近平总书记在中共中央政治局第三十次集体学习时强调，新发展理念就是指挥棒、红绿灯，推进高质量发展就要遵循新发展理念。这就为西藏畜牧业发展指明了方向。在经济新常态、新时代背景下，推进西藏畜牧业改革应主要遵循以下逻辑。

1. 结合西藏畜牧业实际，实施创新驱动发展

所谓实际就是西藏畜牧业当前发展的现实状况，这里不仅涉及畜牧业发展自身的实际，而且包括直接或间接和畜牧业相关产业发展的实际。所谓创新就是要"建立一种新的生产函数"，就是

---

① 《习近平在中国共产党第十九次全国代表大会上的报告》，见人民网（http://cpc.people.com.cn/n1/2017/1028/c64094 - 29613660.html）。

② 《中华人民共和国2019年国民经济和社会发展统计公报》，见中国政府网（http://www.gov.cn/xinwen/2020 - 02/28/content_ 5484361.htm）。

要把一种从来没有的关于生产要素和生产条件的"新组合"引进生产体系,以实现对生产要素或生产条件的"新组合"。党的十九大报告指出,"创新是引领发展的第一动力"。通过创新解决阻碍西藏畜牧业发展中的各种瓶颈和障碍。

一方面,利用新技术改造传统畜牧业。经济发展规律表明,随着经济社会的发展,第三产业在经济结构中所占比例将越来越大,畜牧业创新发展的一个至关重要的着力点就是将互联网、现代信息技术深度融入产业发展中,扩展其发展空间,拓展其发展领域。

另一方面,创新发展模式,促进产业融合。发挥西藏自然生态、历史文化、旅游等优势,促进第一、第二、第三产业的融合,构建畜牧业发展的"大畜牧业"发展模式,丰富畜牧业内涵,形成新业态、新经济。

同时,提升第三产业服务畜牧业的作用。通过创新西藏第三产业,推进畜牧业更好地发展。通过畜牧科技咨询、专业培训教育、构建信息服务平台、历史文化教育等知识密集型服务业,高级化推动畜牧业发展。依靠现代物流业、金融服务业等进行政策倾斜支持畜牧业发展。

2. 协调区内畜牧业分工合作,促进融合协调发展

西藏自治区土地面积约占全国总面积的1/8,南北最宽900多公里,东西最长达2000多公里。地理环境多样,大致分为藏北高原、雅鲁藏布江流域、藏东峡谷地带三大区域。气候类型自东南向西北依次为:热带、亚热带、高原温带、高原亚寒带、高原寒带。由于多样的地理气候条件,历史上形成了不同的畜牧生产方式。随着西藏基础设施条件的极大改善,特别是现代化航空、铁路、公路等的建设,西藏区内经济联系更加紧密,为整合区内畜牧业发展资源、促进协调分工合作奠定了基础。

协调畜牧经济发展,提高协同效应。从笔者对多个县区的调查看,各地市、各区县在规划自己的畜牧业发展战略时,较少考

虑与其他地区协调合作的问题，因而出现畜牧资源分散零碎、孤立封闭，产业链迂回程度不高，社会分工不够，发展同质化，无序竞争等问题。自治区各厅局、各部门之间应建立协同作用，整合协调各类涉农涉牧资金，以促进西藏六市一地畜牧业协调发展。同时，通过地区之间信息沟通、区域互动，形成优势互补，发挥分工协作，促进西藏畜牧业协同效应发挥。

3. 构建绿色生产服务体系

"无意的生态自杀是历史上许多文明终结的主要原因"[①]，"青山绿水就是金山银山"的发展理念就成为指导畜牧业发展的突出表现，"要从转变经济发展方式、环境污染综合治理、自然生态保护修复、资源节约集约利用、完善生态文明制度体系等方面采取超常举措，全方位、全地域、全过程开展生态环境保护"[②]。党的十九大报告中提出"建立健全绿色低碳循环发展的经济体系"，即生产方式、生活方式绿色化，减少自然资源消耗与污染物排放，实现生态环境改善，破解资源环境的约束。

为此，需要从以下三个方面入手推动畜牧业绿色发展：一是培育畜牧业绿色生产服务体系，实现畜牧业绿色转型升级。要实现绿色发展，首先需要一个完整的绿色服务体系，包括清洁生产技术服务、再生资源回收和环保技术开发的生产性服务业。二是通过加强制度创新降低环境破坏。完善产权制度，明确产权主体，降低产权保护费用，提高资源利用效率。通过生态补偿，合理利用草场资源。三是加大生态文明建设，重塑人们的价值观，在全社会倡导简约适度、绿色消费方式，从需求的源头上降低资源耗

---

① [美] 德怀特·H. 波金斯、[美] 斯蒂芬·拉德勒、[美] 戴维·L. 林道尔、[美] 斯蒂芬·A. 布洛克：《发展经济学》（第七版），彭忆欧等译，中国人民大学出版社 2018 年版，第 574 页。

② 《习近平在山西考察工作时强调：扎扎实实做好改革发展稳定各项工作为党的十九大胜利召开营造良好环境》，见新华网（http://www.xinhuanet.com//mrdx/2017-06/24/c_136390745.htm）。

费,促进人与自然和谐相处。

4. 加强区内外资源流动,改善西藏畜牧业发展环境

由于特殊的历史原因,维稳一直是西藏工作的重中之重。这或多或少对区内经济发展有些影响,降低了区内外资料的流动。在新的历史时期,西藏需要借助更多的区外资源来促进自身发展。为此,在畜牧业发展方面,一是通过引进区外先进技术、优质企业进入西藏畜牧业发展之中,提升畜牧产业链价值,进而促进畜牧产业链高端化、产品高级化,使西藏丰富的畜牧资源从自然资源转化为经济资源,造福农牧民群众。二是通过多种途径,扩展西藏畜牧产品销售渠道。借助援藏省市、中央企业等拓展西藏畜牧产品销售渠道,扩展产品市场,增强产品竞争力,带动西藏畜牧业更快地发展。

5. 坚持畜牧发展与农牧民群众增收相协调,实现农牧民群众共同富裕

党的十九大报告提出从2020年到2035年,"人民生活更为富裕,中等收入群体比例明显提高,城乡区域发展差距和居民生活水平显著缩小,基本公共服务均等化基本实现,全体人民共同富裕迈出坚实步伐"。畜牧业作为农牧民重要的就业领域,在促进农牧民群众共同富裕方面意义重大。因此,发展什么样的畜牧业,是服务于农牧民还是资本,就是一个首先需要回答的问题。作为社会主义国家,我们需要的是全体农牧民群众共同富裕的畜牧业,而非为资本服务的畜牧业。

社会主义制度既有利于鼓励先进,促进效率,最大限度激发活力,又有利于防止两极分化,逐步实现共同富裕,使人民群众共享发展成果。西藏畜牧业发展的现实是,一方面,畜牧业在农牧民收入中所占比例还比较高,另一方面,在短时间内还有较大比例的农牧民留在农牧区从事畜牧业。因此,一是要尊重经济规模,发挥农牧民群众的主观能动性,激发他们的创造性,尊重他们所组成的畜牧经营方式。二是通过财政政策支持、宏观政策引导，发挥政府在畜牧业发展中的服务作用，有意识地通过制度创新、服务创新、组织创新来推动畜牧业发展。以此逐步缩小地区之间的收入差距，实现共同富裕的目标。

第五章　西藏畜牧业供给侧结构性改革的方向

本章首先对农业供给侧改革的内涵、特征、要求等进行阐述。接着,通过分析指出:畜牧业生产要素价值不高,经营方式落后,产业链、价值链尚未建立,社会化服务体系不健全等是西藏畜牧业供给侧的主要问题。最后,提出通过构建符合西藏发展实际的畜牧业生产体系、产业体系、社会化服务体系等推进西藏畜牧业供给侧结构性改革。本章在整篇报告中处于总领性地位,为后续各章起铺垫作用。

2015年12月,中央农村工作会议针对农业工作,首次提出"农业供给侧结构性改革",并指出"要提高农业供给体系质量和效率,使农产品供给数量充足、品种和质量契合消费者需要,真正形成结构合理、保障有力的农产品有效供给"。

2016年中央一号文件强调要"推进农业供给侧结构性改革,加快转变农业发展方式"。2017年中央一号文件进一步指出,"农业的主要矛盾由总量不足转变为结构性矛盾,突出表现为阶段性供过于求和供给不足并存,矛盾的主要方面在供给侧"。

农业供给侧结构性改革的提出,为我国农业发展指明了道路。那么,作为农业的畜牧业如何改革,特别是作为西藏高原的畜牧业如何进行供给侧结构性改革,是当前民族地区工作者必须思考的问题,也是学界应关注的一大问题。

一、农业供给侧结构性改革的内涵、特征、要求

(一) 我国供给侧结构性改革与供给学派理论的区别

什么是供给侧结构性改革？它与供给学派理论有何区别？要回答这些问题，首先需要从供给侧改革的理论渊源进行分析。古典经济学的一大理论基础就是萨伊定理，即"供给创造需求"，这也是供给学派理论最早的思想源泉。建立在萨伊定理基础上的古典经济学，坚持自由放任、政府不加干预的经济政策，强调市场在资源配置中的主体地位。

这一经济思想因 1929—1933 年资本主义世界经济危机的爆发而受到严重挑战。企业倒闭、工人失业、产品大量积压，这是萨伊定律所不能解释的。对经济学家而言，要么对古典经济学进行修正，要么抛弃。著名经济学家约翰·梅纳德·凯恩斯发起了一场革命，即"需求创造供给"，强调国家通过需求管理对经济进行干预与控制。20 世纪 40—60 年代，因凯恩斯主义在资本主义国家大行其道，故被称为凯恩斯时代。

好景不长，进入 20 世纪 70 年代，资本主义国家出现了高失业率与高通货膨胀率并存的"滞涨"现象，使得凯恩斯主义广受质疑，以"需求管理"为核心的凯恩斯主义政策被认为是造成"滞涨"的主要原因。由此，以蒙代尔和拉弗等经济学家为代表的供给学派的观点重新得到重视。他们认为政府不管是在公共支出还是转移支付方面，都或多或少地对生产产生负面影响；主张大量削减社会支出，停办不必要的社会保险和福利计划，降低津贴和补助金额，严格限制领受条件。供给学派很快受到英国撒切尔政府和美国里根政府的青睐，尤其是被冠以"里根经济学"的里根政府，大量采取供给学派的政策主张，包括：削减政府预算，减少社会福利开支；控制货币供给，降低通货膨胀；减少个人所得

税和企业税，刺激投资；放松企业管制，降低生产成本等。

我国当前实施的"供给侧结构性改革"与供给学派以及"里根经济学"所强调的政策主张有相似之处，都是旨在激发市场活力、促进经济增长。但是，我国的"供给侧结构性改革"与"里根经济学"在政策目标与发展环境等诸多方面存在明显差别。① "里根经济学"的政策面对的最大问题是如何抑制通货膨胀，而我国"供给侧结构性改革"面对的最大问题是解决资源配置的"结构性"问题。从发展阶段来看，1980年，美国城镇化率为73.74%，服务业增加值达到63.57%，这些指标都是发达经济体的典型标志。相比之下，我国2015年提出供给侧结构性改革时，我国的城镇化率为54.41%，服务业增加值占GDP的比重为48.2%，② 仍处于中等收入阶段。③

另外，时代变迁、技术发展水平不同。当今世界已经处于信息化、网络化、经济自由化的新的历史时期，我国已由"需求决定型经济"转向"供给决定型经济"，社会经济体量更多地依靠供给能力以及供给质量，而不再是由传统的"三驾马车"（投资、消费和出口）所拉动。因此，进入供给决定型经济后，促进经济增长就是要从撬动供给侧入手，推进供给侧结构性改革。④

总体而言，我国当前的供给侧结构性改革与里根政府时期的经济政策不论是在社会背景、政策目标还是实施方式等方面都存在根本性的区别。我们实施供给侧结构性改革可以对其加以借鉴，但不可以照搬照抄。

---

① 胡鞍钢、周绍杰、任皓：《供给侧结构性改革——适应和引领中国经济新常态》，载《清华大学学报》（哲学社会科学版）2016年第2期，第17-22页。
② 2018年，我国城镇化率为59.58%，服务业增加值占GDP的比重为52.16%。
③ 胡鞍钢、周绍杰、任皓：《供给侧结构性改革——适应和引领中国经济新常态》，载《清华大学学报》（哲学社会科学版）2016年第2期，第17-22页。
④ 龚刚：《论新常态下的供给侧改革》，载《南开学报》（哲学社会科学版）2016年第2期，第13-20页。

（二）供给侧结构性改革的内涵

"长期经济增长是一国公民经济福利的唯一最重要的决定因素"①，而一个经济体的产品和服务的产出取决于"它的投入数量，也就是生产要素的数量，以及把投入转化为产出的能力"②。也就是说，生产要素和转化能力是经济增长的关键。供给侧结构性改革就是要在要素投入（劳动、资本、土地、自然资源等）和转化生产能力（知识、技术、制度、创新）上做文章。③

"供给侧结构性改革，重点是解放和发展社会生产力，用改革的办法推进结构性调整，减少无效和低端供给，扩大有效和中高端供给，增强供给结构对需求变化的适应性和灵活性，提高全要素生产率。"④ 可以将供给侧结构性改革分解为"供给侧＋结构性＋改革"。这里特别强调的是"结构性"，之所以称为结构性改革，其根本性原因是供给侧问题突出表现为结构性问题，而结构性问题可以概括为有效供给不足和无效产能并存。目标是"去产能、去库存、去杠杆、降成本、补短板"。其手段是通过改革，突出技术创新、制度创新，提高全要素生产率，释放企业活力。从逻辑关系上看，供给侧是矛盾起点，调整结构是内容，转变方式是手段，三者互为因果、互相影响，共同构成供给侧结构性改革的重要内容。⑤

---

① N.格里高利·曼昆：《宏观经济学》（第九版），卢远瞩译，中国人民大学出版社2016年版，第204页。

② N.格里高利·曼昆：《宏观经济学》（第九版），卢远瞩译，中国人民大学出版社2016年版，第40页。

③ 学界形象地将劳动、资本等称为"汗水"，全要素生产率（TFP）称为"灵感"。改革开放以来，全要素生产率在GDP的增长率中的贡献份额越来越大，特别是在2012年我国劳动力总规模下降的情况下，人口红利消尽，全要素生产率将起到关键性作用，这也是供给侧结构性改革的一个关键因素。

④ 习近平：《习近平谈治国理政（第二卷）》，外文出版社2017年版，第252页。

⑤ 高强、张照新：《农业供给侧结构性改革与合作社创新发展》，载《中国延安干部学院学报》2016年第6期，第81－88页。

(三) 农业供给侧结构性改革的背景

1. 农业产业结构升级缓慢，难以满足消费需求

随着我国居民收入水平的不断提高，2017年，我国人均国内生产总值达到59261元，人均可支配收入为25974元，分别是2010年的1.92倍和1.36倍。城乡居民消费结构升级迅速，对农产品的消费优质化、个性化和多样化趋势明显增强，品质消费、品牌消费、安全消费、绿色消费、体验消费等成为消费农产品的新要求。除此之外，人们开始从农耕文化、农业生态等角度对农业赋予新的内涵，而这些都需要新业态的供给来满足。

当前，我国农业供给体系在总体上尚属于低端水平，缺乏对中高端需求的动态适应与反应能力，表现出明显的滞后性。而农业供给体系又是一个极其复杂的系统工程，新业态的出现需要产业链的搭配和配合才能有序、健康地发展。现在的问题是，我国农业供应链呈现出片断化、分割化，阻碍了农业产业结构升级，导致农业价值链延展困难，抑制了对农业消费需求的满足，加剧了农业资源实现优化配置的困难。

2. 农产品生产成本下降困难，产品缺乏市场竞争力

当前，我国"三农"问题依然较为突出，农业生产主体的老龄化、农地经营的细碎化、农业服务的分散化等问题依然没有得到很好的解决。谁来种田、怎样种田、种什么田等关乎国家粮食安全的棘手问题亦有待解决。这些都成为我国农业生产效率低、农产品价格高、供需结构不匹配、结构性过剩与不足并存的主要原因，同时也造成了"国内粮入库、国外粮入市"等情况的发生。

具体而言，国内过高的粮食价格也推高了肉、奶等畜产品的价格，导致进口食品数量持续增加，而国内食品销售量不断走低。去库存与降成本是解决农业供给侧结构性改革问题的两面。生产效率低下导致成本上升，成本上升则价格必然上升，而过高的价格将导致产品缺乏市场竞争力。因此，解决高成本、高库存的根本途径就是要通过提高全要素生产率降低生产成本。而要提高全要素生产率，就必须通过深化改革，推进制度创新、组织创新，进而实现农业产业化和现代化。

3. 传统生产方式导致农业不可持续

我国已经进入"中等收入陷阱"的敏感期，农业传统生产方式造成农产品生产成本居高不下，远高于国际农产品价格，导致其缺乏市场竞争力。同时，"农业资源过度开发、农业投入品过度使用、地下水超采以及农业内外源污染相互叠加等带来的一系列问题日益凸显，农业可持续发展面临重大挑战"[1]。

这种传统生产方式依然没有得到有效扭转，加之农业基础设施薄弱、农业的弱质性，使得农业成为一个难以赚钱的行业。同时，由于其粗放经营，化学肥料、农药、地膜等过度使用，导致农业面源污染、生态环境破坏。农田灌溉采取漫灌方式，导致地下水资源浪费严重。水资源短缺成为制约未来中国食物安全保障最重要的因素，水土资源安全更是未来农业乃至整个国家经济社会可持续发展的重要保障。[2]

4. 粮食安全问题是关乎我国 14 亿人口的大问题

国家的粮食安全问题一直以来都是社会各界关注的一大问题，只有从供给侧结构性改革入手才能够解决好粮食安全问题。一方面，人们对食品质量有了更高的要求，提高农产品、食品的质量安全，发展货真价实的、优质优价的高值农业，是我国农业供给侧结构性改革追求的目标。另一方面，随着对外开放的推进，国际市场激烈竞争，也迫使我们必须加快供给侧结构性改革，以免发生粮食安全问题。

特别需要强调的是，随着我国全面对外开放，实力雄厚的跨

---

[1] 冯华：《藏粮于地，让农田休养生息》，见中国政府网（http://www.gov.cn/xinwen/2016-07/05/content_5088183.htm）。

[2] 黄季焜：《农业供给侧结构性改革的关键问题：政府职能和市场作用》，载《中国农村经济》2018 年第 2 期，第 2-14 页。

国公司依托其在技术、资本、管理、信息网络、品牌营销等领域的优势,加快占领我国农业市场,从种业到农资服务等业务全面进入中国市场。我们要防范跨国公司利用产业的网络化、一体化对我国农业产业链和现代农业产业体系的"控制效应",避免发生我国农业产业组织在产业链利益分配中"被边缘化"的风险。①

(四)农业供给侧结构性改革的重点

1. 以需求为引导,从供给侧发力

供给与需求相互联系,相互依存。农业供给侧结构性改革旨在纠正农业产出在总量、品质、生产、资源等方面的供需错配问题。因此,农业供给侧结构性改革绝不是忽视或否定需求,而是以需求为基础和方向。虽然以往我国农业也进行结构性调整,但由于发展层次所限,更多关注和解决的是供给量问题,而非农产品品质、安全等中高端问题。也可以说,当时的改革主要是量上调多调少的问题。而这次供给侧结构性改革,不仅是要调结构,更重要的是转方式,转向产出高效、产品安全、资源节约、环境友好的现代农业。②

同时,农业的供给侧结构性改革是从供给侧发力,满足人们对农产品的中高端需求。通过优化产前种子研发,产中规范化生产,产后农产品加工、储运、流通,到提升农产品品牌经营,为消费者提供更加丰富、更加多样、更加安全的产品。另外,积极开发农业多样化潜力,更多地挖掘农业闲暇、文化、生态等方面的价值,将农业的多功能性发挥出来。③

---

① 姜长云、杜志雄:《关于推进农业供给侧结构性改革的思考》,载《南京农业大学学报》(社会科学版) 2017 年第 1 期,第 1–10 页。
② 陈晓华:《推进农业供给侧结构性改革要从五个方面抓起》,载《上海农村经济》2016 年第 4 期,第 4–6 页。
③ 刘红岩、朱守银:《农业供给侧结构性改革的推进方略探讨》,载《经济研究参考》2016 年第 30 期,第 5–9 页。

2. 加大制度创新力度，突破体制障碍

目前，我国农业供给侧体制存在诸多问题，已逐渐偏离市场需求导向、市场机制主导的轨道，变成了政府主导和政绩取向的农业供给侧体制。① 因此，现行农业供给侧体制不突破，就不能促进农业发展。而农业供给侧结构性改革的目标是通过制度创新，厘清现有制度供给的阻碍，破解农业供给侧结构性改革的困境。②

我国目前农业制度的供给更多的是一种渐进式的响应机制安排，不具有长期性、前瞻性，易受"路径依赖"锁定，表现出滞后性。由此也就带来制度缺失和制度供给不足的问题，例如，在农业公共服务、农村土地产权、农村金融服务、工商业资本下乡、农业准入和生态补偿等方面都存在制度供给缺位问题。③ 农业供给侧结构性改革须突出改革推动和战略性结构调整。

深化供给侧改革，消除制度性障碍，发挥市场的主导作用，为生产经营主体创造一个优越的市场环境，提高生产经营主体的信心。通过对农业"三去、一降、一补"的过程，逐步建立起适合农业发展的供给侧体制，处理好政府干预与市场主导的关系，建立一个满足政府干预、市场主导、行业协调、农民（企业、合作社等）主体的"四位一体"农业供给侧的治理架构。④

3. 提高全要素生产率，实现创新驱动

我国农产品价格扭曲，在很大程度上与农业生产要素的市场化滞后有关，进而导致在产业链配置中的高成本、低效率。国际国内经验证明，要实现农业发展、农民增收，就必须开放农产品

---

① 黄祖辉、傅琳琳、李海涛：《我国农业供给侧结构调整：历史回顾、问题实质与改革重点》，载《南京农业大学学报》（社会科学版）2016年第6期，第1-5页。

② 张社梅、李冬梅：《农业供给侧结构性改革的内在逻辑及推进路径》，载《农业经济问题》2017年第8期，第59-65页。

③ 江维国、李立清：《我国农业供给侧问题及改革》，载《广东财经大学学报》2016年第5期，第84-91页。

④ 黄祖辉、傅琳琳、李海涛：《我国农业供给侧结构调整：历史回顾、问题实质与改革重点》，载《南京农业大学学报》（社会科学版）2016年第6期，第1-5页。

市场和要素市场,让市场在资源配置中起决定性作用。通过创造条件,提供要素自由流动、结合、配置的农业发展环境,扩大有效供给,提高供给质量和效率。

加快生产要素市场化取向的改革,推动农村土地产权制度改革,完善农村社保制度、金融支持制度,赋予农民更多的财产权利和要素经营权利,提高市场对农业供给侧生产要素的配置能力和配置效率。①

全要素生产率的提高离不开创新的驱动。这就要求,一方面,营造良好的创业、创新、创智环境,同时借助现代技术、现代物流等为产品创新开辟市场、拓展营销渠道;另一方面,促进人、财、物的有机结合,从农产品研发到农业社会化服务等方面进行全方位、全领域合作,构建起全方位、立体化的农业发展新模式。

二、西藏畜牧业供给侧存在的问题

畜牧业是广大西藏农牧民的重要收入来源,2018年,西藏畜牧业收入占农业收入比重的50.32%。同时,畜牧业也是广大农牧民的主要就业领域,畜牧业发展关系到西藏经济社会的发展与繁荣,畜牧业供给侧结构性改革意义重大。从当前西藏畜牧业供给侧现状来看,主要存在以下四个方面的问题,影响了畜牧业的供给能力和供给质量。

(一)西藏畜牧业"靠天吃饭"尚未彻底改变

目前,西藏畜牧业依然保持较为传统的经营方式,还带有"夏肥、秋壮、冬瘦、春死"等生产特征,基本处于游牧、半游牧状态,极大地受到草、畜供求不平衡的制约。表现为纤维素和能

---

① 黄祖辉、傅琳琳、李海涛:《我国农业供给侧结构调整:历史回顾、问题实质与改革重点》,载《南京农业大学学报》(社会科学版)2016年第6期,第1-5页。

量饲料有余而蛋白质饲料严重不足，营养搭配和营养供求不平衡问题突出，不但造成饲料资源的浪费，也严重制约着畜牧业稳定、高产、优质、高效和可持续发展。①

同时，西藏地形地貌复杂，气候条件恶劣，具有从西北严寒干燥到东南湿热气候分布的特点，尤其是高原高山的垂直气候带谱分布十分明显。这一特征成为灾害频发的重要原因。②特别是雪灾影响西藏畜牧业生产，除雪灾之外，还有旱灾、毒草、鼠灾、虫灾、风灾等灾害威胁畜牧业。仅鼠灾就导致大约5000万亩的草场减产15%～50%。根据1971—2000年的气象统计，存在三年一小灾，五年一中灾，7～10年一大灾的情况发生。③

落后的生产经营方式，导致牲畜死亡率高。据统计，2013—2015年，仲巴县新生仔畜成活率仅为35%左右，成年牲畜死亡率偏高。④同时，受传统惜杀惜售观念的影响，西藏牲畜出栏率一直较低。对那曲的调查结果显示，2011年，牦牛和绵羊的销售率分别只有5%和16%左右，说明该地区的畜牧业依然处于自给自足阶段，与市场化经营还有较大差距。农牧民受宗教不杀生文化的影响，他们不愿意出售牲畜给屠宰企业，影响了畜牧业经济的发展。⑤在农区，尚有部分秸秆饲料，但在牧区，牧民主要是放牧，很少储备和补充饲料，这样就降低了其抵御自然灾害、调节冷暖季的生产能力。灾害频发、气候条件恶劣、畜牧业基础设施不健

---

① 张自和、郭正刚、吴素琴：《西部高寒地区草业面临的问题与可持续发展》，载《草业学报》2002年第3期，第29-33页。
② 熊俊楠、刘志奇、范春捆、张昊、彭超、孙铭：《1983—2013年西藏自治区气象灾害时空分布特征与变化趋势》，载《冰川冻土》2017年第6期，第1221-1231页。
③ 王勇、刘峰贵、卢超、鄂崇毅：《青南高原近30a雪灾的时空分布特征》，载《干旱区资源与环境》2006年第2期，第94-99页。
④ 巴贵、白玛罗布、强巴索朗、巴桑参绘、宗吉、边普、益西多吉：《2013—2015年西藏仲巴县畜牧业经济发展现状调查分析》，载《畜牧与饲料科学》2016年第2期，第34-36页。
⑤ 白玲、孟凡栋、贾书刚、郭红宝、汪诗平：《西藏那曲地区草地畜牧业现状调查及其发展趋势分析》，载《西藏大学学报》（自然科学版）2012年第2期，第19-22页。

全等使得西藏畜牧业仍然处于靠天吃饭的落后状态，难以满足市场经济发展要求。

(二) 草场退化，生产价值降低

草场是畜牧业发展的基础性生产要素。据 2003 年资料显示，以那曲为主的藏北草场退化趋势严重，退化草场面积已达到 2.05 亿亩，约占当地草场面积的 49%。① 据调查，至 2013 年，西藏草原一半以上严重退化，1/10 草场明显沙化，因退化而不能放牧的草场达 1.7 亿亩，严重影响当地生态环境和当地牧民的生产生活。② 另据资料显示，西藏高寒草甸、高寒草场，牧草平均产量从 20 世纪 60 年代的 184 公斤/亩和 78 公斤/亩，分别下降到现在的 73 公斤/亩和 34 公斤/亩，降幅超过 50%。③ 经过近年的努力，2018 年西藏草场综合植被覆盖度为 45.9%，有好转趋势。

同时，由于西藏 95% 的可利用草场不同程度有所退化，对青藏高原乃至全国的气候带来了负面影响，导致灾害性天气频率上升，重大自然灾害增多。至 2005 年，西藏全区雪灾频率明显加快，年均 8 级以上大风日数达 30 天以上。从 1996 年至 2005 年，藏北地区平均气温增高 0.4℃，平均降水量减少 41.6 毫米。④ 据中科院青藏高原研所的研究显示，过去 30 年间，青藏高原及及其相邻地区的冰川面积由 5.3 万平方公里缩减至 4.5 万平方公里，缩减了 15%。高原周边湖泊和湿地萎缩或消亡，青藏高原现有湿地总面积

---

① 罗博：《西藏天然草地退化对青藏高原气候带来负面影响》，见中国网 (http://www.china.com.cn/chinese/difang/948863.htm)。
② 赵晓娜、侯润芳：《西藏草原半数草场严重退化》，见人民网 (http://www.people.com.cn/24hour/n/2013/0419/c25408-21196839.html)。
③ 狄方耀、图登克珠、李宏：《西藏经济学概论》，厦门大学出版社 2016 年版，第 97 页。
④ 罗博：《西藏天然草地退化对青藏高原气候带来负面影响》，见中国网 (http://www.china.com.cn/chinese/difang/948863.htm)。

为 88715.5 平方公里，总面积减少 8731.6 平方公里，占近 10%。[①] 生态环境的恶化已经威胁到人类的生存和发展。

(三) 畜产品产业链、价值链处于初期发展阶段

根据黄宗智、彭玉生（2007）以及黄宗智（2010）的详细统计和估计，我国食品消费正从传统的 8∶1∶1（八成粮食，一成肉、禽、鱼，一成菜、果）快速转到现在的 5∶2∶3（五成粮食、二成肉食、三成水果），最终将转向 4∶3∶3。[②] 这意味着，我国居民食物结构中动物性食品将大量增加。西藏自治区拥有得天独厚的天然草场和悠久的畜牧业历史，在我国食品结构升级中，应该发挥自身的比较优势，但当前的形式难以跟上这一市场要求。

当前，由于条件所限，畜牧产品生产加工尚处于初级起步阶段，更多的是通过简单屠宰、运输，然后直接销售。西藏肉食加工企业也仅有几家，且规模小，销售渠道单一，销售范围有限。企业自身的局限性，难以吸引懂技术、会管理的人才加入，加之现代营销技术、营销平台等严重滞后于其他区外企业，西藏畜牧业很难走出低端状态，与消费者对产品品质、品牌、安全等的要求尚有较大差距。

另外，西藏人口居住分散，在 120 万平方公里的土地上，人口仅为 330 万，难以形成经济集聚效应，影响了市场经济发展。同时，西藏地处高寒区，无霜期短，生产运营成本较高，交通不便，物流不畅通，信息交流受限制，难以发挥比较优势，这些都成为西藏畜牧业发展的阻碍。

(四) 社会化服务程度不高，畜牧业转型升级困难

西藏畜牧业社会化服务体系服务能力有限，成为制约西藏畜

---

① 吴右：《青藏高原冰川变化趋势及对策研究》，载《西藏发展论坛》2018 年第 1 期，第 73 - 75 页。
② [美] 黄宗智：《中国乡村研究（第八辑）》，福建人民出版社 2010 年版，第 2 页。

牧业发展的一大瓶颈因素。具体表现在：

（1）畜牧科技服务不到位。由于高寒缺氧，生存条件恶劣，广大农牧区很难吸引、留住畜牧科技人才，难以构建较为完善的科技服务体系。畜牧品种的培育、推广、防疫等都滞后于经济社会发展。仅就动物防疫而言，西藏重大动物疾病疫情时有发生，但防疫工作进展较为缓慢。基层兽医文化水平低，专业知识缺乏，实际操作能力不到位，实践经验不足，对下发的防疫设备和器具使用不规范。特别是对兽用疫苗的存放和使用，虽然每个乡镇畜牧兽医服务中心都配有冰柜、冰箱以及保温箱，但利用率普遍不高。①

（2）畜牧业仓储运输不到位。畜牧产品往往需要各种保鲜、冷冻设备，但由于西藏农牧区交通存在"通而不畅"、道路艰险等问题，制约了现代物流的发展，同时也使得冷冻、冷藏等服务没有发展的空间。所有这些都降低了西藏畜产品的经济价值，影响了农牧民畜牧业收入的提高。

（3）畜牧业社会服务化组织缺乏。据统计，到2018年年底，西藏共有各类农牧民专业合作社8364家，②但尚未出现类似于合作社联盟等规范牧户行为、保护牧户利益、服务畜牧业发展的组织。各类服务类合作社、消费合作社等组织形式，还处于萌芽阶段，发挥的作用有限。

本书使用两个间接指标来反映西藏畜牧业社会化服务的发展水平：

（1）2017年，西藏牧业总产值在农林牧渔业总产值中所占比例为51.73%；农林牧渔服务业在农林牧渔业总产值中所占比例为2.40%。（见图5-1）这说明，西藏农林牧渔服务业整体规模小，

---

① 梅小伟：《西藏加查县畜牧业发展现状研究》，载《畜牧与饲料科学》2013年第11期，第93-94页。

② 西藏自治区农业农村厅党组：《以正确处理好"十三对关系"为根本方法 努力开创西藏农业农村工作新局面》，载《新西藏》2019年第5期，第20-23页。

社会化服务水平不高。

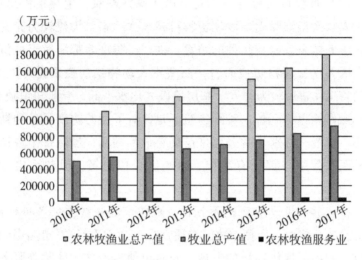

图5-1 西藏牧业总产值与农林牧渔服务业情况

资料来源:《西藏统计年鉴(2018)》。

(2)以西藏农业技术人员数量来反映西藏畜牧业发展水平。2000年,西藏农业技术人员仅为1852人,到2017年也只有8762人,平均农村每万人中有0.027个农业技术人员。这说明,现代西藏农业社会化服务水平亟待提高。

三、西藏畜牧业供给侧结构性改革的基本思路①

(一)构建西藏畜牧业生产体系

构建西藏畜牧业生产体系建设,增强畜牧业综合生产能力、可持续发展能力和抵御市场风险的能力。生产体系建设首先依靠的是生产要素数量多少和质量高低。通过供给侧结构性改革,激

---

① 为了保持各章的完整性,这里的论述与第二、三编的部分内容有所交叉。

活劳动力、土地、资本、科技创新等要素,为供给侧发力奠定基础,提高全要素生产率。具体而言,应从以下四个方面推进工作。

1. 培养新型畜牧业劳动者

人的因素在任何时候都是首要的,进行西藏畜牧业供给侧结构性改革,首先是要有适合西藏畜牧业发展的生产经营主体。有了最具创造力的人,才能谈论供给侧结构性改革问题。目前,供给侧驱动已经由物质投入驱动转向创新驱动。在创新驱动阶段,人力资本积累的重要性得到凸现。人力资本积累的成本从表象上看高于物质资本积累,但其生产效率远高于物质资本的生产效率,由此抵消人力成本的提高。

通过人、财、物的投入,加强对现有农牧民的技能培训,特别是积极引导那些能力强、有魄力的青年农牧民参与畜牧业现代化建设,鼓励他们创办家庭牧场、合作牧场,培养他们成为新型畜牧业经营主体带头人。同时,通过积极的政策引导,吸引和鼓励回乡创业的农牧民发展规模化畜牧业经营,帮助和替代那些经营能力不强、思想落后的畜牧业经营者,激发劳动力潜质,发挥其在畜牧业中的主体作用。

从我们对察雅县的调查看,该县非常重视对农牧民的培训,2018年,培训农牧民共计1600人。同时,该县委托西藏农牧学院培训新型农牧民,培训内容以种植业、养殖业、旅游业为主。2018年8月,举办首期新型职业农牧民畜牧班,参加培训87人;2018年11月,开办种植业班,参加培训96人。

我们在对改则县察布乡2018年就业培训进行统计时,发现其培训具有两方面的特点:一是培训方向更多的是从劳动力流出牧业角度考虑,试图促进牧区剩余劳动力流出,进而提高其家庭收入;二是在一定程度上忽略了发展畜牧业本身,在培训新型牧业经营主体方面投入不够。(见图5-2)

2. 进行制度创新,提高草场生产价值、生态价值

草场作为畜牧业生产的基本生产资料,是广大农牧民开展畜牧业的"命根子",也是农牧民最大的财富。在草场确权的基础上,合理、科学地利用好、保护好草场资源是关键。

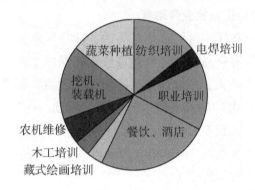

图5-2 改则县察布乡2018年就业培训人员分布

一是遵循草场自然生态发展的基本规律,寻求畜牧业规模化经营。2005年以来,西藏草场承包在一定程度上造成了草场细碎化、割裂化。因此,在草场确权的基础上,应积极开展草场承包权有偿退出、土地经营权抵押贷款和入股畜牧业产业化经营等新的草场利用方式。同时,通过草场入股、联合经营等形式,激活土地价值,突破土地局限。

二是加强草场基础设施建设,提高草场配置标准,降低畜牧业经营成本。基本建设包括水利设施建设,高标准草场建设,育种、仓储烘干、场库棚等配套服务设施建设。同时,通过加大政府基础设施投资力度、加强草场综合整治、合理安排水利灌溉等,提高草场载畜量,防止草场风化、沙化,保持草场生态价值不降低。

3. 激活社会资本,提高畜牧业融资能力

资本对于一个产业发展而言无疑是至关重要的。畜牧业供给侧结构性改革,就是要通过资本投入,延长产业链,通过分工迂回程度的加深来提高供给效率和供给能力。一方面,通过整合已有各类涉农涉牧资金,开展项目支持;另一方面,借助现代信息技术开展各类涉农涉牧金融业务。另外，政府应吸引更多社会资本进入畜牧领域，引导其发挥服务畜牧业的积极作用。

4. 撬动科技创新驱动，提高畜牧产品价值

提高全要素生产率需要科技创新的驱动，可从以下几方面入手：一是从制度建设层面看，西藏地理条件恶劣，人、财、物短缺，畜牧业科技服务能力不强。在供给侧结构性改革中就是要在资金、技术、制度等方面给予畜牧业更多支持和倾斜来完善科技创新体系、技术体系、科技推广服务体系。二是从畜牧品种的培育上看，由于西藏高原高寒缺氧、气候条件恶劣、载畜量有限等因素，新品种研究力量薄弱。要借助援藏单位的科技优势，通过科技创新的驱动力，培育优质品种，供给适合市场需求的畜牧产品。三是加强畜产品开发，提高附加价值。西藏畜产品处于价值链的低端，附加值低，资源消耗大，成本高，效益差。通过科技创新，走价值链高端化，提高附加值，实现畜牧业发展由要素驱动向全要素生产率驱动转变，推动畜牧业转型升级。① 四是着力构建人与自然和谐共生的畜牧业。通过现代科技，发展资源节约、环境友好、生态保育型畜牧业，大力发展畜牧业循环经济，提升畜牧产品品质和食品安全水平。②

（二）构建符合西藏实际的畜牧业产业体系

构建西藏现代畜牧业产业体系，是畜牧业供给侧结构性改革的一个重要环节，应从以下三个方面统筹推进。

1. 横向拓展，发挥畜牧业的多功能性

西藏畜牧业不仅提供肉、奶、毛等基本物质产品，而且畜牧业作为藏民族的传统产业，还发挥着重要的生态文化价值。借助

---

① 刘灿、刘明辉：《产业融合发展、农产品供需结构与农业供给侧改革》，载《当代经济研究》2017年第11期，第32-41，97页。

② 姜长云：《推进农业供给侧结构性改革的重点》，载《经济纵横》2018年第2期，第91-98页。

西藏独特的旅游资源优势,通过发展"畜牧业+旅游""旅游+畜牧业"等模式,创造新业态,满足不同消费者的偏好,使西藏畜牧业向休闲、娱乐、教育、生态、历史文化等领域拓展。

2. 纵向延伸,延长产业链、价值链

当前,西藏畜牧业产业化程度不高、附加价值低,难以满足人们对畜产品中高端的需求。通过延伸畜牧产业链,促进畜牧业产前、产中、产后环节的高效组织和一体化经营,延伸产业链、打造供应链、提升价值链,可满足人们对畜牧产品品质、品牌、品种以及安全等的需要。推进畜牧业的产业化、组织化、规模化经营,构建从草场到餐桌完整的产业链、供给链以及价值链。因此,可以发挥企业在技术、资金、销售等方面的优势,通过"企业+农牧户"模式推进畜牧业发展。"企业+农牧户"模式多种多样,可以根据当地具体情况选择不同的合约形式。

"企业+农牧户"的一种模式是产品契约的联合。在这种合作模式下,企业与农牧户按照合同约定的产品标准生产畜牧产品,企业为农牧户在生产上提供一定的生产资料和技术指导,并按照市场价格收购产品。其最大的特点就是企业和农牧户都是独立的市场主体,农牧户拥有自己的土地并使用。由于农牧户在生产阶段中具有决策权,因此能够提高其生产积极性,节约生产经营成本。① 企业围绕饲草种植、饲草加工、畜牧产品加工、旅游业、特色产业等发挥自身比较优势。

"企业+农牧户"的另一种模式是要素合约的联合。这里的生产要素主要是土地要素。在土地要素合约中,土地要素为企业占有,企业拥有土地的使用决策权,通过土地要素合约将本来是市场上的产品交易内部化。因此,土地要素合约意味着企业对市场交易的替代。达成土地要素合约后,企业不是购买农牧户的产品,

---

① 王小映:《农业产业化经营的合约选择与政策匹配》,载《改革》2014年第8期,第56-64页。

而是购买农牧户的劳动;农牧户不再是自我雇用,而是被雇用。这样更有利于企业创建天然草原、人工草地、青贮饲料等畜牧业生产基地。要素契约的好处在于较好地解决了利益分配的问题,真正实现了"风险共担,利润共享"①。

3. 挖掘潜力,促进新产业、新业态的出现

随着我国居民收入水平的不断提高,人们对美好生活的追求越来越强烈,这为挖掘西藏畜牧业潜力提供了机遇。我们可以通过"互联网+"、信息化、数据化、智能化等新的发展形态,催生一批以畜牧业为基础的新产业、新业态。②

(三) 推进畜牧业经营体系、社会化服务体系建设

1. 培育新型畜牧业经营主体

构建新型畜牧业经营体系,首先是对其经营主体的培育问题。

(1) 培育家庭牧场。从国际经验以及我国的实际来看,家庭牧场应该是今后我国牧区牧业经营的主要经营主体。如何培育符合西藏实际的家庭牧场?一是发挥好自治区、地市、区、县、乡各级政府及其涉农涉牧部门的作用,使有能力、有愿望从事畜牧业的农牧户能够获得更多的草场资源以从事畜牧业活动;二是政府应该继续加强基础设施建设、提高公共服务、加大牧业科技支持等,促进家庭牧场的产生与发展;三是在资金上、项目上给予相应支持,培育、促成更多的家庭牧场出现,特别是金融机构为家庭牧场贷款方面给予更多的优惠。

(2) 培育农牧户专业合作社。合作社作为一种制度安排,是弱势群体的一种互助组织,即分散的、弱势的农牧户联合起来,组建自己的合作社。因此,在构建新型畜牧业经营体系中,通过

---

① 俞雅乖:《农业产业化契约类型及稳定性分析——基于资产专用性视角》,载《贵州社会科学》2008年第2期,第99-105页。

② 刘红岩、朱守银:《农业供给侧结构性改革的推进方略探讨》,载《经济研究参考》2016年第30期,第5-9页。

培育畜牧业专业合作社来发展畜牧业是必然的选择。为加快推进畜牧业合作社建设，政府要积极引导，动员社会力量，建立符合西藏畜牧区实际的专业合作社。

根据西藏农牧区基层党组织建设扎实、村委会发挥作用较大的实际，可以采取基层党组织及村干部领办的合作社发展模式。村干部可以发挥自身在政治上的优势，组织村民创办合作社，这样易于产生社区认同感，节约交易费用，最终形成"支部+合作社"模式。同时，发挥致富带头人的作用，鼓励其积极创业，带领村民组建各类合作社。为此，地方政府在推进合作社组建的过程中，需要有重点地寻找扶持对象。

（3）培育畜牧业企业。分类扶持畜牧业企业发展，农牧户或者合作社难以完成的任务，畜牧业企业可以完成；对于畜牧业企业从事的能够带来正外部性的经营活动，政府应该在资金上给予扶持，帮助其做大做强。在税收优惠方面，让利于企业。同时，为畜牧业企业提供符合西藏农牧区实际的配套设施，解决其发展中遇到的各类问题。

通过政府积极引导，构建起一个以家庭牧场为基础，合作社为中心，畜牧企业为引领，通过发展资本合作和服务合作，发挥彼此之间的比较优势的畜牧业经营主体结构。

2. 构建畜牧业社会化服务体系

新型畜牧业经营体系离不开完善的社会化服务体系。社会化服务体系建设是一个复杂的系统化工程，这里仅就以下两个方面进行论述。

（1）加大政府畜牧业科技推广体系投入，服务畜牧业发展。一是发展好草业。西藏草场生态极其脆弱，同时也极为重要，草场一方面是西藏畜牧业发展的基础，另一方面又是我国乃至全球气候的天然屏障。因此，对西藏草场资源科学利用的前提条件是保护草场资源不被破坏。本着这样的认识与理解，在构建西藏新型畜牧业社会化服务体系过程中，必须要有政府的极大投入，通过加大对政府相关涉农涉牧部门的投资力度，推动草场资源的保护、利用和科学有序开发。二是加强区内外产学研合作，构建符合青藏高原特色的畜牧产品研发、推广系统。

（2）利用市场各类组织，提高服务数量和质量。鼓励各类社会力量、市场力量兴办多元化、多层次、多形式的畜牧业服务组织，构建诸如"农牧户+社会化服务机构""农牧户+家庭牧场+专业服务公司（农机推广组织）""农牧户+专业合作社+社会化服务机构"等多种形式的服务模式。

第二编 草场产权改革

第六章　西藏草场承包制的经济分析

本章首先从地理区位、生态系统、自然风险、专业化分工、产权保护等方面厘清农地与草场的区别，以便更好地对草场承包制进行分析。其次，对草场承包制进行思辨分析。再次，分别从技术水平、人口压力、草场多价值性等方面分析西藏草场承包制推进的内生动力，对草场承包后出现牲畜结构单一化、牧民抵御风险的能力脆弱性、畜牧经营规模不经济等问题进行探讨。最后，提出发挥社区在合作中的作用，实现草场承包制度创新。

一、草地畜牧业与农耕的比较

要对草场承包这一制度进行分析，我们首先需要对草地畜牧业与农业耕种进行比较，由此可以更好地对我国特定环境下草场承包制有一个较为深刻的认识。

（一）地理区位、自然气候不同

1. 牧区面临更大的自然风险

草原牧区大多分布于干旱或半干旱地区，降雨量少，自然环境恶劣。就西藏牧区而言，气候高寒缺氧，生存条件极其艰苦。"三年一小灾，五年一大灾"是西藏牧区面临的自然风险，而雪灾最为常见。一场雪灾，对牧民而言可能就是一场致命性的灾难。面对自然，牧民的状况"就像一个人长久地站在齐脖深的河水中，只要涌来一阵细浪，就会陷入灭顶之灾"。今天是富户，明日一场灾害就会使牲畜损失殆尽，沦为贫困户，再要恢复又将是一个漫长而艰难的过程。

2. 牧区地域辽阔，基础设施边际成本巨大

农区一般位于湿润或半湿润地带，单位面积产出受技术的影响巨大。依靠农田水利灌溉、现代科技投入，不仅提高了单位产出量，还在一定程度上提高了抗风险能力。

而牧区地域辽阔，单位生产性能低、丰度低，通过设施、技术等投入来增进饲草等产量提高，往往并不经济。据统计，在西藏一般放牧天数为全年365天，西藏山地羊每日食草量为3.5公斤，大牲畜日食草量是绵羊的5倍。一般的天然草场平均每35亩草地才能养活一只羊。① 同时，由于牧区海拔高、气候多变、小区域差异巨大等，畜牧业生产也受到极大影响。

（二）分工合作要求不同

对于我国居住较为集中的农区，土地"人均不足二亩，户均十亩"，土地经营所需的社会分工服务基本较好满足。而在广大牧区，由于其草场面积是农户经营土地面积的上千倍，且受到牧草生长周期以及各地区小气候环境的限制，需要通过游动放牧而非定居放牧来完成基本的牧业经营。同时，放牧的直接对象是活畜，而农业的直接对象是农作物，因此在生产活动中表现出巨大的差异性。② 这其中，牧业活动范围与生产分工之间形成了矛盾：一方

---

① 康涛：《环境视阈下藏区草山承包到户制度的思考》，载《社会科学研究》2014年第5期，第130-135页。

② 在集体化时期，转场过程需要劳动力配合，互相帮忙。牧业对劳动力需求的多少因季节而不同，每年接羔、剪羊毛、骟牛羊等季节所需劳动力较多，日常放牧对劳动力的需求较少。接羔剪羊毛等工作需要合作，大队会抽调人手临时帮忙，而不是让一个畜群里保持过多的劳动力。这种临时调配和合作，缓解了对劳动力的需求，也提高了效率。承包后，原先的互助合作被打破，没有了临时调配的补充，只能从外部雇工。这等于在原先劳动力数量不变的基础上又增加了不少"非牧业"、或"机动"的人口。相比而言，集体化时代的统一调配、细致入微的"分工"，有效分散了人口压力，提高了工作效率。（参见韩念勇《草原的逻辑（第一辑）》，北京科学技术出版社2011年版，第10页）

面游动放牧活动范围大，牧场之间空间距离远，大大增加了为其提供必要服务的交易费用；另一方面，牧业经营规模化效果明显，一定规模的牧群分工合作会产生可观的规模效益。尤其是在那曲、阿里这样的高寒牧场，草场单位面积载畜量极为有限，自然风险随时发生，单个家庭无法有效配置劳动力资源，这都强化了分工合作的必要性。①

在历史上，牧民为了突破自然条件的局限，他们往往以集体放牧的形式来组织生产，彼此之间通过互惠达到"安全第一"，即在部分牧户面临风险时，由集体对其提供支持，建立一个自我平衡的风险分担市场，这也是在没有更好选择的情况下的理想状态，这与农区"鸡犬之声相闻，老死不相往来"形成鲜明的对比。

（三）产权保护费用数额不同

农地范围的有限性、农作物同耕同收的自然规律性，以及聚居村民日常性的"视控"，使得农地及其农作物的排他性占有费用低，易于保护。与此相反，高寒牧场牲畜的流动性容易发生有意或无意的草场侵占。② 同时，由于地广人稀，高昂的围栏及护界成本往往是不划算且不可行的。这也使得草场排他性降低，产权边界模糊不清。即便建设围栏，其日常的维护和看守费用依然很高。监控范围的有限性，不能保证杜绝牲畜越界吃草和人为破坏，特别是地理条件优越、草势良好的草场，很容易遭到越界放牧和恶意侵占。随着牧区定居工程的大规模推进，更加重了维护草场权益的成本，导致牧户所承包的草场往往因为难以监护，而成为低排他性、高竞争性的"公地草场"。

---

① 姚宇、陈津竹：《关于高寒牧区冲突的经济学再分析》，载《中国藏学》2015年第3期，第73-92页。
② 姚宇、陈津竹：《关于高寒牧区冲突的经济学再分析》，载《中国藏学》2015年第3期，第73-92页。

(四) 资源利用方式不同

农地经营一般在一定规模的土地上种植一种或数种植物，具有扁平化特征。而草场经营具有立体化、多样化、多层次的复合性特征，与绵羊、山羊、牦牛、马、骆驼等牲畜形成相互依存的自然和谐关系。人为分割的草场阻断了畜群对不同季节、不同营养成分牧草的利用，不同畜种对不同草地类型的利用，不同畜种对同一草地类型的复合利用。① 同时，草原生态效益巨大，它一方面能够保持水土、防沙治沙，另一方面又能够保护野生动物、维持生物多样性。草原生态系统不仅为畜牧业生产提供基本生产资料，而且还是人类重要的生态屏障。

二、草场承包的理论依据

(一) 理论依据一：哈丁的"公地悲剧"

1968年，G. 哈丁在《科学》杂志上发表了著名的《公地的悲剧》一文，其初衷旨在关注全球人口问题。哈丁首先提出，通过技术手段难以解决全球人口压力问题，地球只能负担有限人口。接着，哈丁以"公地悲剧"为例②，分析说明当个人追逐自身利益时，其行为最终会使所有人走向毁灭。如何解决人口问题，哈丁分别从道德、法律、监督、国家福利、人权、良心、责任等角度分析解决的途径，结果均在不同程度上予以否决。最后，哈丁提

---

① 郝时远、[挪] 科拉斯、扎洛：《当代中国游牧业——政策与实践》，社会科学文献出版社2013年版，第68页。

② 按照哈丁的经典论述，假设存在一块可以自由使用的集体牧场，那么，作为理性的人，每个牧民都会尽量增加其牲畜的数量，以使其收益最大化。每个牧民都这样行事的结果是，草场将因为超载而退化。其中，关键性的机制是：每个牧民增加一头牲畜的收益全归其个人，但由此导致的草场退化成本却是由全体牧民共同承担的。因而，个人收益永远大于个人成本。

出放弃自由生育，实现节育，由国家对人口实行集权控制等政策主张。①

哈丁对公共资源使用的分析指出，市场失灵需要通过其他手段加以弥补。他确信解决"公地悲剧"的唯一出路是在私有企业制度下，基于相互制约相互商议的原则，发挥中央规制机构的作用。②但是，主流经济学家从中推论出的却是诉诸将外部性内部化，以达到个人最优和社会最优相统一，或是以牺牲个人最优为代价，换取社会最优。的确，"如果人们所关心的一切东西都由某个人所有，这个人能够控制这种东西的使用，特别是，能够排斥其他人的过分使用，那么根据定义，就没有外部效应存在"③。

哈丁的"公地悲剧"理论影响深远，但其分析缺陷也非常明显，该理论虽然考虑了单个农户的个体最优量以及社会最优量，但它没有考虑到利益相关者之间的社会交往，相互交流，忽视利益相关者对未来的互动行为预防，能力许诺、威胁，没有能力设计出激励相容的制度安排。④现实的情况是，在一定的条件下，利益主体会自觉地采取行动，形成一个内生的博弈规则，成为人们的共同信念，避免"公地悲剧"的发生。⑤

（二）理论依据二：科斯定理

新制度经济学鼻祖罗纳德·哈里·科斯（Ronald H. Coase）认为，市场运行之所以存在缺陷，其根源在于产权界定不清，以

---

① 周文、陈翔云：《公共资源的马克思主义经济学研究——基于"共同性"和"共享资源"的视角》，载《政治经济学评论》2018年第1期，第180－190页。

② 周文、陈翔云：《公共资源的马克思主义经济学研究——基于"共同性"和"共享资源"的视角》，载《政治经济学评论》2018年第1期，第180－190页。

③ ［美］哈里·R. 范里安：《微观经济学：现代观点》（第六版），费方域译，上海人民出版社2006年版，第505页。

④ 杨春学：《"超载"现象、制度选择和政策思考：以金沙江两岸藏区为案例的研究》，载《中国藏学》2014年第1期，第5－14页。

⑤ 湛志伟：《"公地悲剧"及其治理的博弈分析》，载《经济评论》2004年第3期，第49－52页。

及由此造成交易过程的摩擦和障碍。科斯在《社会成本问题》一文中，提出被学界称为"科斯定理"的命题，即"只要交易成本为零，财产的法定所有权的分配不影响经济运行的效率"，"如果定价制度的运行毫无成本，最终的结果（产值最大化）是不受法律状况的影响"。科斯这一论断一般解释为，如果市场交易费用为零，且权利得到明确界定，无论产权属于何方，经济当事人都可以通过市场交易来实现资源的最佳配置，即清晰的产权会自动实现资源配置的帕累托最优。如果交易费用非零，则不同的产权安排会带来不同的资源配置效率。① 同时，产权制度本身的建立和运作也是有成本的。建立不同的产权制度有不同的成本，确立好产权制度目标后，实现目标的不同方式也有不同的成本。可以说，按照科斯的逻辑，所谓的科斯定理是开放的，可以推理出多个科斯定理。科斯定理可以是一个逻辑一致的定理组。② "农业经济形成的前提是建立一个明确界定产权的新的社会规则，使那些有生产性投资的人可以排除他人无偿使用他的生产性投资。在农业文明的发展过程中，产权界定首先瞄准的是牲畜和作物，然后扩大到农业用地上。"③

科斯定理将产权安排、交易费用和资源配置效率联系起来。其如果适用于牧场，就需要具备诸如草场可自由交换、草场的所有权具备排他性、较低的交易费用等条件。但在高寒牧区，情况却完全与其相悖，不完善的市场体系、不匹配的市场结构，以及高昂的交易费用，都使得科斯定理对牧区的指导受到一定程度的局限。④

---

① 程恩富、胡乐明：《新制度经济学》，经济日报出版社2005年版，第51－53页。
② 黄少安：《罗纳德·科斯与新古典制度经济学》，载《经济学动态》2013年第11期，第97－109页。
③ ［日］速水佑次郎、［日］神门善久：《发展经济学——从贫困到富裕》（第三版），社会科学文献出版社2009年版，第11页。
④ 姚宇、陈津竹：《关于高寒牧区冲突的经济学再分析》，载《中国藏学》2015年第3期，第73－92页。

三、西藏草场承包制推进的经济分析

哈罗德·德姆塞茨（Harold Demsetz）在其代表性著作《关于产权的理论》中指出，"新的产权是相互作用的人们对新的收益—成本的可能渴望进行调整的回应。当内部化的收益大于成本时，产权就会发生，将外部性内部化。内部化的动力主要源于经济价值的变化、技术革新、新市场的开辟和对旧的不协调的产权的调整……当社会偏好既定的条件下……对于私人所有还是社会所有的偏好，新的私有或国有产权的出现总是根源于技术变革和相对价格的变化"[1]。我们遵循这一经典理论，展开对西藏草场承包制的分析。

（一）技术水平的提高降低了维护草场产权的费用

私有产权最大的特征就是具有排他性，而要保障排他性就需要排除他人使用的费用必须小于由此获得的收益。而当保护产权费用大于其收益时，财产将成为共同所有。人类在发展过程中，新技术的发明降低了实行所有权的费用。道格拉斯·C.诺斯在分析历史上为什么所有权并没能让个人收益和社会收益相等时，他发现了两个普遍的原因：一是可能缺乏技术阻止"搭便车"或强迫第三方承担他对交易成本的份额。二是对任何团体和个人来说，创造和实施所有权的费用可能超过收益，而这或多或少与技术有关。[2]

当前，随着技术水平日新月异，生产率水平快速提高，新产

---

① ［美］R.科斯、［美］A.阿尔钦、［美］D.诺斯等：《财产权利与制度变迁——产权学派与新制度学派译文集》，刘守英等译，上海三联书店、上海人民出版社1994年版，第100页。

② ［美］道格拉斯·诺斯、［美］罗伯特·托马斯：《西方世界的兴起》，厉以平、蔡磊译，华夏出版社2009年版，第6页。

品不断出现,信息遥感技术的普遍化、铁丝围栏的低廉、基础交通的便利等,都为草场产权改革提供了技术支持,使草场承包成为可能。

(二)人口压力提高了草地资源的稀缺程度

随着人口的增加,部分非稀缺资源逐步开始变得稀缺。而稀缺的资源又需要通过建立排他性的产权来保障其合理利用。资源的稀缺性是人口变化的函数,某一资源稀缺程度的增加必然伴随着其价值的上升,从而对其产权的界定是划算的。西藏和平解放以来,"死亡率因外生性原因的急剧下降,未能使出生率对经济增长的反应转变为现代类型"①。由于社会制度和价值体系的调整有一个时滞,西藏人口数由1959年的122.8万增长到了2017年的337.15万。农牧区人口的增加,提高了草场资源的市场价值,这也内生性地推动了草场产权改革的需要。

(三)交易费用降低提高了草场的经济价值

西藏地处西南边陲,地势复杂,气候恶劣,与外部世界的交流非常困难,长期处于自给自足的落后状态。中华人民共和国成立后,特别是改革开放以来,国家给予西藏特殊的支持和关怀,西藏交通等基础设施条件发生了翻天覆地的变化。目前,西藏开通航班的机场有拉萨贡嘎机场、日喀则和平机场、昌都邦达机场、林芝米林机场、阿里昆莎机场。青藏铁路全长1956公里,穿越高原冻土,创造了世界高原铁路的建设奇迹。川藏公路、滇藏公路、新藏公路等把西藏与外界连接起来。航空、铁路、公路立体化交通网促进了西藏与内地人、财、物等的交流,降低了西藏与内地市场的交易费用,提高了整个西藏资源的经济价值。

---

① [日] 速水佑次郎、[日] 神门善久:《发展经济学——从贫困到富裕》(第三版),李周译,社会科学文献出版社2009年版,第65页。

随着我国居民消费结构不断升级,对绿色无公害产品需求不断增加,西藏无污染、纯绿色的牛羊肉受到市场青睐。西藏农村居民人均羊肉销售量由2000年的0.18公斤,提高到2017年的3.32公斤,提高幅度达18倍;牛羊奶农村人均销售量2017年比2000年增加了约1.8倍。(见表6-1)畜牧产品价值的提高,带来了草地生产要素经济价值的提高。因此,草场原有的利用方式和管理规则必然发生改变。

表6-1 西藏农村居民家庭主要畜产品出售量

畜产品	单位	2000年	2007年	2009年	2010年	2016年	2017年
羊肉	公斤/人	0.18	3.49	4.98	3.63	3.41	3.32
牛羊奶	公斤/人	1.89	1.17	0.78	1.01	2.16	3.37
羊毛	公斤/户	7.64	10.47	17.52	16.01	2.62	—

资料来源:《西藏统计年鉴(2018)》。

(四)草场多种价值的挖掘要求草场产权清晰

牲畜由自给自足转化为商品出售,牲畜价值上升刺激着广大农牧民增加牲畜数量。由图6-1可见,牲畜总头数由1951年的955万头,增加到2017年的1756万头,增加了1.8倍。这在一定程度上产生一种恶性循环,即牲畜数量增加导致草场退化,草场退化使得载畜量下降,载畜量下降导致农牧民收入水平下降,收入水平下降刺激农牧民增加牲畜放养数量,放养数量增加导致草场进一步恶化。

在这一过程中,由于非农非牧产业吸纳农牧区剩余劳动力的局限,在现代通讯、传媒设施的刺激下,人们渴望更加多样的产品,更加丰富多彩的生活。这些都需要通过货币来满足自身的需求,而获得货币就需要交换。2000年,畜牧业收入占经营性收入的比例为22.04%,到2017年为30.41%。这说明,一方面经过近

20年的发展,在农牧民市场就业渠道不断增加的情况下,畜牧业收入依然保持了较稳定的比例,说明畜牧业依然是广大农牧民主要的收入来源之一。另一方面,经营性收入在可支配收入中的比例从2000年的74.31%下降到2017年的55.51%,这说明除了畜牧业收入以外,依附于草场中的虫草、松茸、贝母、菌子等各类资源以及其他收入均占有绝对比重,这也导致草场潜在经济效益的提高,对草场产权清晰化的要求也随之产生。(见图6-2)

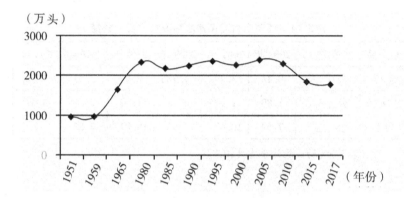

图6-1　1951-2017年西藏牲畜总头数

资料来源:《西藏统计年鉴(2018)》。

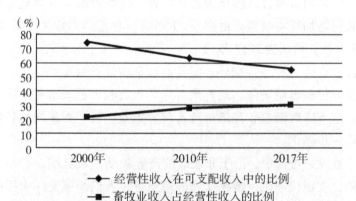

图6-2　经营性收入、畜牧业收入等占农村居民人均可支配收入比例

资料来源:《西藏统计年鉴(2018)》。

四、草场承包的费用分析

（一）草场承包存在制度运行费用

草场产权改革的核心在于，如果把一定数量的产权赋予特定的个人或团体，他们会在考虑今后生活的基础上有效地利用这些资源，因而能避免资源耗竭，就像一个人不会杀死下金蛋的鹅一样。① 然而，要能够达到这样的效果，交易费用的高低是关键。"因为交易是有成本的，所以产权作为经济问题还从来没有被完全界定过。"② 草场产权费用的实质就是对草场本身进行排他性占有、经营和收益所要支付的一切费用。"把土地划分作为私产有法律费用，有界定及保护费用，也有政治及其他费用，都是制度费用。"③ 一方面，包括排他性占有的费用。主要包括：划界、勘界费用、标界费用和防止牲畜越界费用。另一方面，包括排他性经营的费用。④ 从西藏草场产权改革看，界定和保护的成本较高，其中一个关键原因是传统社会文化的影响。产权的界定和保护不是靠个人的努力就能做的，必须依靠社会中人们的集体行动。⑤

西藏草场承包责任制自2005年以来一直在推进，但一些地方在落实的过程中遇到诸多问题和困难，牲畜私养与草场公有的矛盾还没有得到真正的解决。许多草场仍然只是象征性地在图纸上

---

① ［日］速水佑次郎、［日］神门善久：《发展经济学——从贫困到富裕》（第三版），李周译，社会科学文献出版社2009年版，第190页。
② ［美］Y.巴泽尔：《产权的经济分析》，费方域等译，上海三联书店1997年版，第1页。
③ 张五常：《经济解释（卷二）：收入与成本：供应的行为（上篇）》，中信出版社2011年版，第244页。
④ 王勇：《"草场承包"为何姗姗来迟》，载《西北民族大学学报》（哲学社会科学版）2013年第4期，第149-153+164页。
⑤ ［日］速水佑次郎、［日］神门善久：《发展经济学——从贫困到富裕》（第三版），李周译，社会科学文献出版社2009年版，第18页。

进行了划定，现实中并未真正落实。因此，草场虽然在名义上承包到户，但并没有改变20世纪80年代草原承包导致的草原的公共地特征。① 如前文所述，草原保护、草场建设以及改良投入等均不足，超载过牧、滥垦、滥挖普遍存在，草原自我恢复、增殖能力受到压抑，草原的自然生产力逐渐降低。②

（二）传统产权观念与草场家庭承包的矛盾

西藏山高沟深，每条山沟都具有相对独立的经济系统，居民据地力而耕种，逐水草而放牧。藏民族长期处于生产力极低的历史条件中，使得这里产生了与我国其他地区，尤其是中原地区迥然不同的文化传统和风俗习惯。③ 而这种传统文化具有持久的生命力，因为长期不变的生产生活方式，使得人们可以依据传统的方式应对各种问题，从而简化决策过程，降低社会运行费用。④ 就传统的草场产权观念而言，牧民对牧场在原部落、族群、村落之间的所有权界限有着强烈的产权意识，但对村落内部户与户之间的产权意识却相对淡薄。⑤

藏族先民在千百年的放牧生涯中，形成了草场"公有"的思想观念，"没有不属于部落的土地，没有不属于头人的百姓"。由于地域的广阔性、文化的复杂性，草场在部落公有基础上的划分

---

① 杨理：《草原治理：如何进一步完善草原家庭承包制》，载《中国农村经济》2007年第12期，第62-67页。
② 扎呷：《论西藏的草场资源与环境保护》，载《中国藏学》2005年第3期，第97-101页。
③ 罗绒战堆：《沟域中生存的藏人》，载《中国西藏》2007年第4期，第16-23页。
④ 卢现祥：《西方新制度经济学》（修订版），中国发展出版社2003年版，第38-39页。
⑤ 杨春学在西藏贡觉县拉妥和阿旺两个纯牧乡考察时发现，大部分中老年牧民认为，承包到组或村的方式更有利于牧场的转牧、禁牧等管理方式的实施，保留传统的有效放牧方式。大部分青年更倾向于将使用权落实到户，认为只有这样，牧民才能更好地自由选择使用权的处置。（参见杨春学《"超载"现象、制度选择和政策思考：以金沙江两岸藏区为案例的研究》，载《中国藏学》2014年第1期，第5-14页）

各不相同。① 历史上，从整个藏族聚居区来看，通常是将草场划分至基层生产单位，而非牧户个人。牧民使用草场可以分为三种类型：一种类型是"部落草场，自由放牧"。这类草场，本部落的牧民只要遵守部落的一些基本规定或约定俗成的基本原则，即可在本部落的草场范围内自由迁徙和放牧。另一种是"部落草场，半自由放牧"。这类部落对草场的管理较为严格，牧民必须服从头人的安排，不能自由迁徙。还有一种类型是"部落草场，分户放牧"。这类部落将草场分到每户，牧民只能在自己的草场范围内放牧，不能随意迁徙。② 各部落被划定的草山在很多地域并不是固定不变的，今年使用这片草山，明年这片草山可能被部落内部另一个生产小组使用。所以在藏族聚居区，对草山以"公地"的方式加以利用可谓源远流长。③

Yeh研究发现，草场承包改革困难，其关键在于1949年后新的行政管理单位的建立与牧民对旧部落忠诚和认同之间的矛盾，以及因新旧边界不一致造成牧民的双重"社会—属地"身份的交叠及其内在矛盾。④ 固有的权威体系依然留存于牧民的观念之中，而现有的产权制度又有一个逐步接受的过程，这也进一步说明了产权受传统文化、观念等地方性特征的影响，不能仅仅试图依靠法律就能够确立和执行。

---

① 在过去的几百年间，藏族聚居区各地的政治管理方式虽然有所差异，但是，在基层社会总是表现为一定的生产组织占有或使用一定的草场资源，而不像农田那样是私人占有。以往的研究中，租佃关系论是主流观点，该范式简化了草场的权属关系。其实，在西藏民主改革前，藏族聚居区也不存在具备完全私人物品属性的牧场，产权结构非常复杂，合同与契约的安排呈多样化，值得认真研究，不便轻率定性。（参见旦增遵珠、多庆、索南才让《从习俗与惯例中考察藏区草场纠纷行为》，载《中国农村观察》2008年第2期，第59—68页）

② 张建世：《藏族传统的游牧方式》，载《中国藏学》1994年第4期，第61—71页。

③ 康涛：《环境视阈下藏区草山承包到户制度的思考》，载《社会科学研究》2014年第5期，第130—135页。

④ 姚宇、陈津竹：《关于高寒牧区冲突的经济学再分析》，载《中国藏学》2015年第3期，第73—92页。

五、草场承包后牧区的一些改变

(一) 市场引导下牲畜结构的变化

市场经济作用已经延伸到最遥远的高原牧区,广大农牧民主动或被动地参与市场经济活动。受市场规律支配和价格信号引导,传统高原牧业经济结构单一化越来越明显。到2017年,农牧民大多放弃了驴、马等牲畜的养殖。一方面,这些牲畜市场需求有限;另一方面,饲养成本较高,基本无利可图。羊产品市场需求量较大,经济价值更高,因而现在主要以放养羊群为主。这种因小畜代替大畜带来的一个消极作用就是马、驴等数量大幅度下降,而绵羊、山羊等小畜只采食自己喜爱的细小牧草,细草被过度采食,其他牧草又被来回践踏无法生长。[①] 这导致部分牧草无法有效利用而另一部分牧草又被过度采食。

市场经济打破了传统上"人—草—畜"的生态平衡,农牧民开始转向以人为中心的市场经济观。[②] 在畜牧业收入仍是广大农牧民重要收入来源的情况改变之前,草场仍然是重要的就业领域。根据盖志毅、马军(2009)的研究,牧民饲养牲畜的头数每增长1%,牧民收入就会增长4.1%。[③]

除了牲畜结构受市场支配外,牧民生活所需也越来越依靠市场供给。由于社会分工的细化、专业化水平的提高,物美价廉的商品越来越受到牧民的青睐,甚至传统上自己生产的奶制品也从市场购买。

---

① 韩念勇:《草原的逻辑(第一辑)》,北京科学技术出版社2011年版,第6页。
② 周立、董小瑜:《"三牧"问题的制度逻辑——中国草场管理与产权制度变迁研究》,载《中国农业大学学报》(社会科学版)2013年第2期,第94-107页。
③ 盖志毅、马军:《论我国牧区土地产权的三个不对称》,载《农村经济》2009年第3期,第23-27页。

从整个牧区社会发展看,牧民越来越受到市场的左右,传统的惜杀惜售观念正在发生改变,牛羊的出栏率最能够反映市场对牧民行为的影响。1990年,牛、羊的出栏率分别为7.6%和18.6%;2017年,分别为27.48%和35.14%。(见表6-2)以前饲养一只羊一般需要两年以上才能出栏,如今牧民为了缩短羊的出栏周期,大量出售当年的羊羔。牧区、牧民、牧业已经紧紧地和市场联系在一起,这既给牧民带来致富的希望,也给牧民的生产生活带来风险与挑战。市场推动了牧民的现金需求,而现金需求又促使牧民的产业结构单一。①

表6-2 1990—2017年西藏牛、羊出栏情况

年份	牛		羊	
	出栏数(万头)	出栏率(%)	出栏数(万头)	出栏率(%)
1990	43.74	7.60	317.49	18.60
1995	68.17	11.70	388.66	22.90
2000	80.13	15.20	437.52	25.90
2005	106.07	16.80	483.07	28.40
2010	136.89	21.00	525.11	33.10
2015	159.94	26.92	406.62	34.18
2017	163.32	27.48	397.19	35.14

资料来源:《西藏统计年鉴(2018)》。

同时,随着安居工程在西藏牧区的持续推进,广大牧民的生产生活方式也随之改变。牧民集中定居,一方面改善了其生活环境,另一方面,定居点也因人类活动频繁、牲畜密集化,部分草

---

① 王晓毅:《家庭经营的牧民——锡林浩特希塔嘎查调查》,载《中国农业大学学报》(社会科学版)2007年第4期,第146-157页。

场出现了退化和沙化。研究显示，牲畜反复践踏对草场的破坏程度大约是采食的两倍，过度的践踏导致定居点周围的草场呈板块性退化。① 草场退化，牲畜单体生产能力明显下降，与20世纪50年代相比，至2011年，西藏牲畜单体生产能力，牦牛酮体平均减少近50%，酥油产量平均减少近10斤，绵羊产毛精品量减少近0.5斤。②

（二）草场流转及其后果对牧民抵御风险的影响

推进草场承包制的初衷就是要调动牧民生产积极性，保护好草场资料，实现畜牧业可持续发展。在新的历史时期，草场承包制要更好地发挥作用就需要以一定的人口流出农牧业、社会保障体系健全为前提。但西藏的现实情况是，牧民人口总数并未减少，非牧人口流出困难，草场依然承载着较多的社会功能。

如前所述，畜牧业对农牧民而言作用依然巨大，既要吸纳农牧区过剩人口就业，又要使农牧民收入增加。所有这些都需要通过扩大畜牧经营规模来实现，作为草原畜牧业，草场大小成为畜牧业发展规模的制约因素。突破草场的局限有两种方式。一是通过流转草场，扩大草场面积，进而增加畜牧业经营规模。随着草场质量的下降，单位面积草产量越来越低，要放牧牲畜就要增加更多的草场面积。而现实情况是，牧民对草场流转的目的不是扩大经营规模，而是为牲畜提供牧草，③ 草场流转费用成为牧民一项重要的生产成本负担。二是通过市场购买牧草来扩大规模。但现实的问题是，当发生旱灾、雪灾等自然灾害时，饲草价格奇高，

---

① 陈阿江、王婧：《游牧的"小农化"及其环境后果》，载《学海》2013年第1期，第55-63页。
② 杨春学：《"超载"现象、制度选择和政策思考：以金沙江两岸藏区为案例的研究》，载《中国藏学》2014年第1期，第5-14页。
③ 王晓毅：《制度变迁背景下的草原干旱——牧民定居、草场碎片与牧区市场化的影响》，载《中国农业大学学报》（社会科学版）2013年第1期，第18-30页。

牧民为了避免牲畜冻死饿死、维持一定量的牲畜规模,就不得不购买高价饲草,结果是负债越积越多,很难在短时间内翻身,进而陷入长期负债经营的状况。

如果从资源流动角度看,游牧是牲畜流动到有水草的地方以平衡土地利用资源,而购买牧草则是通过牧草的流动,补充因季节等原因带来的牧草资源不足。① 通过游牧扩大放牧范围,降低灾害风险,体现出组织与组织、牧户与牧户之间的互惠关系。而购买饲草是在市场规律的支配下,产生的人与人之间的市场交易关系,灾害越严重,牧草的价格就会越高。因此,当采取以市场逻辑解决畜牧业发展时,在一定程度上是对牧民经过艰苦考验所形成的对错综复杂的世界而做出的"互惠"的一种否定,彼此更加关注自身的草场权利。这就产生了利益冲突,进而导致草场纠纷,人们之间的"互惠"减少,抵御各类风险的能力下降。

同时,在应对家庭承包制带来的新的生产要素优化组合的挑战中,因自身能力、家庭负担以及各种机会的不同,牧区开始出现社会分层:贫困牧户、小牧户、牧业大户等群体,牧户之间从互惠走向竞争。市场经济发展进一步加剧了牧区阶层分化,那些草场规模、畜群规模较小的牧户,越来越难以在技术上实现资源优化配置,小牧户之间合作使用生产要素的成本不断上升。而那些大户在草场面积、牲畜规模上能够更有效地实现资源优化,降低生产成本,在竞争中占有优势。

在牧区,牧户之间的竞争首先表现为对草场资源的竞争,竞相对公用草场进行过度放牧。实力强大的牧业大户借助资本侵占公用牧场,将其归为己有,极端者甚至出租给贫困户使用。② 西藏牧区开始出现"资本下乡"这一与全国农村同样的问题,牧户分

---

① 王晓毅:《制度变迁背景下的草原干旱——牧民定居、草原碎片与牧区市场化的影响》,载《中国农业大学学报》(社会科学版) 2013 年第 1 期,第 18 - 30 页。
② 仝志辉:《草畜双承包制度下牧民抗击自然灾害的能力减弱与合作经济组织的减贫效应》,载《北方经济》2008 年第 5 期,第 21 - 22 页。

化，富户和贫困户之间矛盾加剧，不和谐因素增多。

（三）经营规模有限性与劳动力短缺并存

从当前牧区草场承包后的实际情况看，既表现出牧区难以承受的大量过剩人口的问题，又存在牧业生产活动劳动力短缺的问题。人口过剩与劳动力短缺成为牧区的一大悖论。牧区之所以会产生这一悖论，与两个因素有关。一是人口增加，牧户户均草场面积有限，草场细碎化明显。牧户放养规模大大缩小，规模效益无法得到发挥。二是虽然牧户放养牲畜畜群减小，但生产的各个环节没有改变，依然需要一定量的劳动力来完成畜牧所需的各项劳动工作。

如上文所述，牧业更需要劳动分工来达到规模经济效应。在大集体时期，诸如接羔、剪羊毛等繁重的工作都是由合作社完成，同时，大队根据牧业工作实际，灵活调配人员，跨家庭的合作成为解决单户生产困难的重要方法。相比之下，草场承包后，家庭成为畜牧业的主要生产单位。每个家庭都有了自己的牲畜，分别构成独立的生产单位，牧民之间的互惠合作被市场交易所取代，他们根据需要调整雇工数量来补充劳动力的不足。这等于在原来劳动力数量不变的基础上又增加了不少"非牧业"的机动人口。[1]

（四）游动放牧范围缩小对草场生态的影响

青藏高原地理气候条件复杂多样，决定了其降雨量分布不均，草场生态层次多样。草场生态立体化分布与牲畜多样化采食之间

---

[1] 王晓毅：《环境压力下的草原社区：内蒙古六个嘎查村的调查》，社会科学文献出版社2009年版，第9—10页。

有着天然的契合。① 西藏牧区实施集中定居工程后，定居生活的安逸与游动放牧的艰辛形成强烈对比，越来越多的牧民更愿意在承包的草场上放牧，而青藏高原草场单位面积载畜量有限与生态环境的脆弱性，导致草场退化、沙化。②

草场承包制在极大推进畜牧业发展的同时，也出现了一些与畜牧业发展不相适应的问题。当前，草场承包改革与畜牧业经营制度之间尚不匹配，导致适宜畜群规模与单家独户经营不相容，生态与经济利益不兼得。要解决这些矛盾与冲突，就要制定与草场承包制相适应的新型畜牧业经营体制。

六、促进合作：实现草场承包的制度匹配

西藏草场产权改革正在向前推进，草场承包政策明确规定："草场承包形式，以承包到户为主。冬春草场必须承包到户；夏秋草场能承包到户的，承包到户，不能承包到户的，要落实到自然村。"也就是说，家庭承包制不可动摇，如何在家庭承包制基础上，构建一种有效的制度安排，是一件非常有理论价值和现实意义的工作。

（一）对产权理论的反思

通过对西藏草场承包制的初步探讨，我们需要对西方产权理论进行重新反思与理解。经济学认为，产权之所以重要是因为

---

① 那曲民歌描述了草场生态与牲畜之间的和谐："牦牛是山崖的装饰，在那山崖上，牦牛多么威武；绵羊是草坪的装饰，在那草坪上，绵羊像白云朵朵；马是坝子的装饰，在那坝子上，骏马像彩虹闪烁。"（参见西藏社会历史调查资料丛刊编辑组编《西藏民间歌谣选》，西藏人民出版社1985年版，第137页，转引自郎维伟、赵书彬、张朴《藏北牧业社会变迁：达村和宗村牧民权利享有的人类学考察》，民族出版社2013年版，第54-55页）

② 周立、董小瑜：《"三牧"问题的制度逻辑——中国草场管理与产权制度变迁研究》，载《中国农业大学学报》（社会科学版）2013年第2期，第94-107页。

"产权是一种社会工具","产权的所有者拥有他的同事同意他以特定的方式行事的权利。一个所有者期望共同体能阻止其他人对他的行动的干扰,假定在他权利的界定中这些行动是不受禁止的"。① 经济学关于产权的理论是建立在市场经济的前提之下,主要是在新古典经济学的产权理论框架中讨论的。该框架是以理性经济人为基础,即理性经济人只关注个人利益而忽视他人利益,只关注物质利益而漠视人的情感和精神需求。正是基于这一假设,推论出市场参与者是在充分竞争的市场上按照"效用最大化"原则采取行动。同时,为避免遭受他人损害的风险,参与者根据最小最大化原则选择策略和行动,从而达到一种具有内敛性的纳什均衡,这种纳什均衡也对应着"公地悲剧"。不过,这种思维引入到人类社会中大量存在的具有共生性的利益互补场合时,是无法解释现实生活中大量的合作现象,更无法促进人类社会的合作扩展。②

通过对西藏牧区草场承包问题的分析,我们可以对产权有进一步的认识,主要体现在以下三个方面。

(1)西藏地区乃至全国尚不具备私有产权的社会基础,而稳定土地的使用权更加重要。私有产权需要有与之相匹配的社会结构、制度安排。当今的产权变革只能遵循、依照现有的社会基础来进行相应的改变。在不具备条件的情况下,进行私有化方向的改革必然会导致社会的混乱,各种非正当的侵权行为也必将产生。

农牧民对土地的经营并非一定有了土地的所有权才能达到土地的有效配置,或者说,只要有稳定的农地使用,更大的农地权利对于农牧民而言其实际意义有限。③ 而农牧民有更大的土地权

---

① [美] R. 科斯、[美] A. 阿尔钦、[美] D. 诺斯等:《财产权利与制度变迁——产权学派与新制度学派译文集》,刘守英等译,上海三联书店、上海人民出版社1994年版,第97页。
② 朱富强:《"公地悲剧"如何转化为"公共福祉"——基于现实的行为机理之思考》,载《中山大学学报》(社会科学版)2011年第3期,第182-189页。
③ 张小军:《象征地权与文化经济——福建阳村的历史地权个案研究》,载《中国社会科学》2004年第3期,第121-135、208页。

利，可能导致农牧区生产生活秩序的混乱，如农牧区基础设施建设可能难以进行。集体灌溉设施、机耕道路等，因为权利的固化，集体行动成本高昂，合作难以进行，而使得集体组织几乎不再可能进行建设。这对于维护草场安全、维护农牧民的整体利益是没有好处的。

（2）草场承包制是否可以得到有效维护，关键是要得到广泛的社会认同，而不是仅仅依靠国家制度的维护。国家强制的制度安排往往掩盖了资源的稀缺性，导致资源大量浪费等现象的发生，也改变了人们的激励行为，造成环境污染，草资源、水资源等的过度利用。"如果政府组织不理解表面上似乎不合理的惯例和习俗正在发挥什么样的合理功能而试图改革社区制度，那么这样的改革对社区能力的发展会事与愿违。"① 承包制度的产生既要靠国家的供给，同时也不能忽视社区文化与习俗。只有调节好国家法律制度与民间习俗惯例之间的关系，做到扬长避短，才可能建立公平的、被大众所认同的草场制度。

草场既是一种天然的资源，同时又是藏民族世世代代生存繁衍的依赖，是与这个民族的生命互相渗透的。在草场纠纷中，草场产权不仅仅具有经济形态的实物价值，还具有观念形态的象征性的无形价值，草场被赋予了特殊的意义。因此，在草场产权界定时，不只是实物产权归谁所有，还要看历史上所遗留的象征性权力归谁所有，谁能够操控这种象征性的资本。在西藏农牧区，草场产权归部落所有的观念在部分牧区还有一定影响，需要我们加以引导和改变。

可以说，不恰当的制度安排导致资源配置的低效率，而制度安排是否合理有赖于社会广泛的"公平理性"的认同。当社会成

---

① ［日］速水佑次郎、［日］神门善久：《发展经济学——从贫困到富裕》（第三版），李周译，社会科学文献出版社2009年版，第271页。

员认为这一制度安排是公平合理的时候，这一制度才能有效发挥作用。① 在草场产权逐步被人们接受的过程中，政府应该在法律的框架范围内尊重农牧民的民主权利。

西藏经济社会在经历跨越式发展的过程中，如何处理好以个人权利为本位的产权与当地传统土地权利认知的和谐相融，特别是在我国进入新时代的大背景下，草场产权改革将是一个更加根本性问题。在这个意义上，尊重历史，考虑到产权变革与社会制度之间的关联性，也许是产权制度改革较为稳妥的工作思路。②

（3）产权的建立需要一个长期的过程，同时产权也具有一定的稳定性。产权要受到尊重，使人们相信"游戏规则"不会改变，才会激励人们进行投资，做出牺牲。一旦产权制度发生改变，那么，有可能这条规则会摧毁大部分社会协作的基础，预期往往由于游戏规则的意外改变而受挫，参与者停止遵循游戏，而将注意力放到游戏规则的制定上，这将给社会带来一定程度的混乱。

因草场产权的集体所有而产生的集体产权在农牧区的实践中有着丰富的界定准则，虽然基于公社时期的集体概念形成的成员权原则是集体内权利分配的最基本的准则，但同时我们也可看到传统文化对人们行为的支配。一切附着于草场上的或由草场延伸出来的经济权利都在村社集体部落产权的范围之内，即便是在随着草场承包制的实施而使原有的集团消失的今天，原来的地界也仍是为社会所认可的集体产权的界定标准。

产权作为一种制度能否有效发挥作用，一个关键性的前提条件就是行动各方对彼此权利的尊重和认可。这种对权利的尊重和认可是一个动态的演进过程。草场产权也是如此，是在行动者之间长期相互活动中达成的共识。

---

① 贺雪峰：《地权的逻辑：中国农村土地制度向何处去》，中国政法大学出版社 2010 年版，第 8 页。

② 郭亮：《土地"新产权"的实践逻辑：对湖北 S 镇土地承包纠纷的学理阐释》，载《社会》2012 年第 2 期，第 144 – 170 页。

这种共识一旦形成，人们对其所拥有的经济物就有了稳定的预期，人们相互之间的活动就有了秩序。① 当然，产权的稳定性是相对而言的，随着社会生产环境的不断变化，原有的共识将会被打破，同时，又不断在新的交互活动的基础上达成另一种新的产权制度。

（二）通过合作丰富草场承包制

诺贝尔经济学奖得主奥斯特罗姆在其《公共事务的治理之道》一书中，研究了社会普遍存在的"公共池塘"资源。"公共池塘"即那些自然的或人造的资源系统，该系统无论是通过物质障碍还是法律手段要将个人从利用资源中排除出去的成本都很高，同时，一个人从消费该系统中获益会减少其他人可获得的利益。由此，"公共池塘"资源就具有了强烈的"搭便车"的诱惑，难以做到资源的有效配置。② 草场资源就是典型的"公共池塘"资源，因此，对其如何更好地配置意义重大。

具体到西藏草场，我们看到，在西藏草场承包制取得伟大成就的同时，由于社会经济的发展，需要在草场承包的基础上对其加以丰富，进而促进西藏畜牧业发展。需要解决的问题是如何建立一个与草场承包相配套的合作机制。草场承包应体现在实现利益的分配上，但是，其具体的经营形式不应该局限在无数相互分散的个体牧户身上。我们认为，草地畜牧业要实现可持续发展，就应该在草场承包制的基础上，实现彼此合作。我们就畜牧业经营能否合作、如何合作的问题进行如下分析。

1. 合作的可能性

一方面，意识形态、文化信念既是人类合作的原因，也是合

---

① 申静、王汉生：《集体产权在中国乡村生活中的实践逻辑——社会学视角下的产权建构过程》，载《社会学研究》2005年第1期，第113–148、247页。

② 周立、董小瑜：《"三牧"问题的制度逻辑——中国草场管理与产权制度变迁研究》，载《中国农业大学学报》（社会科学版）2013年第2期，第94–107页。

作的结果。人类在漫长的历史演进中不断试错,彼此之间依靠集体的力量来维持生存。从共同狩猎、共同采集、共同抵御自然灾害到共同防卫来自其他物种或族群的侵袭,这些都是群体共同分享合作成果的过程,其本质就是公共品的生产与分配。而这一过程之所以能够进行就是因为人类借助惩罚机制建立稳定的运行机制,从而有效地维护了合作秩序。① 与此同时,意识形态也逐步形成,并发挥作用,帮助人们对自己和其他人在劳动分工中的收入和现行制度的公正合理做出道德评判。在人们相信这个制度是合理公平的时候,即使个体可以从违反规则中收益,也可能不会违反规则或侵犯产权,从而克服"搭便车"问题。② "集体主义文化信念使得社会组织建立在团体力量的基础之上,从而得以利用经济的、社会的,以及更可能是道德的制裁来防止行为的偏离。"③ "正义感"是人类在漫长的演进中不断调整自己行为以适应生产环境时产生的,是社会规范内部化的产物。即它是维护人类合作秩序的社会正义,通过自然选择被固化在我们身体和心智中的禀赋。④ 这种正义感禀赋的大小强弱,决定了社会团体合作秩序运行效果的好坏。

另一方面,人类在社会交往中产生了亲社会性,促进了合作。个体依靠集体而生存,任何个体都处于社会交往之中,在这个相互交流、相互作用的过程中,产生了人的亲社会性。亲社会性是人们将注意力集中在如何保护和促进他人福利上的心理状态⑤,是

---

① 叶航:《公共合作中的社会困境与社会正义——基于计算机仿真的经济学跨学科研究》,载《经济研究》2012年第8期,第132-145页。
② 段文斌、陈国富、谭庆刚、董林辉:《制度经济学——制度主义与经济分析》,南开大学出版社2003年版,第340-341页。
③ 朱富强:《社会共同治理观的逻辑基础》,载《中山大学学报》(社会科学版)2010年第5期,第167-175页。
④ 叶航:《公共合作中的社会困境与社会正义——基于计算机仿真的经济学跨学科研究》,载《经济研究》2012年第8期,第132-145页。
⑤ 仇思宁、李华晶:《亲社会性与社会创业机会开发关系研究》,载《科学学研究》2018年第2期,第304-312页。

人在社会交往中所表现出来的对他人的同情、谦让、帮助、合作、分享等一切有助于社会和谐的行为及趋向①。合作产生共赢，这一有利结果是人们在反复交往过程中得到的激励。这一激励促使人们追求互惠，对友好的行为给予奖励，对不良行为给予惩罚，从而强化了合作的开展，降低了"搭便车"现象的发生。②

亲社会性使得"己"的内涵和外延都发生了变化，表现在，个体是社会中的个体，研究个体要与其所处的社会关系相联系，不能离开社会而孤立地看待个体。"公地悲剧"所基于的前提是人仅仅考虑生命的个体意义。但是，亲社会性却使得现实个体可以或多或少地认识到生命对整个社会的共同意义，从而倾向于关注议价结果的效率，并在很大程度上愿意放弃自己的收益以换取社会福利的实质增长。③ 正是由于人的社会性，大大地促进了人类彼此之间的合作，拓展了人类活动的范围，提高了人类抵抗各类风险的能力，增强了人类改造自然提升自身的力量。

2. 发挥社区在合作中的作用

西藏牧区在家庭承包制基础上实现合作，一个可取的选择就是依靠社区，发挥社区作用。历史与现实、地理环境与现实基础，都使得广大牧民在其社区内部交往密切，形成了较高的相互信任机制。在牧区，最典型的是由血缘和地缘上的嫡亲关系连接起来的部落和村庄。一方面，畜牧业自身需要较高的分工协作；另一方面，传统上的互惠互利观念影响深远，易于形成畜牧业协作。社区在合作中的作用突出表现在协商基础上的合作，这一作用对于西藏牧民而言意义巨大。因为牧区市场经济不发达，牧民适应

---

① 寇彧、唐玲玲：《心境对亲社会行为的影响》，载《北京师范大学学报》（社会科学版）2004年第5期，第44—49页。
② 朱富强：《"公地悲剧"如何转化为"公共福祉"——基于现实的行为机理之思考》，载《中山大学学报》（社会科学版）2011年第3期，第182—189页。
③ 朱富强：《"公地悲剧"如何转化为"公共福祉"——基于现实的行为机理之思考》，载《中山大学学报》（社会科学版）2011年第3期，第182—189页。

市场能力有限，在市场交易活动中往往处于不利地位，而社区作用的发挥恰恰弥补了这一不足。同时，随着我国政治体制改革，牧区公共治理更要依靠社区。社区作用的发挥有利于牧区经济合作，达到牧民协商共赢的目标。

社区为人们生产生活提供了空间，人们通过长期交往、频繁交易，形成了一个熟人社会，彼此之间生活上信任、生产上依赖。这种社会关系，不仅易于抑制契约各方的道德风险，而且能在更广阔的社会内促进合作关系。在这样一个熟人社会，那些基于信任而从交易中受益的人不愿和他所知道的曾经背叛过其商业伙伴的人打交道。在人们相互联系紧密、信息高度分享的紧密型社区内部，这种被社会蔑视和排斥的成本将会特别大。对社区的社会约束力的担心越强，同一社区成员间确立的承兑合约的惯例就越稳定。① 在促进西藏牧民经济合作过程中，就是要借用这一社区平台，采取符合当地特点的具体合作形式，推进畜牧业发展。

在西藏牧区，村民小组具有村落的社会职能，也具有行政职能，是在遵守国家规范基础上受到乡规民约所约束。② 一个可行的选择是通过"行政村""自然村"等社区，开展牧户之间的合作，消除负外部效应，促进正外部效应。利用亲缘、血缘、地缘、业缘等关系，促进牧民生产上的合作，规范彼此的行为，形成对草原这一"共有资源"的有效利用、改良和保护。

---

① ［日］速水佑次郎、［日］神门善久：《发展经济学——从贫困到富裕》（第三版），李周译，社会科学文献出版社 2009 年版，第 236 页。

② 郎维伟、赵书彬、张朴：《藏北牧业社会变迁：达村和宗村牧民权利享有的人类学考察》，民族出版社 2013 年版，第 121 页。

第七章 西藏草场产权改革与畜牧业规模化经营

本章先就草场产权何以变迁、何以复杂、地方性认知与产权之间的关系，以及草场产权的社会建构等问题进行多学科探讨。首先，从草场流转为畜牧业转型奠定基础，草场流转是化解风险、平衡产量的需要，以及草场流转是维护生态系统不可分性的需要三个方面分析草场流转与西藏畜牧业规模化经营的契合性。接着，从自然生态环境和牧区社会分层两个方面探讨草场流转的内生动力。同时通过分析认为，牧民对草场的情感、传统产权认知、牧户行为能力、牧户"代际分工"等因素不利于草场流转。当前，西藏扩大草场经营的主要模式有反租倒包、共管共用草场、租赁草场、联户经营、放牧配额等。进而指出，推进畜牧业规模化的基本遵循为，在"三权分置"基础上坚持集体所有的底线不动摇，实现地权稳定与规模化经营。最后，通过调查一县一乡三村的实际情况对西藏畜牧业经营现状进行基本素描。

一、草场产权及引申含义

（一）草场产权何以变迁：理论简述

产权制度是制度集合中最基本、最重要的制度。建立明晰的产权安排是经济组织高效运行、经济繁荣的先决条件，这已成为学界的一个基本信条。正是受这种信念的影响，20世纪80年代后，迅速的私有化被许多改革中的社会主义国家所接受。① 特别是20世纪90年代以科斯为首的"新制度经济学"在我国的迅速传播，产权清晰化改革被推进到经济领域的方方面面。

在草场产权制度改革中，谁是产权的所有者，谁应该享有剩余索取权和剩余控制权？对草场产权制度的认识，特别是对具有地域特色和文化色彩的青藏高原草场产权制度的认识，应该从两个方面入手来进行分析和理解。一方面，运用产权制度的共有要素、普遍规律来分析和理解西藏草场产权制度；另一方面，需要考虑西藏特殊的地理、历史、文化等约束条件，对西藏草场产权制度进行逻辑分析。本章正是基于这一逻辑，展开对西藏草场产权制度改革与畜牧业规模化经营的分析。

草场产权制度改革是对外部环境变化的积极回应。"制度的本质是对均衡博弈路径显著和固定特征的一种浓缩性表征，该表征被相关域几乎所有参与人所感知，认为是与他们策略决策相关的。这样，制度就以一种自我实施的方式制约着参与人的策略互动，并反过来又被他们在连续变化的环境下的实际策略不断再生出来。"② 因此，制度是博弈的一种均衡，约束了当事人的战略互动。对稀缺资源的产权制度安排是理性人追求效用最大化而制定的一系列规则、规范等。

产权的发展是为了使外部性内在化。产权界定不清是产生"外部性"和"搭便车"的主要根源。索托在其《资本的秘密》（2001）一书中指出，西方国家的正规所有权制度产生了六种效应，使它们的公民能够创造出资本。这六种效应是确定资产中的经济潜能、把分散的信息综合融入一个制度、建立责任制度、使

---

① 李稻葵：《转型经济中的模糊产权理论》，载《经济研究》1995年第4期，第42-50页。

② [日]青木昌彦：《比较制度分析》，周黎安译，上海远东出版社2001年版，第28页。

资产能够互换、建立人际关系网络、保护交易。①产权越清晰，界定越明确、越完整，对人的激励和约束就越充分。也就是说，不同的产权制度安排具有不同的激励和约束功能，进而导致资源配置效率的差异。

随着制度环境的改变，制度也随之发生变迁。制度的变迁是在一定的条件约束下，主体期望获取最大潜在利益而进行的用一种效率更高的制度来替代另一种制度的过程。外部性的存在是制度创新的一个重要源泉，当制度创新的收益大于制度创新的成本时，经济当事人才会具有经济动力进行制度创新。"如果预期的净收益超过预期的成本，一项制度安排就会被创新。只有当这一条件得到满足时，我们才可望发现在一个社会内改变现有制度和产权的企图"②。

（二）草场产权何以复杂：人类学对产权的认知

虽然产权经济学和人类学都认为，产权体现的是人与人之间的关系，但侧重有所不同。前者认为产权是"一束权利"，或只重视社会关系中与权利相关的部分，认为产权具有排他性，是明晰界定的权利，将人与物相分离，不存在情感因素；并且人与物界限分明，人具有稳定性、整体性和同一性等特点。

而人类学在产权问题上主张全面关注与产权相关联的社会关系。认为人类在其各自生活的社会环境中，必然需要一定的"物"来生存，这些"物"既可以是有形的，也可以是无形的，但都是至关重要的。要处理好这些"物"在群体中的配置，就需要有一套社会规范、制度安排来加以调节，解决好因人与物而产生的人

---

① ［秘］赫尔南多·德·索托：《资本的秘密》，王晓冬译，江苏人民出版社2001年版，第40—52页。
② ［美］R. 科斯、［美］A. 阿尔钦、［美］D. 诺斯等：《财产权利与制度变迁——产权学派与新制度学派译文集》，刘守英等译，上海三联书店、上海人民出版社1994年版，第274页。

与人之间的关系。① 也就是说,制度起源于行动者之间的相互期待,即一方对对方行动的预期,当这种相互期待趋于一致并稳定下来时,各方的行动就因定型而"制度化"了。② 在这个制度化过程中,法定产权和"人"的认知的权利之间存在着相互影响,可以说,二者各是对方的函数。同时,它们各自又独立地受到一些其他诸如文化、传统等因素的影响。事实上,人们是以其认知的权利边界作为决策中的约束条件的。因此,交易不仅意味着价格—供求关系的协调,而且还意味着权利结构的建构和再建构。③

在草场产权制度中,藏民族与自然之间紧密相连,融为一体。草场、牲畜是牧民最基本、最重要的生活资料,草原是他们生存的家园,"神山""圣水"是人们崇拜的对象。自然与人类的生计方式、社会组织、宗教信仰、思想情感等紧密相连、不可分离。而产权经济学则割裂了人与自然的和谐关系,市场机制将自然转换为一种资本,为其利益服务,割裂了人对物的不可分割性和相互依存性,成为现代社会关于自然的换算逻辑,由此带来了诸多意想不到的后果。④

(三)地方性认知与产权界定、实施:冲突与弥合

"产权是一种社会基本权利关系的制度表达,它与法权的不同之处在于,实践中的产权不是一种条文、律例或规定,而是一种

---

① 周歆红:《西方人类学产权研究的三种路径》,载《社会学研究》2016 年第 2 期,第 217 - 240 页。
② 曹正汉:《产权的社会建构逻辑——从博弈论的观点评中国社会学家的产权研究》,载《社会学研究》2008 年第 1 期,第 200 - 216 页。
③ 刘世定:《科斯悖论和当事者对产权的认知》,载《社会学研究》1998 年第 2 期,第 12 - 21 页。
④ 张雯:《草原沙漠化问题的一项环境人类学研究》,载《社会》2008 年第 4 期,第 187 - 205 页。

留有解构和建构空间的制度安排。"① 通过"局部趋同效应"②和"时断时续的均衡效应"③，实现制度的建构与解构。

在市场发育程度不高的背景下，产权合约既不合乎规范也不具备完整的排他性，但其却能够提供比原有的制度安排更高的生产效率。④ 出现这一现象原因何在？这就需要从地方性知识与产权界定、产权实施的角度加以解释。

Barzel将权利区分为"法定权利"和"经济权利"两个层面。"法定权利"是国家通过法律法规赋予特定主体的资产权利，该权利主要包括占有权、使用权、收益权等。"经济权利"是主体可以如何处置资产的各种属性的权利。由于完全界定产权所包含的全部权利面临着高昂的交易费用，因此产权是残缺和模糊的，"法定权利"之外的剩余权利始终存在。⑤ 如何在产权实施中实现模糊产权清晰化，剩余权益归谁所有，谁拥有对资产的支配权或控制权，这取决于产权相关主体的地方性知识所构建的社会性合约。

社会性合约是人与人在共同生产生活的相互交换中形成的基于安全、互惠而产生的用以对经济交易的补充与弥合。这种产权合约形式，不以产权清晰来实现纯粹的经济利益，而是在部分程度上淡化产权边界，达到相互之间的互惠和回报，进而使当事人

---

① 折晓叶、陈婴婴：《产权怎样界定———份集体产权私化的社会文本》，载《社会学研究》2005年第4期，第1—43页。

② 指如果社会中所有人都有机会相互往来，每个人的信息虽然不完全但也相当充分，同时，他们采取随机性行为的可能性很低，那么，大多数人在大多数时期将遵循相同的行为规则。(参见曹正汉《产权的社会建构逻辑——从博弈论的观点评中国社会学家的产权研究》，载《社会学研究》2008年第1期，第200—216页)

③ 指一种行为规则一旦在一个社会建立起来，它就趋向于长期延续下去。与此同时，随机性干扰也时常发生，并逐渐破坏这种规则，社会将因此向新的规则转型。(参见曹正汉《产权的社会建构逻辑——从博弈论的观点评中国社会学家的产权研究》，载《社会学研究》2008年第1期，第200—216页)

④ 陈剑波：《制度变迁与乡村非正规制度——中国乡镇企业的财产形成与控制》，载《经济研究》2000年第1期，第48—55页。

⑤ 罗必良：《从产权界定到产权实施——中国农地经营制度变革的过去与未来》，载《农业经济问题》2019年第1期，第17—31页。

在生存、福利、发展等方面实现社会性目标。① 这种社会性产权合约具有隐蔽性，不易被外人所察觉，但对于村落成员而言是清晰的。它产生于社区成员的生产生活结构性特征中，而非来自文化传统或宗教价值。②

同时，在社会性产权合约中，权利与义务、成本与收益得到了当事人的扩展。当事人不仅关注与未来的物质收益，而且在意其声望、声誉、信任以及互惠承诺；投入的也不仅是土地、人力或资金，而且还有他们的互惠期望、社会期待、信任和忠诚，以及机会成本和风险。③ "互惠模式、强制性施舍、公地以及分摊出工都有助于一家渡过其不可避免的资源匮乏阶段，否则，他们就会跌到生存线以下。"④ 这样的被公认的价值观在处理权利与义务时，起到了强大的约束和规范作用，公认的价值观增加了违约者、反常规者的行动成本，增强了人们对集体福利的观念，提高了集体行动的效率，进而强化了产权的实施。

（四）草场产权的社会建构：地方性产权的表达

大量的研究发现，所谓"集体产权"是在诸如法律、文化、传统等地方性知识共同交织而形成的一份隐性的、非正式的，不被外人所知，但又在社区中被广泛认同的权利结构。西藏牧区社会长期共同使用草场，更多的相互协作比农区更强烈，因此所表现出的凝聚力也比农业村落更强。在长期的互动中，牧民彼此间达成一定的默契，形成一定的规范。

---

① 折晓叶、陈婴婴：《产权怎样界定———一份集体产权私化的社会文本》，载《社会学研究》2005年第4期，第1－43页。
② [美] 李丹：《理解农民中国：社会科学哲学的案例研究》，张天虹、张洪云、张胜波译，江苏人民出版社2009年版，第32页。
③ 折晓叶、陈婴婴：《产权怎样界定———一份集体产权私化的社会文本》，载《社会学研究》2005年第4期，第1－43页。
④ [美] 李丹：《理解农民中国：社会科学哲学的案例研究》，张天虹、张洪云、张胜波译，江苏人民出版社2009年版，第32页。

1. 成员权是获得草场产权的基本权利形态

《中华人民共和国农村土地承包法》第十五条规定,家庭承包制的承包方是"本集体经济组织的农户"。《中华人民共和国草原法》第十三条规定:"集体所有的草原或者依法确定给集体经济组织使用的国家所有的草原,可以由本集体经济组织内的家庭或者联户承包经营。"也就是说,有农村户籍者即具有农村集体成员资格。这种基于法律规定的集体成员身份在某种意义上说是国家赋予的,对于村庄的集体土地而言,"人人有份,机会均等",即每个村民都有权得到一份归属于自己耕作和收获的土地。

成员权在产权实际界定与实施中表现各异,嵌入于社会关系网络中,体现为一种建立在共同体成员身份和关系基础上的共享权利。成员权不只表现为因集体产权的使用而确定的人与人之间的社会关系,更体现为人们在社会关系网络中彼此之间的互惠信任和抑制机会主义的社会期待。从这个角度讲,村社区共有土地资源的投入是一种社会性投入,索取的也是社会性的回报。① 成员权是基于熟人社会的人际关系,彼此生产生活上的熟知、情感上的交流,在权利与义务上带有连带责任和信任感,而不仅仅体现为物质利益关系。

2. 生存伦理权是牧民获得草场权利的基本声称

牧民依靠畜牧为生,一直以来,草场都是牧民的命根子。任何人都无权剥夺牧民的草场产权,这已成为任何组织无法对抗的权利诉求。虽然时过境迁,牧户非牧收入、财产性收入已占有越来越重要的地位②,但是基于"生存伦理"考虑,草场依然是牧民的基本权利,任何组织和个人都不得侵犯。生存原则是村民对集

---

① 折晓叶、陈婴婴:《产权怎样界定——一份集体产权私化的社会文本》,载《社会学研究》2005年第4期,第1-43页。

② 从2018年康马县调查看,种植、养殖、经商等经营性收入占牧户总收入的39.2%;务工、上班等工资性收入占总收入的30.5%;各类政府补贴、亲友给钱等转移性收入占到总收入的30.3%。由此看出,非牧收入在牧户总收入中的比例逐步上升。

体土地所持有的最基本原则,这项原则为政府的权力边界划出了一条道德底线,也因其他各方无法否定,故也得到其他各方的认同。

正是基于这样的社会共识,国家在草场产权制度性安排中接受和认可了这一传统认知。裴宜理通过中西方权利观念的比较发现,中国人的权利观念更多的是生存权和发展权,奉行实用主义而并非抽象意义的产权和政治权利,更多体现"规则意识"而非"权利意识"。具体到本书的分析,表现为牧民在对草场的认知中,相对于学理意义上的排他性、清晰化的产权诉求,牧民更关注村组集体按照何种规则实现平均分配。①

3. 象征性产权对牧民草场产权潜在、持久的影响

近年来,我国社会科学研究发现,土地产权不仅包含作为经济资本的实物产权,而且在其之上依靠共同的伦理和文化编码还赋予了丰富的作为象征资本的象征产权。也就是说,象征产权依赖于社区成员共同的观念、文化认同、社会关系以及政治权力等,是一种象征资本的产权形式,被人们认知并赋予意义。正如张佩国所指出的:"村庄边界有两种意义,一为地理方位,一为产权观念。乡间的村界意识兼有这两种意义。"②

西藏牧区长期处于封闭状态,形成了独特的文化传统,而牧民对草场的地方性认知,必然影响到当前产权的构建,使得草场带有了更多的象征地权特征,也因此使得"三牧"问题变得更加复杂多样。草场产权制度问题不仅仅是实物地权归谁所有的问题,更应该看到,在其实物载体之上,谁掌握象征地权,谁在操控地

---

① 李祖佩、管珊:《"被产权":农地确权的实践逻辑及启示——基于某土地产权改革试点村的实证考察》,载《南京农业大学学报》(社会科学版)2013年第1期,第80-87、102页。

② 张佩国:《地权分配·农家经济·村落社区——1900—1945年的山东农村》,齐鲁书社2000年版,第181-182页。

权的象征资本生产过程。① 理解了象征产权，就为我们找到了突破草场产权改革困境的突破口，从而可以更加有针对性地提出方案，寻求畜牧业发展。郎维伟等（2013）的调查发现，政府多年来对草场承包制的推进强化了牧区村落的形成和集体认同感。②

上述分析中，产权作为"一束权利"只是问题的一个部分，远没有解决草场面临的现实情况。我们将草场产权转向社会学分析，成员权、生存权、象征产权等都表达了牧民对草场权的地方性诉求。草场权作为"地方性知识"的表达，具有内生的合法性。作为一种文本的土地制度，在实践中极具地方化，具有高度的适应性和特殊性，这种高度的适应性和特殊性使关于土地制度的文本得到了不同程度的调整，③ 进一步扩展了"产权是一束关系"的论断④。

二、草场流转与西藏畜牧业规模化经营的契合性

产权作为"一束权利"，其自身具有多种功能。随着社会分工的细化，专业化水平的提高，产权分割成为必然。从技术上看，产权分割使资源的不同功能被不同主体所掌握，由于不同主体的差异性，如果不进行产权的重组，资源是不可能有效发挥作用的。⑤

草场流转就是草场承包经营权人将草场经营权（使用权）转

---

① 张小军：《象征地权与文化经济——福建阳村的历史地权个案研究》，载《中国社会科学》2004年第3期，第121-135、208页。
② 郎维伟、赵书彬、张朴：《藏北牧业社会变迁：达村和宗村牧民权利享有的人类学考察》，民族出版社2013年版，第64-66页。
③ 余练：《产权的地方性形态及其表达逻辑：基于对W村土地纠纷的考察》，载《中国农业大学学报》（社会科学版）2013年第1期，第150-156页。
④ 周雪光：《"关系产权"：产权制度的一个社会学解释》，载《社会学研究》2005年第2期，第1-31、243页。
⑤ 段文斌、陈国富、谭庆刚、董林辉：《制度经济学——制度主义与经济分析》，南开大学出版社2003年版，第57页。

让给其他主体或经济组织，就是对草场产权的一种分割与重组，也是草场资源的配置与再配置，促进草场资源从较低价值的用途转向较高价值的用途，从而达到最大限度利用资源的目的。草场流转是西藏畜牧业规模化经营的必要途径。

（一）草场流转为畜牧业转型奠定基础

随着技术水平的不断提高，人类社会发生着前所未有的变化。产权的可分割与重组，使得资源得到不断优化配置。现代化草地畜牧业需要各种生产要素自由流动与组合，尤其是草场的流转与规模化经营。要使草场能够流转和高效配置就需要草场产权具有明晰、确定的转让权、使用权、收益权等权利。通过草场流转，优化草原畜牧业经营，改造传统畜牧业经营方式，提高畜牧业经营效率，提升畜牧业现代化水平。

（1）通过草场流转，扩大草场经营规模，有利于资源配置效率的提高。具体表现在，草场连片大规模放牧从多个层面降低了牧户生产的劳动强度。劳动强度降低也使得老人和妇女更多地参与其中成为可能。由此释放出来的大量青壮年男性劳动力可外出务工经商，从而优化家庭收入结构。同时，草场流转降低了草场协调难度，有利于提高牧户修建小型基础设施的积极性，增强公共设施的管护效率。草场流转后，由于草地规模扩大，激发了牧户改善草地结构、提高小型基础设施建设投资的热情。

（2）草场流转为牧民增收提供条件。草场产权的分割、重组，提高了草场的市场价值，扩展了草场权能。通过草场产权改革，一方面，明晰了草场边界，稳定了草场承包权；另一方面，推进了承包经营权的权能扩展，特别是承包经营中的经营权、收益权、流转权、入股权、抵押权等多重权益。赋予牧民对草场更完整、更充分、更自主的经济权能。① 同时，通过草场流转，推进了草场资本化，真正使草场成为牧户家庭一项重要的财产性收入。

（3）草场流转为牧区经济社会转型创造条件。通过草场流转，一方面，扩大了牧业经营规模，锻炼了新型畜牧业经营主体的成长，促进了畜牧业发展；另一方面，规模化经营有利于减少矛盾纠纷。草场连片、围栏减少，牧户牧业生产的外部性降低，相互牵制较少。与此同时，草场流转中还释放出大量剩余劳动力。这些劳动力流出牧业，从事非农非牧活动，促进了牧区社会的繁荣。而牧业发展、牧区繁荣反过来又促进了牧民生产生活、思想观念等的深刻变化，也使牧区走向现代化，全面实现牧区振兴。

（二）草场流转是化解风险、平衡产量的需要

青藏高原复杂的地形地貌，导致西藏草场生态系统的非平衡性，进而给草原牧业生产管理带来巨大的挑战。特别是在草场承包环境下，草场的自然特征客观上要求畜牧业通过较大规模的草场进行经营，这既是对自然的顺应也是牧民提升自身生产能力、突破自然局限的需求。

草场第一生产力的空间差异性、生态环境的脆弱性，促使草场流转，扩大范围加以应对。世界第三极的青藏高原是全球气候变化的预警区和敏感区，被认为是气候变化最敏感和最脆弱的生态系统类型之一。自1990年以来，高原地区气候变暖明显早于全球其他地区，升温幅度是全球平均的两倍。② 草场由于受其地形地貌及气候等因素的限制，其第一性生产力的空间差异性极大。而且同一地理位置相邻两年的牧草产量由于气候环境的变化也能达

---

① 匡远配、陆钰凤：《农地流转实现农业、农民和农村的同步转型了吗》，载《农业经济问题》2016年第11期，第4-14页。
② 赵景学等：《AFM：长期围栏禁牧降低高寒草地生态系统呼吸的温度敏感性》，见中国科学院青藏高原研究所网（http://www.itpcas.cas.cn/kycg/yjcg/201601/t20160111_4516157.html）。

到 5 倍以上的差异。①

同时，干旱和雪灾等自然灾害都对草场的牧草和牲畜的生产具有严重影响，而且这些影响因素的变化通常具有动态性和不确定性。仅就雪灾而言，其呈现三个方面的特征：一是发生频率高。由于处于高海拔，中、高纬度带，"三年一小灾，五年一大灾"，几乎每年都会发生不同程度的雪灾。二是持续时间长。由于雪灾伴随着气温的急剧下降，故积雪时间长，容易对牧民的生活和生命安全造成严重威胁。同时，雪量大、积雪深、时间长，也易于引发由于饲料储备缺乏而导致牲畜死亡、畜牧业减产等严重危害。三是地区分布主要集中在青南高原和藏北高原地区、喜马拉雅山脉南坡一带地区，以及祁连山脉南坡地区。

因此，如何顺应自然，提高牧业生产能力，一个重要途径就是通过草场流转，扩大草场规模，从而达到平衡产量，化解风险。

（三）草场流转是维护生态系统不可分性的需要

遵循自然规律，并不是所有的草地都适合于承包制，受地理、气候等的影响，牲畜摄取牧草存在季节性差异，只有不同牧场才能为牲畜生长提供饲草需求。而现实情况是，由于地域广袤、气候差异巨大，仅靠牧户承包草场是难以应对的。

草场不仅受自然因素的影响，而且与人文因素紧密相关。草场植被组成具有突发性和非持续性变化的现象。草场生产能力随自然环境变化而发生波动，而草场植被的组成及其变化受到放牧的影响，这种影响直接关系到微环境的变化，微环境变化进一步影响到系统对下一次突发性环境事件的反应。这就要求人类在利用草场资源的过程中，不可将其人为地加以分割，破坏微环境之间的联系。而草场流转一方面可以避免草场生态系统的不可分割

---

① 李向林、安迪、晏兆莉：《天然草原共管国际研讨会论文集》，中国农业科学技术出版社 2007 年版，第 7－8 页。

性，另一方面也是应对各类风险的需要。

总体而言，青藏高原的地理气候特征决定了草场生产能力具有高度的差异性，其人为因素与自然的影响造成植被的非特异性变化，而这些变化不具备简单的线性逆向恢复能力。由此决定了草地畜牧业生产经营应具有动态的管理、灵活应对自然风险的能力。①

三、草场流转的动力

产权理论认为，产权要进行分割与重组，就"涉及利用契约来部分或全部地转让产权的问题——选择契约取决于交易成本、自然（经济）风险、法律（政治）制度安排"②。张五常指出：在私有财产给定的条件下，所有者选择不同资源组合方式，以实现自身利益最大化，受到两大因素的影响。一是自然风险，它影响生产价值的标准差大小。如果预期收益方差大于零，则不同的契约安排将会对缔约各方利益产生不同的影响。二是交易成本。交易成本的存在必然减少交易量、影响资源使用的边际等式和使用的密集度。③ 当前，西藏草场之所以能够流转，就是出于如下两个因素的推动。

（一）自然生态环境客观上要求牧民扩大草场面积

西藏地处青藏高原腹地，高山大川密布，地势险峻多变，地形复杂，各处高山参差不齐，落差大，海拔4000米以上的地区占

---

① 李向林、安迪、晏兆莉：《天然草原共管国际研讨会论文集》，中国农业科学技术出版社2007年版，第8页。
② ［冰］思拉恩·埃格特森：《新制度经济学》，吴经邦、李耀、朱寒松等译，商务印书馆1996年版，第44页。
③ 段文斌、陈国富、谭庆刚、董林辉：《制度经济学——制度主义与经济分析》，南开大学出版社2003年版，第236-237页。

西藏面积的86.1%。由于高原在形成过程中受到重力和万有引力的影响,整个高原的地势呈现出由西北向东南倾斜的趋势。高原面的边缘被强烈切割形成青藏高原的低海拔地区,山、谷及河流相间,地形破碎。青藏高原分布着世界中低纬地区面积最大、范围最广的多年冻土区,占中国冻土面积的70%。除去多年冻土之外,青藏高原在海拔较低区域内还分布有季节性冻土,即冻土随季节的变化而变化,冻结、融化交替出现,呈现出一系列融冻地貌类型。①

上文所述,作为面积最广的高寒牧区,西藏草场资源在时空尺度上具有很强的异质性特征,牧民需要扩大草场面积,为牲畜提供生产需要。随着全球气候升高,青藏高原草质下降,单位面积上的载畜量越来越少。同时,由于生态环境恶化,政府对生态保护的重视,休牧、禁牧政策的实施,减少了牧民放养牲畜的范围,加剧了牧民对草场的需求。

(二)牧区社会分层内生草场流转动力

西藏牧区社会分化、阶层结构趋于明显。这成为牧区草场流转的内生动力,具体分析如下:

(1)牧区能人。他们是在社区中成长起来的精英群体,包括政治精英、经济精英和文化精英。这一群体相对于其他牧民而言,占有资源禀赋优势,在社区中拥有有形或无形的权威与社会资本。这一群体凭借自身所拥有的资源,试图扩大牧业生产规模,对草场流入具有较强烈的需求。

---

① 《为什么青藏高原被称为"亚洲水塔"》,见科普中国(http://www.xinhuanet.com/science/2018-07/08/c_137305425.html)。

（2）牧区中的中坚阶层。① 这一群体在牧区占主导部分，他们具有如下几个方面的特征：一方面，其家庭劳动力较为充裕，有能力从事牧业活动。因而，他们关心牧业发展，有积极性参与牧区建设，是牧区社会发展的中坚力量。另一方面，他们主要的收入来源依靠牧业，有积极性扩大牧业生产活动。因此，这部分人往往有积极性承接草场，扩大牧业规模。同时，他们也有意愿学习新技术，推广应用新品种，发展现代牧业。另外，这一群体全部生产生活都在牧区，因此，他们有建立长久的人际交往关系的强烈意愿，是新牧区建设的中坚力量。

（3）流出牧业的贫困户。这部分牧户是不自愿地流出牧业进入城镇生活的。一部分是由于子女在城镇上学，或年老父母身体不便需要就医等不得不离开牧区、放弃牧业转入城镇生活；一部分是由于其在牧区生产经营不善，牲畜规模过小或无力从事牧业，导致牧业生产经营活动无法维持而流入城镇。王晓毅（2009）对内蒙古牧区的研究发现，部分人口流出牧业，是一个看似合理的过程，其实并没有因人口的流出而改变牧业生产经营方式，并没有带来牧业生产现代化。②

（4）兼业牧户。兼业牧户如前所述，他们既离不开牧业收入，也离不开非牧收入。家庭分工结构呈现"代际分工"，即年轻子女从事非牧业，年老父母从事牧业。他们一般不愿流出草场，愿意通过牧业经营来获得基本的生存保障。

由于牧区社会分层，牧区能人、中坚牧户希望流入草场来扩大经营规模，而牧区流出户和部分兼业户希望通过一个合理的价

---

① 这里借用贺雪峰等学者对中国乡村研究的成果中的"中坚农户"概念，中坚阶层是指那些不愿意或者无法离开农村的中青年农民，他们通过从事土地或其他农村获利机会获取收入。这一群体形成了一个主要收入在农村、社会关系在农村、家庭生活完整、收入水平不低于外出务工经商家庭的社会群体。（参见贺雪峰《乡村治理与农业发展》，华中科技大学出版社 2017 年版，第 103－114 页）

② 王晓毅：《环境压力下的草原社区：内蒙古六个嘎查村的调查》，社会科学文献出版社 2009 年版，第 73－74 页。

格流出草场。这种社会发展趋势成为草场流转的内生动力。

四、草场流转的阻力

正如上文所述,产权是一个复杂的社会建构过程,受到多种因素的综合影响,草场流出有其内在动力,但同时也绕不开如下因素的阻力影响。

(一) 牧民对草场的情感影响草场流出

在漫长的历史上,牧民与牲畜、草场形成了其特有的文化情感,这些都对今天推进草场流出有一定的影响。

一是牧民对草场的"人格化"情感延缓了草场流转。草场流转既是一个经济问题,同时又是一个社会问题,牧户的经济行为深深地嵌入社会文化背景中。① 在牧民看来,一草一木都是有情感的,其对生产生活的草场有着深深的依恋,要将草场流转出去,对于部分牧民来说是不可思议的。世代生活在"世界屋脊"上的藏民族,对于自身所依赖的自然充满了敬畏,"神山""圣湖""神树"等成为人与自然的基本关系,约束了人们的行为模式,构成民族共有的习惯规范,建构起人与自然的关系以及社会秩序。② 珍爱自然,爱惜动植物,保护水源、河流,珍爱每一寸土地,都成为牧人对草场的情感依恋,也成为草场难以流转的一大障碍。

二是对草场流转的非价格计算。由于千百年来,牧民对草场的情感,在经营草场中,并未按照"理性人"的原则进行计算。对于牧民而言,从事牧业追求的不是利润最大化而是代价最小化、"安全第一"的行为原则。虽然中央政府对西藏自治区给予了诸多

---

① 钟涨宝、陈小伍、王绪朗:《有限理性与农地流转过程中的农户行为选择》,载《华中科技大学学报》(社会科学版) 2007 年第 6 期, 第 113 – 118 页。
② 常丽霞:《藏族牧区生态习惯法文化的传承与变迁研究——以拉卜楞地区为中心》,民族出版社 2013 年版, 第 123 – 124 页。

优惠政策，在西藏建立起了比较健全的社会保障制度，但与社会期望还有一定差距，草场依然是牧民的命根子，草地承担了重要的社会保障和失业保险功能。加之牧区社会经济发展水平有限，牧民收入渠道单一，这些都阻碍了草场流转。

同时，部分流出农牧区的牧户，虽然他们不再经营所属草场，但仍然保持属于自己的长久不变的承包经营权。由于对土地的依恋，他们不仅仅是为了草场的经济回报，而更多的是寄托乡愁，力图保持牧民的身份认同①。因此，草场成为流出牧区牧民的心理保障、心灵寄托、价值性与社会性来源。

三是高估草场价值，造成草场流转困难②。随着国家土地承包制的不断强化，草场的象征性价值远远大于其实际增收价值。也就是说，作为牧民，其对草场有不断升值的预期，感觉草场有较大的升值潜力。然而现实的情况是，牧区高寒缺氧，地理区位偏远，市场发育程度较低，草场市场价值有限。结果就是草场市场价值与牧民期望相差甚远，阻碍了草场流转。

（二）传统的产权认知影响草场流转

如前文所述，社会习俗、地方性认同等文化差异，对于农地产权的认知与法律赋权存在较大的不一致性，进而影响了农地产

---

① 盖尔让、艾米丽·叶等在调查青海藏族聚居区发现，虽然在过去十几年间新型的白色纤维帐篷因便捷方便而取代了牧民祖祖辈辈使用的黑牦牛毡房，但是对牧民而言，黑牦牛毡房即便不再使用，也不会出售，他们将其视为一种身份的象征。（参见郝时远、[挪] 科拉斯、扎洛《当代中国游牧业——政策与实践》，社会科学出版社2013年版，第51－65页）

② 朱文珏、罗必良等研究发现，由农户与农地的情感关联所决定的农地心理价值的不可替代性，是诱发农地禀赋效应的重要根源，农地确权显著增加农户的禀赋效应，即使强化外出就业政策的扶持力度以化解农户对农地保障价值的依赖性，亦无法降低其农地禀赋效应。（参见朱文珏、罗必良《农地流转、禀赋效应及对象歧视性——基于确权背景下的 IV－Tobit 模型的实证分析》，载《农业技术经济》2019年第5期，第4－15页）这一研究有助于我们对草场流转市场特殊性的认识。

权的实施。① 对于生活在青藏高原上的农牧民而言,各地文化、习俗以及历史上存在较大的差异性,其对草场产权的认知与法律赋权之间的冲突,影响了草场的流转。我们通过表7-1来加以解释说明。

表7-1 法律与地方性认知的关系

		法律	
		法律认可	法律不认可
牧户	牧户认可	执行	冲突
	牧户不认可	冲突	维护

牧户对草场的产权认可是指牧户同意其现行的草场产权安排,并维护其合法性。牧户对草场产权现有的认知,是在原有历史和社会认同的基础上,在反复对法律赋权与社会实践中不断调整所形成的。法律对草场产权的认可就是法律规定的草场产权安排的规范。牧户对草场产权的认知和法律规范之间可能一致也可能不一致。

如果牧户对草场产权的认知与法律赋权相一致,对产权当前的行使和未来的变化就会形成积极影响,其结果能够达到政策制定者的预设目标;如果牧户对草场产权的认知和法律赋权不一致,则会发生冲突,在此过程中,牧户会在实践中不断调试,从而形成一个具有调和性的、各具特色的结果。而如果牧户对草场产权的认知和法律都不认可,就会形成一个较为稳定的产权安排结构。

从现有的草场流转情况看,有的牧户对草场产权认知与法律赋权之间存在较大的差异,表现在:一是有的牧户因其自身认知水平所限,对法律赋权不了解,仅仅基于自身已有的认知来认识

---

① 刘一明、罗必良、郑燕丽:《产权认知、行为能力与农地流转签约行为——基于全国890个农户的抽样调查》,载《华中农业大学学报(社会科学版)》2013年第5期,第23-28页。

草场产权；二是有的牧户虽然也了解草场产权政策，但从自身利益出发并不认同现有的草场产权政策。由此造成草场流转中预期的不确定性，实施中的不认同导致的成本增加。牧户在交易费用、流转租金等因素中权衡比较。

（三）牧户行为能力影响草场流转

按照牧户对草场产权的行为能力划分，可以将其细化为排他性能力、交易能力、处置能力①，其能力局限影响草场流转的范围与规模。

一是牧户维护草场产权排他性能力不强。一般而言，财产权越专有，投入资源的刺激就越大，产权的效率也就越高。"财产权的法律保护就在于有效率地利用各种资源的激励。"② 而现实情况是，西藏牧区草场广阔，单位载畜量有限，草场产权难以维护，产权边界不清。通过围栏建设，维护其产权的费用高昂。部分村落仅实现围栏到村或围栏到联户，部分村落还没有或正在实施围栏建设，这都降低了草场产权的排他性，成为草场流转的一大障碍。

二是草场流转涉及契约各方在"剩余索取权"占有上的差异。契约各方在进入契约之前，其财产占有关系的差异是一定的。一旦进入契约，这种外生的差异就成为决定契约内剩余索取权安排的重要依据。这其中，牧户缔约与履约能力成为草场流转的一个关键。西藏牧区地理位置偏远，远离经济中心，交易方式、交易范围等极为有限，这决定了草场流转契约安排以及权益分享的自由空间狭窄，也由此导致牧户不愿流出草场、草场流转不畅等问题的出现。

---

① 钟文晶、罗必良：《禀赋效应、产权强度与农地流转抑制：基于广东省的实证分析》，载《农业经济问题》2013年第3期，第6—16页。

② ［美］理查德·A.波斯纳：《法律的经济分析》，蒋兆康译，中国大百科全书出版社1997年版，第30页。

三是牧户对草场处置空间与能力有限。由于西藏牧区地理环境恶劣,基础设施条件不能满足市场经济发展的要求。这就决定了西藏草场使用范围的有限性。同时,牧区社会发育程度较低,牧民整体素质不高,经营能力与市场经济不相匹配,这些也直接影响了草场的可利用范围。

(四)"代际分工"不利于草场流转

随着信息网络等现代媒体不断深入牧区,现代生活方式对青年一代影响深远,大量青年牧民不愿停留在牧区从事牧业活动,开始纷纷流入城镇。这种流动不是因为经济理论中所解释的工资差异导致农牧区劳动力流出,而是因为受城市现代生活方式的吸引而流入城镇。由于西藏城镇化发展的局限,流出农牧业的年轻人主要从事非正规部门工作①。同广大内地农村一样,这些流出人口仍然依靠牧业收入维持生计。年轻子女在外从事非牧产业获得货币收入,年老的父母在家从事牧业生产。年轻子女只有家里活忙的时候,才会回到牧区帮忙。尽管他们在城镇工作,但是与城市化不同,他们所依赖的资源仍然在牧区,甚至可能因为城市的消费水平高,他们需要消耗更多的牧区资源。②

在牧区,受消费主义的影响,越来越多的货币需求仅靠务工或务农、务牧是难以得到满足的。多数牧户必须依靠务工务牧双重收入来维持生活。因此,对牧业的依赖,依然是广大牧民主要的收入来源之一。这在一定程度上影响了草场的流转和牧业的快速发展。

---

① 表现在:没有可预期的稳定收入,没有严格的时间限制,没有严格的工作纪律。正规部门主要是指那些具有稳定的工资收入、有规律的工作节奏,以及严格的组织纪律为特征的工作部门。

② 贺雪峰等学者对我国内地农村进行了大量的具有影响力的研究,虽然研究的地域存在差异,但他们的研究对于我们研究农牧区具有非常大的启发意义,在一定程度上,西藏农牧区的发展也表现出与其他内地农村相类似的发展倾向。

五、扩大草场经营的模式

从当前西藏畜牧业发展实践看,可通过以下几种主要模式来扩大畜牧业经营规模。每一种都是对当地地理、经济、社会、文化等的积极适应,有其自身发展的优势和特点。

(一) 反租倒包模式

反租倒包模式是一种较为普遍的土地规模化经营模式,是指为了避免因土地承包制下多个主体谈判而产生的高额交易费用,利用村集体或基层政府在村庄中的优势作用,将村民自己所承包的集体土地返租给村集体,再由村集体将整合起来的农村集体土地整体租给农地经营组织,实现土地规模化经营的目标。[1]

要实现返租倒包,其前提条件是:首先,农民从农地流转中得到的土地租金和分红应高于自己从事生产经营的所得。其次,村集体组织能够从土地流转中获取部分经济利益,且能够获得政治利益。最后,土地承包者能够实现盈利。[2]

对于西藏牧区而言,草场流转中的反租倒包模式具有以下几个方面的优势,符合西藏牧业的发展。

一是西藏牧区村集体和基层组织结构健全,作用巨大,能够发挥其在整合草场资源以及规模化经营中的作用,从而降低交易费用。西藏牧区村集体在牧业生产中一直发挥着重要的作用,在群众中影响力巨大。通过村集体,实现草场的反租倒包可以更好地实现规模经营。

二是草场的反租倒包更能维护广大牧民的切身利益。由于广

---

[1] 刘鸿渊、陈怡男:《农地流转:组织形态、利益关系与策略行为治理》,载《求索》2017 年第 11 期,第 73 - 80 页。

[2] 刘鸿渊、陈怡男:《农地流转:组织形态、利益关系与策略行为治理》,载《求索》2017 年第 11 期,第 73 - 80 页。

大牧民文化素质偏低，市场意识不强，在市场谈判中往往处于劣势地位。而借助村集体组织或基层政府代为流转，一定程度上弥补了其在市场上的不利地位，维护了牧民的切身利益。

三是通过反租倒包对牧区基础设施、公共服务的意义重大。通过反租倒包形式，一方面，有利于整合土地，解决分散牧户解决不了、解决不好、不愿解决的基础服务；另一方面，提高了公共服务的效率①，克服因草场承包导致的"反公地悲剧"问题，便利整合草场资源，提高劳动生产效率。

（二）共管、共用草场模式

草地共管是以社区村民为主体，相关利益群体共同参与，对草原进行管理、建设和利用，进而达到草地畜牧业的可持续发展。② 草地共管模式被认为是草地资源利用最有效的方式之一。其特点表现在：一是草地共管是建立在平等协商基础之上的，满足了不同利益相关者的需求；二是草场共管让村民参与其中，能够较为节约地降低彼此之间的交易费用，消除矛盾，协调行动；三是当地习俗文化和与地方性知识为草地共管起到了润滑剂的作用。

就西藏草场共管、共用模式而言，其优势表现在以下三个方面。

首先，传统文化、习俗对草地共管有一定的促进作用。千百年来，生活在青藏高原上的牧民形成了对自然的崇敬、敬畏，传统的游牧文化为草地共管奠定了基础。共同的思想价值理念，有利于增强牧民之间的凝聚力及牧民对所生存社区的依赖和归属感。

其次，西藏的乡村治理比较好，这有利于草地共管制度的形成。草地依然是牧民的命根子，是牧民生活的一部分。牧民世代

---

① 刘建利：《牧业经营方式的转变——从草场承包到草场整合》，载《经济社会体制比较》2008 年第 6 期，第 112–116 页。

② 任健、墨继光、张树斌：《草地共管在滇西北退化草地治理中的实践》，载《云南农业大学学报》（社会科学版）2010 年第 4 期，第 19–23 页。

与草、畜为生,对草地有着深深的理解与认识,其积累的大量地方性知识成为草地共管极为有用的社会资本。① 更为重要的是,西藏牧村村委、党支部发挥了重要作用,这不仅降低了共管规则的实施成本,而且使共管规则更容易被牧民理解和接受。

最后,牧区村民之间的同质性降低了草地共管的协调费用。虽然牧区受市场经济影响,牧民开始出现分化现象,但是从整体看,牧民之间的同质性大于异质性,牧民之间利益基本一致,对社会有着极为强烈的依赖。其行为规范受社区传统文化影响较深,互惠互利在社区有一定的基础。② 因此,通过构建合理的合作机制,实现草地资源的共管是实现草场生态价值、经济价值、文化价值的最优解决方式之一。③

例如,改则县扎布村是先遣乡牧区改革试点村,2017年开始实行试点工作,村委会采取的是积分分红模式。一是全村牲畜集中放牧,共分15组轮流放牧,放牧人员一天积分为15分。牦牛养殖基地共有牦牛118头,由2户共同管理,一天积分为8分。二是其余富余劳动力由村委会集中安排劳务创收,每天积分15分。三是民族手工艺、茶馆、温室大棚、养猪基地、商店等村集体经济管理员分别按9分、9分、3分、3分给予积分,纯利润的30%为管理员报酬。我们在2019年7月调查时发现,该试点村效果良好。

(三) 租赁草场模式

草场租赁模式是牧区最为常见、最为简单的一种草场流转模式。该模式一方是草场的租入者,另一方是草场的租出者,双方

---

① 陈秋红:《社区主导型草地共管模式:成效与机制——基于社会资本视角的分析》,载《中国农村经济》2011年第5期,第61–71页。
② 陈秋红:《社区主导型草地共管模式:成效与机制——基于社会资本视角的分析》,载《中国农村经济》2011年第5期,第61–71页。
③ 刘博、谭淑豪:《社会资本与牧户草地租赁倾向》,载《干旱区资源与环境》2018年第4期,第13–18页。

在市场交易、平等交换作用下实现草场流转。作为租入者，如上文所述，是那些牧业大户、中坚牧户，一方面，他们有一定的经营实力，另一方面，他们有从事牧业的强烈愿望。而草场的租出者，大多是那些经营不善、劳动力不足或因其他原因不能从事牧业活动的牧户。

从租赁草场的利益交换看，其形式多样，主要表现为以下几种形式：一是租出者将所承包草地直接出租给其他牧户，自己收取租金。这是一种最为常见的方式。二是草场租入者通过替草场租出者放养牲畜来获得草场使用权。① 这种形式既解决了租入者牲畜饲草不足的问题，也给草场租出者维持牧业生产提供条件。三是不通过租入土地，而是通过租出牲畜来实现对草场的间接利用。这种方式是对草场流转不畅的一种替代方式，提高了资源的互补性，优化了资源配置效率。

（四）联户经营模式

草场联户经营模式是牧区较为普遍的牧业经营方式，它是在草场承包制的前提下，牧民依据自身实际，自发联合经营管理草场的一种合作方式。草场联户经营，一般选择父子联户、兄弟联户、邻里联户、亲朋联户等多种联户模式。

这种联户经营模式具有如下优势：

一是契合了高寒牧区自然资源禀赋的特征，克服、缓解了草场生态系统的不平衡性；解决了牧户因草场承包导致水源、道路等的差异，节约了生产成本，减轻了生活负担，降低了生活不便。

二是释放了大量劳动力，增加了非牧收入。牧业属于劳动密集型产业，受牲畜自然生命规律的制约，周期性地需要大量劳动力以完成牧业劳动。而通过联户经营，可以节约劳动力，将原本

---

① 郝时远、[挪]科拉斯、扎洛：《当代中国游牧业——政策与实践》，社会科学文献出版社2013年版，第58页。

从事牧业的劳动力释放出来，从事非牧业，有利于提高家庭收入的多元化。①

三是提高了抗风险能力。联户经营通过统一组织、统一生产、统一销售、统一决策，分工协作、分户结算，有效降低了各类风险，提升了牧业生产效率。在联户内部，依据每户所承包的草场面积，确定各户的牲畜数量。如果某户牲畜数量超过其规定的最高限额，就要向组织交纳罚金，同时，必须在当年秋季出栏。② 这既提高了组织运行的效率，又保护了牧区的可持续发展。

从联户的规模与效率看，可将草场联户分为三种类型。

（1）小联户：小联户规模小，管理效率高，草场利用率高，容易租用小片草场，提高了牧业的经营效率。

（2）中联户：中联户吸纳牧户数比小联户要多，能够较有效地管理内部成员的生产经营行为，同时，增强了抗风险能力，利于细化分工。

（3）大联户：大联户往往由于规模超出了其经营能力范围，容易造成管理低效、监督无效、"搭便车"等情况发生，易于导致"公地悲剧"等情况的出现。③

苏发祥等（2014）对藏南牧区生产组织进行调查发现，在曲松县邱多江牧区、措美县哲古牧区、扎囊县扎其牧区，一户或几户牧民共搭一顶帐篷，联户生产或互助代牧，仍然实行草场公有和畜种同一。特别是对牲畜较少者之间最具联合从事牧业生产的潜力。④ 草场联户模式启示政策的制定者应该尊重和吸取牧户的自

---

① 王田田：《联户经营模式对青藏高原畜牧业生产和牧民收入影响分析》（学位论文），兰州大学 2018 年。

② 李向林、安迪、晏兆莉：《天然草原共管国际研讨会论文集》，中国农业科学技术出版社 2007 年版，第 86 页。

③ 韦惠兰、郭达：《联户规模对高寒草场质量的影响分析——以甘肃玛曲为例》，载《草地学报》2014 年第 6 期，第 1147—1152 页。

④ 苏发祥、桑德杰布：《论西藏牧区社会变迁对高原生态的影响——以藏南牧区为例》，载《青海民族大学学报》2014 年第 3 期，第 4—9 页。

发创造能力，建立合作平台，学习和掌握本土知识，至少应该为广大牧民提供一个允许牧民自发组织与管理放牧的制度框架。①

例如，改则县洞措乡以"联户放牧、草场租赁、人工种草"的方式，实行公分记账、按劳分配原则，2018年确定23户、98人进行联户放牧试点。入股方式为牲畜入股与草场入股、劳力入股、人工种草相结合的原则，入股牲畜（折合绵羊）2012只，每人入股15只（折合绵羊），共需入股1470只（折合绵羊）。

（五）放牧配额模式

放牧配额模式是在一定草场范围内设置牲畜数额，达到既发展牧业经济，又能够保持人、草、畜之间的平衡，是草场流转的替代模式。放牧配额具有如下特点：

一是放牧配额模式吸收了传统习俗制度中草与畜之间的动态平衡。草场利用依然保持原有四季移动的放牧方式，从而维持了牧民获取不同时空尺度上的草场资源的能力，以应对干旱等自然灾害的影响。

二是由于草场产权仅划归村集体或村小组，大大降低了因草场承包而产生的交易费用。从而使牧户不会发生因为支付能力的限制而无法获取更大空间范围的草场资源。

三是通过放牧配额制来协调牧户之间的利益关系，而非划定草场面积来协调牧户之间的关系。这在一定程度上体现出该模式的动态性、灵活性和弹性。②

放牧配额模式实现了生态保护与牧业生产的有效衔接。市场机制要求放牧牲畜的增加、草场面积的扩大。而现实是，鉴于牲畜的流动性与草场自身的非流动性，以及维持草场产权高昂的费

---

① 韦惠兰、赵龙：《高寒牧区牧民联户经营参与意愿及其影响因素研究——以甘肃玛曲为例》，载《西北师大学报》（社会科学版）2017年第6期，第106–110页。

② 贡布泽仁、李文军：《草场管理中的市场机制与习俗制度的关系及其影响：青藏高原案例研究》，载《自然资源学报》2016年第10期，第1637–1647页。

用，通过放牧配额来替代草场流转才是一种有效的制度衔接。由此看来，草场管理中放牧配额模式在某种程度上是一种比草场流转更有效的草场管理模式。①

六、草场产权改革推进畜牧业规模化发展的基本遵循

在经济新常态下，西藏牧区经济结构逐步转型升级。全国市场经济分工体系对转型中的西藏牧业形成了复杂的影响。从农牧区社会背景看，一方面，牧区社会走向分化，那些家庭劳动力充裕、具有比较生产经营能力优势的牧户逐步走向规模经营，而那些家庭负担重、劳动力不足、身体残疾的牧户很可能沦为贫困户。牧区初步形成阶层分化，牧业经营规模随机改变。具体而言，从草场供给看，西藏经济社会快速发展，大量牧区劳动力在比较利益的吸引下流出牧业，有大量草场需要流转。从土地需求看，部分牧户依靠比较优势，更愿意留在牧区从事牧业，对草场形成一定的需求。在供求力量的作用下，牧区草场必然有集中的趋势。

另一方面，草场产权明晰化进程进一步推进。牧区乃至全国农村在土地改革中，一个基本态势就是明确界定土地产权关系，农民和集体经济组织等不同利益主体的权利都在新的土地制度框架内得到分割和明晰。将农村承包地确权、登记，将土地的使用权、收益权、部分处分权明确和清晰地界定给农民。例如，2018年，边坝县完成8.91万亩农村土地经营权确权登记颁证工作，完成329.44万亩基本草原的划定；芒康县完成全县15个乡镇、58个行政村的土地确权工作。

（一）草场产权改革基础："三权分置"

2013年7月，习近平总书记在湖北视察时提出"研究农地所

---

① 贡布泽仁、李文军：《草场管理中的市场机制与习俗制度的关系及其影响：青藏高原案例研究》，载《自然资源学报》2016年第10期，第1637–1647页。

有权、承包权、经营权三者之间的关系"①,首次在国家层面提出农地所有权、承包权、经营权三者关系的构想。2014年中央一号文件将这一构想明确为"落实集体所有权、稳定农户承包权、放活土地经营权"。2015年中央一号文件要求健全法律制度以"界定农村土地集体所有权、农户承包权、土地经营权之间的权利关系"。2016年中央一号文件进一步要求"完善'三权分置'办法,制定'长久不变'的具体规定"。2017年中央一号文件要求"落实农村土地集体所有权、农户承包权、土地经营权'三权分置'办法"。2018年中央一号文件提出在依法保护集体土地所有权和农户承包权的前提下,平等保护土地经营权。

在中央一号文件不断推出的农地"三权分置"政策中,一个明晰的倾向就是更加注重将小规模分散经营格局和低效率运作的农业经营,通过还权赋权、确权强能等,引导农业向规模经营、新型农业经营体系转变。

结合"三权分置"政策在西藏的推行,可以将其优势归纳为如下几个方面。

1. "三权分置"能够更好地促进牧民富裕

牧民如何致富的问题就是要解决牧民的收入问题。牧民收入增加,一方面,需要依靠牧业收入,而牧业收入增加就必须通过规模化经营、现代化管理来实现。因此通过"三权分置",促进草场经营权流转,扩大牧户经营规模是极为重要的方面。另一方面,非牧收入是牧民增收的一个重要渠道。随着国家对西藏不断的投资,以及西藏自身经济社会的发展,大量牧民必然要流出牧业,进入非牧领域。2000年,西藏乡村人口占西藏总人口的80.7%,从事第一产业人口占从业人员的73.3%;到2017年,西藏乡村人口占西藏总人口的69.11%,从事第一产业人口占从业人员的

---

① 《土地流转七个重大问题——湖北天门市华丰农业专业合作社调查与思考(下)》,见中国共产党新闻网(http://theory.people.com.cn/n/2013/1029/c40531-23363692.html)。

37.3%。虽然乡村人口下降幅度不大,但从事第一产业人口占比下降达36个百分点,这说明农牧业劳动力流出较为明显,并成为大势所趋。(见表7-2)在此过程中,牧民也有强烈的愿望,希望稳定承包权,获得草场收入。"三权分置"政策在广大农牧区的推进与实施,既保证农村集体所有制的性质及牧民的草场承包权不变,也保障牧民可以获得租金收益,进而保障畜牧业的发展。

表7-2 2000—2017年西藏乡村人口与第一产业从业人口占比

单位:%

年份	乡村人口占比	第一产业从业人口占比
2000	80.70	73.3
2005	79.15	60.1
2010	77.33	53.6
2015	72.26	41.2
2017	69.11	37.3

资料来源:《西藏统计年鉴(2018)》。

2. "三权分置"有利于发挥制度优势

在牧区,由于产业结构单一,牧民收入有限。在新的历史时期,我们既需要通过发展适度规模牧业经营获得牧业发展,也需要发挥牧区集体所有制优势,促进新牧区建设,充分利用集体所有权优势,办大事,办实事,办单家独户无法完成、但又非常紧要的事,提供公共品服务,尤其是需要推进承包地"三权分置"。

3. "三权分置"有利于牧业健康、绿色发展

随着人们收入水平的提高、饮食结构的升级,对畜牧产品从数量向质量的要求也越来越高,而现有的小农经济和分散化经营既不能满足现代畜牧产品的生产需要,也不能解决牧民增收的问题。人民群众对畜牧产品的要求迫使牧业必须改变现有经营方式,转向高效、绿色、高质量的发展模式。"三权分置"政策为规模化

经营与畜牧现代化奠定制度基础。

（二）基本立足点：集体所有的制度底线不可动摇

从历史视角分析，选择农村集体所有制有其特定的历史背景，是当时特殊历史背景下的理性选择。40多年的改革开放实践证明，农村集体土地所有制是符合我国现实国情的最优选择①，这也是土地改革的底线。理由如下：

一是集体所有制保障农牧户的土地承包权和经营权，避免农牧民因天灾人祸等原因而出卖土地草场，进而失去生产资料成为无地农牧民。加之我国农牧区社会保障体系尚未健全，一旦发生此类情况，必将对社会稳定、人民幸福造成巨大危害。

二是农牧区起着"稳定器"和"蓄水池"的作用。② 随着工业化的推进，大量农牧民流出农牧区，流入城市，农村家庭呈现代际分工，即年老父母在家务农、务牧，年轻子女在外务工经商。当农牧民由于失业等原因被迫返回村庄后，因其有承包土地而能够维持生存，不至于流离失所。

三是维持集体所有制可防止"反公地悲剧"现象的出现。迈克尔·赫勒在《困局经济学》中以来自世界各地的集体资源使用案例说明，当所有权被分割得极度细碎时就会产生"反公地悲剧"。③ "反公地悲剧"是与"公地悲剧"相对应的一个概念，指在有限的资源中拥有过多的产权主体，每个产权主体在利用该资

---

① 管洪彦、孔祥智：《"三权分置"下集体土地所有权的立法表达》，载《西北农林科技大学学报》（社会科学版）2019年第2期，第74—82页。

② 贺雪峰对此进行了深入研究，其基本结论可以概括为，进城农户在进城失败时可以回村种地。进城农户越多，留下的土地就越多，更利于基础设施建设和规模化经营。集体所有土地生产资料是社会主义优越性的体现，解决了所有权与经营权之间的矛盾以及土地细碎化的弊病。进城农民可以随时返乡，使得中国社会有了应对危机的能力，保障了农民回乡养老。（参见贺雪峰《乡村治理与农业发展》，华中科技大学出版社2017年版，第68—69页）

③ ［美］迈克尔·赫勒：《困局经济学》，闾佳译，机械工业出版社2009年版，第1—2页。

源时，往往受其他产权主体的制约而导致资源难以得到充分利用的现象。这种不充分、低效利用不是私有权界定的不明确，而恰恰是由于资源被严格地明确界定、细碎分割，导致某一区域集体资源的发展受制于个体的不同意愿，使整体发展陷入困境。① 也正因此，在草场产业改革中必须坚持集体所有的制度底线不动摇。

（三）基本目标：地权稳定与规模化经营

2007年《中华人民共和国物权法》将农村土地承包经营权界定为"用益物权"，2008年中央一号文件要求"加快建立土地承包经营权登记制度"，2008年中共十七届三中全会提出现有承包关系"长久不变"，2013年中央一号文件提出"强化对农村耕地、林地等各类土地承包经营权的物权保护"，中共十八届三中全会提出"赋予农民更多财产权"，其目标都是为了稳定地权。2019年出台的《中共中央 国务院关于保持土地承包关系稳定并长久不变的意见》，农业农村部部长韩长赋归纳为"两不变、一稳定"，即保持土地集体所有、家庭承包经营的基本制度长久不变，保持农户依法承包集体土地的基本权利长久不变，保持农户承包地的稳定。②

稳定地权具有重要的行为预期意义，是推进草场畜牧业规模化经营的前提条件。因为市场交易本身就是交易双方产权的交易，而要能够进行产权交易，其产权必须是明确的，使双方都有稳定的预期。如果资源的产权主体是明确的，交易费用是可控的，那么，作为产权主体的经济人就会将其进行最优配置，以获得最大收益。推进农地流转权，不仅能够深化产权界定的表达，而且也

---

① 连雪君、毛雁冰、王红丽：《细碎化土地产权、交易成本与农业生产——来自内蒙古中部平原地区乌村的经验调查》，载《中国人口·资源与环境》2014年第4期，第86-92页。

② 乔金亮：《农村土地承包："两不变、一稳定"》，见人民网（http://finance.people.com.cn/n1/2019/1129/c1004-31480927.html）。

能够扩展农民产权实施的行为能力,① 进而达到规模化经营目标。

七、微观调查：畜牧业经营的基本素描

本书选取对一县一乡三村的调查，以便能够反映西藏畜牧业的基本发展现状。

（一）改则县

1. 基本情况

改则县地处西藏西北部、阿里地区的东部、藏北高原腹地，东与那曲地区的双湖、尼玛县相接，东南与措勤县相连，南与日喀则地区的仲巴县毗邻，西与革吉县、日土县接壤，北以昆仑山为界与新疆维吾尔自治区交界。该县东西长450公里，南北宽670公里，总面积13.56万平方公里，是阿里地区面积最大的一个纯牧业县，约占阿里地区总面积的1/3。

改则县结合"北部三乡"发展藏系绵羊和牦牛养殖，"南部三乡一镇"发展白绒山羊、人工种草、短期育肥基地和蔬菜生产基地的区域发展战略，探索规范政府引导、牧户主体、规模化经营、科学化养殖的生产模式，培育家庭牧场6家、养殖大户2家。具体情况如下：

2018年，全县共组建6家家庭牧场，其中3家家庭牧场于2016年12月注册登记。2016年，3家家庭牧场纯收入为9.85万元，每户平均收入为3.28万元；2017年，新组建3家家庭牧场，其牲畜存栏数达288头，每年鲜奶产量1.08万斤，肉牛出售30头，年收入达到45.6万元。改则县组建2家养殖大户（养殖基地），其中改则镇玉多村牦牛养殖基地投资1640万元，牲畜存栏

---

① 罗必良：《从产权界定到产权实施——中国农地经营制度变革的过去与未来》，载《农业经济问题》2019年第1期，第17-31页。

为720头（其中，母牛576头）；每年鲜奶产量为2.88万斤，年收入达到57.6万元；每年可向市场提供肉牛将近75头，肉牛出售年收入为60万元。

2. 基本做法

改则县以"牧民集体经济合作社、联户放牧"为载体开始进行规模经营。一是通过"资金入股、草场入股、劳动力入股、牲畜入股"将零散牧户集中起来，变个体生产为集体经营。该经营模式对改革点实行劳动力统一安排，草场统一管理，畜产品统一购销。二是实行以"工分制"为主的按劳分配运作模式。即根据牧业生产过程中的不同工种设计不同计分标准，按照成员最后所得分数的多少进行收入分配，以此来提高牧民群众的劳动积极性。三是按照企业化管理模式，设立理事会、监事会等机构负责日常运转，制定财务、人事及工作管理等规章制度。由理事会对进入合作社组织的贫困群众进行精准分类，在分类的基础上，根据贫困群众的实际情况和意愿，开展技能培训，把牧区富余劳动力从传统牧业生产中解放出来，安排其从事施工建设、茶馆经营及农机修理等第二、第三产业，实现富余劳动力转移就业并最终达到增收致富的目的。四是专业合作社的集体经营增加了畜产品产量，壮大了合作社的经济实力，这就大大增强了畜牧产品抵御市场风险的能力，为牧区构建现代牧业经营体系打下基础。①

3. 存在的问题

从改则县畜牧业的发展来看，主要存在以下几个方面的问题：一是在牧业技术培训方面力度不够。新型畜牧业经营必须依靠新型畜牧业经营管理者，然而现阶段广大群众思想观念落后，整体素质不高。虽然县人社局、扶贫办牵头安排了多个培训项目，但主要是针对非牧业，如建筑工程泥水工、钢筋工、锅炉工、电工、

---

① 《培育新型经营模式助推牧区精准扶贫》，见阿里地区改则县人民政府网（http://gz.al.gov.cn/info/1016/8844.htm）。

木工、驾驶、汽修、烹饪、藏式绘画、挖掘机技能、民族歌舞等劳务技能培训。二是远离中心市场，交通运输成本较大。改则县基础设施特别是硬件设施普遍较差，生产生活服务不便。三是现有各类畜牧业经营主体整体发育程度不高，缺乏实力雄厚、带动能力强的企业。其产品销售范围主要集中在改则县及其周边地区，自身特色品牌、市场竞争力都比较弱小。

（二）坝乡

1. 基本情况

坝乡位于加查县东北部，东与林芝市朗县接壤，西与加查县崔久乡连接，南与加查镇相邻，北与林芝市工布江达县相连，距离加查县城102公里，是加查县仅有的两个高寒纯牧业乡之一，平均海拔4200米，面积1072.72平方公里。坝乡下辖4个行政村，17个自然村，共444户1533人。

2. 牧民土地资源与收入结构

从坝乡的土地资源看，其草场面积67.79亩，户均1527亩，人均442亩；耕地面积453.45亩，户均仅为1亩，人均不足0.3亩。2017年年末，牲畜存栏数8421头（只、匹）。经济总收入5131.21万元，主导产业以虫草、牧业为主，平均农村居民纯收入18409元。其中，虫草收入2482.73万元，人均1.62万元。牧业收入1208.55万元，其中，出售商品收入15万元。牛肉产量393.53吨，其中出售196.77吨，奶渣产量30.02吨，其中出售15.31吨，商品化为51%。

3. 调查结论

从坝乡的调查情况看，可以得出三个基本结论。

第一，海拔高，地理气候条件恶劣，平均每平方公里仅为0.6人。这就使得市场交易费用上升，市场规模下降，市场缺乏竞争力。这既是坝乡发展面临的客观现实，也是整个西藏牧区的基本情况。

第二，土地资源有限，生产能力不高。作为牧业乡，坝乡的人均草地面积不到500亩，人均耕地不足0.3亩。加之气候条件恶劣，土地生产能力有限，这大大降低了其发展畜牧业的空间。从2017年坝乡的牲畜存栏量看，户均不到19头（只、匹）。这样的生产经营规模，基本无法支撑当地居民的生活所需。

第三，收入来源不稳定，收入结构不合理。从坝乡收入结构看，虫草收入占总收入的比例高达48.38%。而挖虫草具有极大的不确定性，无法进行人为控制。这就使得当地牧民收入的不稳定性提高，收入风险加大。

（三）抢古村

1．基本情况

抢古村位于改则县西南部，平均海拔4600米以上。全村共有86户301人，现有牲畜总数5972只（绵羊单位）。草场总面积为37.71万亩，禁牧面积8.74万亩，草畜平衡面积28.98万亩，理论载畜量6747只（绵羊单位）。

2．具体做法

一是变分散经营为集中经营。抢古村农牧民专业合作社创建于2015年，成员71户258人，总资产975万元，其中政府投资377万元。合作社按照"牲畜入股、劳力入股、资金入股、草场入股"的方式，坚持"六个统一"（劳动力统一安排、草场统一管理、畜产品统一购销、经营收入统一分配、无劳力统一供养、在校生统一计分），[①] 组建抢古村牧业集体经济合作社。

二是集体组织，自愿流转。对未参加经济合作社的群众的草场采取自愿原则流转草场，通过政府引导、双方协商、共同定价的方式，采取口头协议和签订合同的措施，把绝畜户、个体户、

---

① 改则县麻米乡茶措村采取"支部+集体合作社+村民入股"发展模式，采取"八个统一"，即入股统一标准、劳动力统一安排、草场统一管理、畜产品统一销售、无劳力者统一供养、在校生统一计分、合作社统一运作、经营收入统一分配。

外出务工户以及易地扶贫搬迁户的闲置草场以托管、转包和租赁的方式流转，明确双方责任，从而使闲置草场得到有效利用，明确了草场的维护和管理，增强了对草原生态的保护力度。对绝畜户、异地搬迁户和经商外出户主要以托管、转包和租赁形式为主。每亩按1.5元计算给予补助，流转草场总面积31956.71亩，平均每户可领取3195.67元，增加了未加入合作社人员及无畜户的现金收入。

三是采取工分制，多劳多得。放羊者计16分、放牛者计9分、母羊挤奶计6分、母牛挤奶计6分、屠宰一只绵山羊计25分、屠宰一头牛计100分、施工队工作计17分，每个工分按照11.36元计算。特别是该合作社将4%的集体经济纯收入作为全村无劳动力和孤寡老人分红，充分体现合作社的公益性和村委会的功能。按照"牲畜入股、劳力入股、资金入股、草场入股"的方式入股，其中资金入股规定：每人最低入股1000元，最高不得超过2000元；牲畜入股每人14只（绵羊单位）。从参与经济合作社的71户258人的群众人均收入来看，人均收入从2015年的10200元增长到2016年的13094元。

四是促进剩余劳动力的流出。参加专业合作社的群众中共120名劳动力，按照"劳动力统一安排"的原则，根据个人特长、技能等方面的统筹考虑，其中，46名劳动力从事放牧工作，其余74名劳动力从牧业生产中解脱出来，从事建筑施工、交通运输、服务等行业，加大了劳务创收的范围和力度，实现了收入多元化。

（四）一村、二村

除对纯牧业村的描述外，本书还选取了两个半农半牧村，即日喀则市萨迦县雄玛乡一村、二村。其中，一村10户，共73人，二村16户，共105人，两村平均海拔4400米。从调查结果看，基本情况如下。

1. 畜牧产品以自给为主

受传统"惜杀惜售"观念的影响,两个村的牲畜出栏率低。如上文分析,牲畜出栏率整体在不断提高,但就微观分析和从所调查的三个村庄看,牧民"惜杀惜售"观念依然较为浓厚。产生这一悖论可能和两方面的因素有关,一是统计数据的整体性和调查村庄的地域性差异,二是牧户家庭牲畜出栏率和各类经营主体牲畜出栏率的差异性对整体出栏率的影响不同。在调查中,村民表示所放养的牲畜主要有以下几个方面的用途:一是供自家食用,村民每年根据家庭人口消费肉食情况屠杀牛羊数量不等;二是与本村或熟人之间买卖牲畜,而买方主要也是为了扩大牲畜规模,而非食用或出售;三是在子女上学等需要货币时临时出售少量牲畜。

调查发现,村民将牲畜作为商品进行出售还不是非常普遍。放养牲畜不仅是一种生产方式更是一种生活方式,这在一定程度上增加了放养成本,导致草畜矛盾更加突出;同时,也导致牲畜品质下降,影响了市场销售。更重要的是,延缓了农牧区社会经济的发展,降低了各类生产要素的价值。

2. 家庭分散经营

西藏地广人稀,人口呈现"小集中、大分散"的基本特征。当前,以户为单位的散点式经营仍是西藏牧区生产经营的最主要组织形式,同现代畜牧业经营相差较大。在市场经济条件下,其竞争已不是单个市场主体之间的竞争,而是整个产业链、市场环境、市场服务等的竞争。

如表7-3所示,一村户均草场面积540亩,人均草场面积75亩;户均养羊41只,牛2.7头。如表7-4所示,二村户均草场面积810亩,人均草场面积124亩;户均养羊56只,牛3头。这一调查结果说明,一方面,西藏可利用草场面积并不多,草场载畜量有限,其草场潜力并没有得到有效发挥;另一方面,西藏农牧民经营突出表现为"自给自足"型,不能适应畜牧业经营现代化的要求。

表 7-3　一村的情况

均值	羊（只）	牛（头）	草场面积（亩）
户均	41	2.7	540
人均	5.6	0.37	75
全村合计	410	27	5400

表 7-4　二村的情况

均值	羊（只）	牛（头）	草场面积（亩）
户均	56	3	810
人均	8.5	0.46	124
全村合计	896	48	12960

总体而言，西藏畜牧业基本上处于分散、靠天养殖的状态。畜牧业经营依然重复着牛羊等夏肥、秋壮、冬瘦、春死的状况。农牧民对牲畜的现代养殖缺乏技术经验和资金投入。追求牲畜数量增加，忽视牲畜质量提高；注重生存保障，轻视经济效益。这些既是西藏畜牧业的现实，也成为西藏畜牧业发展面临的障碍。

3. 畜牧业一体化程度较低

从所调查的村庄看，目前存在以下问题：一是在畜牧业经营中，对饲养品种要求程度不高，或者就没有这方面的意识；二是在饲料储备方面，意识淡薄，抗风险能力不高；三是在畜牧防疫方面，除了政府部门定期服务外，基本依靠经验和传统知识对牲畜进行防疫。

（五）结论与启示

中共十八届三中全会公报指出，要使市场在资源配置中起决定性作用。对于牧区而言，草场流转，牧业遵循市场经济规律支配是其必然结果。因此，如何处理好牧业发展、牧区繁荣、牧民富裕的问题，上述案例给了我们很多的启示。

（1）尊重牧户自发性选择，充分利用牧户地方性知识。牧业发展首先一定是牧民的自由与发展。只有充分尊重牧民的自由选择，才能够形成符合各地实际的草场流转形式和牧业经营模式。即牧户自主的草场流转是保障牧民草场权利的基本条件。

（2）草场确权是草场流转整合的关键。草场确权必须彻底厘清草场的产权边界和权属关系，使牧户对草场未来有一个稳定的预期，减少他们的担忧和风险的发生。同时，采取措施，鼓励家庭劳动力充足，愿意留在牧区从事牧业的牧业大户、中坚牧户流入草场；引导因劳动力不足、生产效率不高而愿意出租草场的家庭，出租草场，释放草场价值，提升草场整体力量。

（3）创造条件降低草场流转费用，为草场整合创造条件。草场承包仅仅是牧业发展的第一步，如何将草场承包权与草场经营权有机结合是牧业发展的关键。而将分割成不同块状结构的草场整合起来，其前提条件就是降低草场整合费用，使得草场整合具有经济价值。为此，可以发挥村集体的组织与动员优势，通过一定的程序，让牧户积极、主动参与到草场流转与草场整合的过程中来。

（4）有意识地引导牧民进行理性计算，比较得与失。除创造条件、转移部分牧民从事非牧产业外，重点解决那些不愿参加草场流转、整合的牧户，发挥村干部在村庄中的权威，通过比较成本与收益进行理性计算，让其理解和支持草场流转与整合。同时，要充分发挥村干部与普通牧户、牧户与牧户的地缘、亲缘、学缘等关系，增加交流与合作，降低草场流转与整合费用。

（5）草场流转是一个涉及政府、村落、牧户等多个利益主体，包含经济、文化、生态等多个目标的复杂体系，故应避免只强调某一方面的功能与价值，慎重权衡、比较、协调因草场流转给社会、经济、环境等造成的影响。

（6）草场流转的一个必要条件就是草场流转收益大于草场流转费用。收益大于成本，土地流转就能够推进。但我们也要看到，西藏牧区地域广袤、文化多样、发展程度各不相同。因此，我们一定要遵循不同地域、不同环境、不同劳动力禀赋等差异，制定、实施有针对性的不同草场流转方案。

第三编 畜牧业经营方式创新

第八章　西藏畜牧业产业化发展

本章首先梳理产业化发展的理论基础，对农业产业化的特点、主要组织形式等进行分析。其次，从自然地理环境的独特性、社会发展程度的特殊性、面临市场的特殊性等方面对西藏畜牧业产业化发展环境进行探讨。分析认为西藏畜牧业经营表现出以自给为主、家庭分散经营、一体化程度低等特点。讨论在推进西藏畜牧业产业化中应处理好企业与牧户、生态环保与经济发展、区内市场与区外市场三对关系。最后，从培育龙头企业、突出畜牧产品特色、推进畜牧业纵向延伸与横向拓展、创新商业模式、整合地方资源五个方面提出畜牧业产业化的对策建议。

一、理论基础

（一）分工、交易与治理

分工和专业化是社会进步的结果，也是社会发展的动力源泉，是规模经济、报酬递增得以实现的关键。分工、专业化细分、深化的前提是交易，交易能否发生取决于交易费用的大小，同时，交易费用要低于分工、专业化带来的好处。由于人的有限理性、机会主义的存在，以及交易的资产专用性、不确定性和交易频率等不同，交易费用非零，故交易主体为了降低交易费用、提高组织效率，创造出各种组织交易形式。

科斯运用比较分析的方法，对市场和企业这两种最为经典的组织进行对比后指出，"进行市场交易需要发现与谁打交道，通知别人想做生意,条件是什么,为成交而进行谈判,起草签订合同,保证合同条款的履行,进行必要的检查,等等。这些活动往往是成本昂贵,足以阻止许多能够在价格机制无成本运转情况下进行的交易"①。企业是以一个市场契约代替一系列市场契约,是一系列契约的联结。交易费用理论代表人物威廉姆森认为在市场交易与一体化之间还存在着多种契约关系。随着科技发展,专业化水平不断提高,企业组织不断发生改变,同类型的或者关联性强的企业之间开始形成产业组织,产业链不断延展,扩展效应不断出现,由此衍生出新的产业组织形式。

威廉姆森通过不确定性、资产专用性、交易频率三个维度说明交易与治理结构的关系问题。他假定在不确定性程度适中的情况下,不同的资产专用性强度和交易频率对治理结构有决定作用。

对于高度标准化交易来说,市场是最主要的治理结构,尤其是当交易重复进行时,市场最为有效。随着资产专用性的增强,三边治理结构替代市场。交易双方有着强烈的动机来稳定交易,双方不愿因交易的中断而蒙受损失。因此,交易双方需要借助第三方来帮助解决争端和评价绩效。

另一种治理结构为专用性治理结构,其适用于混合重复交易和特质重复交易。交易的非标准化特征进一步增强了交易双方维持交易的愿望。交易频率的提高也降低了边际成本的支出,提高了专用性投资的收益。专用性治理中的双边治理结构,在保证交易双方自主权的基础上,通过订立双方都信赖的条款,来保证契约在一定程度上可以做出适当调整。

还有一种治理结构是纵向一体化。一体化的优势在于,它不再需要商谈和修正交易主体之间的契约,而是用一种连贯的方式随时调整以适应环境的变化,因而联合利润最大化可在一定程度

---

① [美]罗纳德·哈里·科斯:《论生产的制度结构》,盛洪、陈郁译,上海三联书店1994年版,第386页。

上得到保证。①

(二) 农业产业化

早在1957年，美国学者戴维斯和戈德伯格在其合作出版的《关于农工商一体化的概念》一书中，首次提出了"农业一体化"或"农业综合企业"的概念，一般性的表达为农业生产中产、供、销的有机结合。② 也就是说，农业产业化过程就是农业纵向一体化的过程，是技术可分性条件下，分工细化与产业协同合作的过程。

农业产业化表现出以下几个方面的特点：一是农业经营主体的专业化，经营主体按照专业化分工的要求，发挥比较优势；二是农业生产集约化，农业产业化过程就是生产要素不断整合、配置和调整提高的过程，是生产要素提高效率的过程；三是农业经营市场化，农业产业化过程中，所有生产、加工、销售等过程完全遵循市场规律，以提高产品价值，拓展产业链；四是农业生产地域的区域化。

从农业产业化经营的组织形式来看，农业产业化经营的组织形式主要有以下几种类型：一是"公司+农户"。这是农业产业化最初形成的经营组织形式，也是最主要的组织形式。这种组织形式更多地体现为农户负责生产农副产品，企业从事农副产品的加工和销售。二是"公司+大户+农户"。这种制度安排将大户作为中介，发挥企业与小农户之间的桥梁作用，旨在通过大户联系小农户，节约企业交易费用。三是"公司+合作社+农户"。这种经营组织形式既保护公司获得稳定的农副产品来源，减少与分散农户之间的交易费用，也发挥合作社作用，保护小农户的利益不受损失。四是"公司+租赁农场"。这种经营组织模式下，企业直接

---

① 段文斌、陈国富、谭庆刚、董林辉：《制度经济学——制度主义与经济分析》，南开大学出版社2003年版，第188–191页。

② 刘瑶、王伊欢：《我国农业产业化深度发展的有效路径》，载《山东社会科学》2016年第1期，第183–188页。

经营农场,开展规模化、标准化的农业一体化经营。五是"合作社+合作社"。这种组织经营形式把合作社联合起来,发展合作社联合社,解决单个合作社解决不了或不好解决的矛盾。①

二、西藏畜牧业产业化发展环境的特殊性

西藏自治区作为我国五大牧区之一,畜牧业产业化有其特殊的发展环境,存在与其他地区完全不同的成长空间。只有从西藏畜牧业产业化发展的特殊环境出发,才能更好地把握其要领。

(一) 自然地理环境的特殊性

西藏地处中国的西南边陲,青藏高原的西南部属青藏高原的主体部分。由于受到形成这块高地的特殊作用力的影响,西藏土地面积呈现出复杂多样的地质、地形特征。广阔无垠的藏北高原,位于昆仑山、唐古拉山以南,冈底斯山—念青唐古拉山以北,该地区东西长2000多公里,南北宽约700公里,平均海拔在4500米以上,为一系列浑圆平缓的山丘所组成,面积约占全西藏的2/3,是西藏的主要牧区。② 其特殊的地理气候条件严重制约了畜牧业的发展。

一是畜牧业受自然风险影响巨大。草地畜牧业直接暴露于自然之中,受自然条件制约严重。西藏地理气候条件极其恶劣,"三年一小灾,五年一大灾",特别是雪灾,几乎每年都有发生。加之畜牧业生产的周期性长,在现有防灾避灾技术条件下,很难做到完全应对。

二是畜牧业发展所需基础条件难以满足畜牧业产业化发展的

---

① 蔡海龙:《农业产业化经营组织形式及其创新路径》,载《中国农村经济》2013年第11期,第4—11页。
② 狄方耀、图登克珠、李宏:《西藏经济学概论》,厦门大学出版社2016年版,第3页。

需要。西藏地广人稀,地形复杂多样,基础设施投入巨大,边际收益极为有限。高昂的运输成本大大降低了畜牧产品的市场竞争力,阻碍了牧区的市场化进程。基础设施的不完善成为当下制约西藏牧区发展的一大瓶颈因素。加之牧区市场化发育程度较低,牧民通过市场规模化经营为市场提供产品的动力不足。

(二)社会发展程度的特殊性①

(1)城乡收入差距较大,农牧民普遍收入水平偏低。2000年,西藏农村居民人均可支配收入仅为城镇居民人均可支配收入的20.19%,到2017年也仅仅上升为33.68%,18年仅增加提升了13个百分点。(见图8-1)这在一定程度上反映出西藏农牧区发展的艰难性和艰巨性。

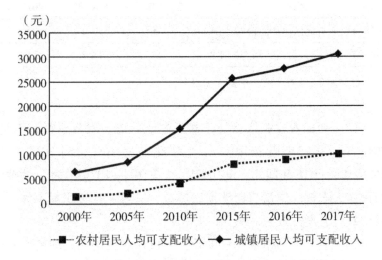

图8-1　2000—2017年西藏城乡居民家庭人均可支配收入

资料来源:《西藏统计年鉴(2018)》。

---

①　由于受数据所限,此处分析采用西藏农村整体数据,以在一定程度上反映牧区社会经济发展状况。

(2) 农牧区剩余劳动力转移困难，严重影响了农牧民收入水平的提高。西藏城镇化整体发育程度不高，在辐射带动周边经济、吸纳农牧区剩余劳动力等方面作用有限。西藏城镇化更多的是在政治推进中形成和发展的，城镇吸纳剩余劳动力有限。[①] 第一产业占地区生产总值由2010年的13.5%下降到2017年的9.4%，下降4.1个百分点；与此同时，第一产业从业人员占劳动力比例由2010年的53.6%下降到2017年的37.6%，下降16个百分点。（见表8-1）虽然下降幅度加大，但农牧民收入仍落后于全区的平均水平，大量剩余劳动力无法在短期内转移出去。

表8-1 西藏第一产业产值与就业比例

单位：%

指标	2010年	2016年	2017年
第一产业占地区生产总值的比例	13.5	10.0	9.4
第一产业从业人员占劳动力的比例	53.6	37.7	37.6

资料来源：《西藏统计年鉴（2018）》。

(3) 西藏农牧业依然处于靠天吃饭状态，农牧业投资不足。2010年，家庭经营费用支出占总支出的16%，到2017年为16.47%，近10年间几乎没有变化。（见图8-2）这说明，西藏农牧民靠天吃饭问题没有能够彻底解决，农牧业投资积累不够，主要依靠政府投资为主。

(4) 畜牧产品市场化程度较低。仅从农村居民人均销售农产品看，猪肉人均销售从2000年的0.96公斤，提高到2017年的1.06公斤，18年间人均销售猪肉增加了0.1公斤；相比而言，牛羊奶上升幅度较大，从2000年人均销售1.89公斤，提高到2017

[①] 李继刚：《西藏农牧区反贫困与乡村建设》，厦门大学出版社2016年版，第139页。

年的 3.37 公斤，提高 1.48 公斤，18 年时间仍未翻番。（见表 8 - 2）

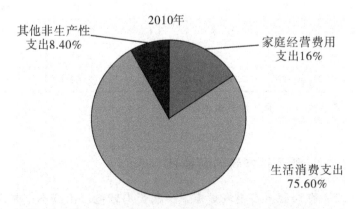

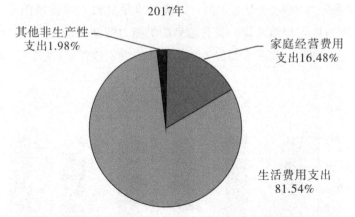

图 8 - 2　2010 年与 2017 年西藏农村居民平均每人年支出情况
资料来源：《西藏统计年鉴（2018）》。

表8-2 西藏农村居民家庭主要农产品销售量

销售量	2000年	2010年	2016年	2017年
猪肉（公斤/人）	0.96	1.17	1.12	1.06
羊肉（公斤/人）	0.18	3.63	3.41	3.32
牛羊奶（公斤/人）	1.89	1.01	2.16	3.37
羊毛（公斤/户）	7.64	16.01	2.62	—

资料来源：《西藏统计年鉴（2018）》。

（三）所面临市场的特殊性

（1）在西藏自身市场规模下，购买力较低。市场不仅是由人口、区域决定，更是由购买力决定。一方面，至2017年西藏总人口规模仅为337.15万人；另一方面，该年乡村人口占区内总人口的69.11%。也就是说，具有较高购买能力的城镇居民仅占区内人口的30.89%，而绝大部分人口为低收入的农牧民。（见图8-3）

图8-3 西藏城乡人口结构

资料来源：《西藏统计年鉴（2018）》。

（2）西藏畜牧产品供给能力低，市场范围有限。西藏海拔高，工业污染较少，发展绿色畜牧产业有一定优势。但由于畜牧业发展落后，其产品供给能力极为有限，市场占有率微乎其微。2017年，西藏牧业总产值为92.2亿元，占全国牧业总产值的0.3%，位列西部十二省（自治区、直辖市）末位，与占全国牧业总产值0.47%的宁夏回族自治区相比，也有非常大的差距。（见表8-3）

表8-3　2017年西部十二省（自治区、直辖市）牧业总产值

地区	牧业总产值（亿元）	在全国牧业总产值中的占比（%）
全　国	30242.8	100.00
西　藏	92.2	0.30
重　庆	601.4	1.99
四　川	2326.7	7.69
贵　州	885.8	2.93
云　南	1153.4	3.81
内蒙古	1261.0	4.17
广　西	1136.3	3.76
陕　西	664.0	2.20
甘　肃	315.3	1.04
青　海	183.0	0.61
宁　夏	141.1	0.47
新　疆	685.3	2.27

资料来源：《中国农业统计年鉴（2018）》。

三、在西藏畜牧业产业化中处理好三对关系

(一) 企业与牧户的关系

利益共享是中国特色社会主义的本质要求,也是我们新时代经济发展的必然选择。在发展畜牧业产业化经营过程中,体现为经营主体利益分配的"风险共担、利益共享"原则。"风险共担"是"利益共享"的前提条件,"利益共享"是"风险共担"的必然预期,两者相辅相成,不可分割。要实现"风险共担,利益共享"就需要调节好各经营主体之间的关系,保障彼此的利益,化解影响合作的因素。这里我们主要分析牧户与企业的利益调节问题。

一般情况下,牧户在整个产业经营中处于劣势。具体表现在:一是牧户流出牧业较为困难,草场、劳动力等生产资料类似于天然"沉淀"了的一种专用性投资,退出交易非常困难,也就是说,受到公司"敲竹杠"的可能性非常大。二是广大牧户力量分散,难以形成合力来维护自身的利益,在谈判中容易处于不利位置。三是牧户人力资本、物质资本、市场信息获取等都非常有限,难以发挥自身的潜力与优势。

同时也要看到,参与产业化经营的企业也同样会面临利益受损的可能。涉牧企业在经营过程中也进行了大量的资本、技术等专用性投资,一旦牧户违约,其专用性投资将受损巨大。特别是由于衡量畜牧产品质量困难,一旦牧户提供不合格的畜牧业产品,将会给整个产业带来致命性打击。

建立起牧户与企业之间相互信任的机制至关重要,这直接关系到彼此的合作和生存问题。企业应向牧户提供资金、技术、管理等方面的全程指导与支持,而牧户也应该按照合同要求,遵循规范,为企业提供合格的产品。这一良好关系的建立需要市场机

制的调节,同时也需要"非市场机制"的制度设置。尤其是对西藏这样的较为落后和相对封闭的地区,"非市场机制"的作用将会在很长一段时间内存在。

(二) 生态环境与经济发展的关系

处理好生态环境与经济发展之间的关系问题是一个不断被讨论、被持续关注、也一直在实践的问题。中央第五次西藏工作座谈会明确了西藏是重要的国家生态安全屏障,对保障国家生态安全具有独特的战略作用。2005年8月,时任浙江省委书记的习近平同志在浙江安吉考察时,提出"绿水青山就是金山银山"的科学论断,强调不以环境为代价推动经济增长。党的十八大以来,习近平总书记多次强调"青山绿水就是金山银山"的新发展理念,西藏各级政府结合西藏发展实际提出了"青山绿水就是金山银山,冰天雪地也是金山银山"的发展思路。[①]

西藏畜牧业产业化过程,必然遵循市场化经营,而市场自身的缺陷或多或少地会影响西藏的生态环境。当前出现的草畜矛盾在一定程度上说明,我们在发展经济时没能处理好发展与生态之间的关系。同时,西藏因其高寒缺氧,地理条件恶劣,生态环境极其脆弱,草场一旦被破坏将很难修复。这就要求在推进畜牧业产业化发展的过程中,必须处理好生态保护与经济发展的关系。

各级政府作为市场的监管者应结合西藏自身实际,坚持经济效益、社会效益和生态效益相统一。通过政策引导、科学规划,分步骤、分阶段地推进生态农牧业和循环经济,鼓励企业参与构建高原农牧业绿色发展。

---

① 西藏自治区政府已经修订和制定了《西藏自治区环境保护条例》《自治区各级党委、政府及有关部门环境保护工作职责规定》《自治区党政领导干部生态环境损害责任追究实施细则》《自然保护区监督管理协调联动机制》《西藏生态安全屏障保护与建设规划》《西藏生态安全屏障生态监测技术规程》《自治区环境保护督察实施方案(试行)》等相关文件。

（三）区内市场与区外市场的关系

经济学理论指出，市场的规模对于社会分工、专业化程度的提高至关重要。马克思把经济发展看作生产方式变革的结果，而分工则是这一变革的主要特征，他指出，"一个民族的生产力发展的水平，最显著的表现于该民族分工的发展程度。任何新的生产力，只要它不是迄今已知的生产力单纯的量的扩大（例如开垦土地），都会引起分工的进一步扩大"①。阿伦·杨格在其经典论文《递增报酬与经济进步》中认为，劳动分工依赖于市场范围，而市场不仅是由人口、区域决定，更是由购买力决定。购买力由生产力决定，而生产力由分工决定，即"劳动分工决定劳动分工"。

2017年，西藏人口规模仅为337.15万，地方生产总值也只有1310.92亿元，占全国生产总值的0.158%。所以，仅依靠区内市场发展畜牧业是不现实的。要实现西藏畜牧业的现代化，必须发挥区内、区外两个市场，跳出区内单一市场，依靠全国市场。一方面，借助区外专业化分工优势，改造提升西藏畜牧业产业结构。吸引外部企业进驻西藏畜牧业，优化西藏畜牧生产要素作用的发挥。另一方面，加大营销渠道，积极拓展区外市场，提升西藏畜牧产品价值。另外，还可以采取异地配置要素资源方式，使一些短期内西藏无法达到或不能有效达到的产业环节，可以借助援藏省市或单位来加以实现。

---

① 中共中央马克思恩格斯列宁斯大林著作编译局：《马克思恩格斯选集（第一卷）》，人民出版社出版1972年版，第25页。

四、畜牧业产业化的对策

（一）注重培育龙头企业在产业化发展中的引领作用

在农业产业化发展中，龙头企业发挥着核心作用，这已经在大量的理论文献中被广泛讨论。针对西藏畜牧业自身的发展实际，笔者认为应从以下几个方面考虑，促进龙头企业的引领作用。

这里首先面临的问题是选择什么样的龙头企业。在西藏要发挥龙头企业的作用，其应具备如下三个基本条件：一是龙头企业一定是能够尊重当地文化，有意愿为西藏农牧区发展进行长期投资的企业；二是龙头企业一定是在畜牧产业组织当中具有一定优势，掌握一定的技术，具有较为雄厚的资金，有一定的创新能力的企业组织；三是龙头企业一定需要具有企业家精神的领导者进行统领，他们具有一定的号召力和个人魅力，能够协同各种复杂的关系，协调好各群体的利益关系。

2019年西藏自治区政府工作报告提出，加快培育农业现代化市场主体，推进产业化进程，认定自治区级农业产业化龙头企业5～9家、示范社100家、示范农场30家。① 可见西藏自治区政府对龙头企业的重视。在发展畜牧业产业化中，可以围绕龙头企业，结合当地畜牧业生产实际，建立畜牧业产业园或示范区，发挥经济辐射、经济带动作用，将传统落后的畜牧产业改造为集种养、加工、销售、科技开发于一体的畜牧产业化经营体系。

同时，充分发挥地方政府扶持畜牧企业的作用。地方政府的服务能力直接关系到龙头企业进驻的意愿。对于刚刚起步的畜牧产业化而言，非市场力量的参与是重要的。尤其是在西藏农牧区

---

① 《政府工作报告——二〇一九年一月十日在西藏自治区第十一届人民代表大会第二次会议上》，西藏自治区人民政府网（http://www.xizang.gov.cn/zwgk/xxfb/zfgzbg/201911/t20191114_123622.html）。

整体发育程度低、自然条件恶劣、生产经营成本高昂的情况下，非市场力量更要发挥好作用，弥补市场规律的不足和缺陷。

（二）突出西藏畜牧特色优势，形成畜牧产业带

农牧业产品对土地气候等自然资源有极强的依赖性，这在一定程度上加强了农牧产品的地方特色，易于提高产品市场竞争力。青藏高原作为"世界第三极"具有独特优势和资源禀赋条件。通过对畜牧产品的经济价值进一步挖掘，拓展其潜在功能，成为畜牧业产业化的一个关键。这也成为西藏畜牧业产业化产品开发的方向。①

西藏"十三五"规划报告提出，"依托高原特色资源优势，促进产业聚集、联动、融合，大力培育具有地方比较优势和市场竞争力的产业集群"。2018年西藏自治区政府工作报告强调，开展以供给侧结构性改革为主线的农牧业改革，优化特色优势产业要素配置，开展质量提升行动，提高发展质量。从畜牧产业化发展的集群来看，西藏基本具有如下三种产业发展带和产业集群。

一是藏西北绒山羊产业带：以阿里地区土日县、那曲地区尼玛县为中心，共12个县。包括阿里地区的土日县、噶尔县、革吉县、改则县、措勤县；那曲地区的申扎县、班戈县、尼玛县；日喀则地区的定日县、昂仁县、仲巴县、萨嘎县。

二是藏东北牦牛产业带：以那区、昌都两县为中心，共13个县。包括那曲地区的那曲县、聂荣县、巴青县、嘉黎县、安多县；昌都地区的昌都县、边坝县、江达县、类乌齐县、丁青县；拉萨

---

① 西藏自治区推出的净土健康产业，初见成效。净土健康产业是以青藏高原纯天然环境和无污染草原、耕地、水土为条件，以提高高原生态环境服务生命的效能和价值为核心，在推进高原有机农牧业生产的基础上，以开发高原有机健康食品、高原有机生命产品、清洁能源为主体，以聚合多种独特资源，实现产业升级和效益倍增为目标的地域型、复合型产业。通过实施统一生产技术规程、统一产品质量标准、统一产品包装、统一品牌营销等有效整合，企业与农牧户、养殖户形成联合体。（参见黄志武《"绿起来"与"富起来"相结合》，载《西藏日报》（汉）2018年1月4日第9版）

市的当雄县；山南地区桑日县、加查县。

三是藏系绵羊产业带：以那区地区中部、拉萨市北部为中心，共26个县。包括拉萨市当雄县；昌都市八宿县、江达县、贡觉县、芒康县、察雅县；山南市贡嘎县、隆子县、措美县、浪卡子县；日喀则市江孜县、昂仁县、康马县、仲巴县、岗巴县；那曲市申扎县、班戈县、那曲县、聂荣县、安多县、比如县、尼玛县；阿里地区普兰县、革吉县、改则县、措勤县。①

通过产业集聚，形成具有地方特色的畜牧业发展优势，形成与全国市场的互补，满足市场多样化需求，做大做强西藏畜牧特色产业。②

（三）推进畜牧产业纵向延伸、横向拓展

对于西藏畜牧业而言，其起步晚，产业化程度较低。推进畜牧业发展就是要遵循产业发展规律，从产业纵向延伸和横向扩展入手，逐步构建西藏畜牧业产业化的基础发展条件。

从纵向来看，西藏畜牧业基本处于非常松散的联结状态，无法形成合力，缺乏市场竞争力。当下，西藏畜牧业需要做的就是细化专业分工，在技术可分条件下，降低交易费用，提高资源配置效率。培育各类畜牧经营主体，逐步完善产业链，提高畜牧产业化水平。特别是在畜牧产业化经营上创新各类经营主体之间的利益联结机制，降低各类经营主体之间的交易费用并提高整个产业链的资源配置效率。③

从横向来看，西藏畜牧业尚未形成专业化服务体系以及产业

---

① 辛盛鹏：《西藏自治区农牧业调查研究》，中国农业大学出版社2013年版，第235-236页。
② 西藏自治区政府提出"7+N"特色优势生产基地建设，即青稞、牦牛、藏猪、藏羊、奶业、蔬菜、饲草和N个点状优势产业基地，这也是西藏畜牧业产业化发展的方向。
③ 蔡海龙：《农业产业化经营组织形式及其创新路径》，载《中国农村经济》2013年第11期，第4-11页。

联结机制,规模效应、网络效应没能很好地发挥。在推进畜牧业产业化中,应积极培育各类服务主体,有意识地引导行业之间的交流沟通。在技术创新的基础上,扩展畜牧产业的横向联系。

在畜牧业产业化纵向延伸、横向拓展的过程中,政府的支持、引导至关重要。受市场规律的支配,生产要素总是向生产率高、回报率高的部门和地区流动。而畜牧业属于弱质性产业,青藏高原区位劣势明显,难以吸引市场要素流向牧区。因此,政府应从干部配备、要素配置、资金投入和公共服务等方面优先保障牧业牧村发展,落实财政、税收、土地、信贷、保险等支持政策。[1]

(四)创新畜牧业商业运行模式

2015年中央一号文件指出:"推进农村一二三产业融合发展。增加农民收入,必须延长农业产业链、提高农业附加值……积极开发农业多种功能,挖掘乡村生态休闲、旅游观光、文化教育价值。扶持建设一批具有历史、地域、民族特点的特色景观旅游村镇,打造形式多样、特色鲜明的乡村旅游休闲产品。"[2]

2017年西藏自治区政府工作报告强调,要以三次产业融合发展为突破口,积极培育畜产品深加工业[3]、农牧区旅游、电子商务等农牧区新型产业,努力实现农牧业与第二、第三产业的融合发展,大力发展现代农牧业。三次产业融合已经成为现代经济发展的必然趋势。就西藏畜牧业而言,必然需要借助各方面的有利条件,走产业融合发展的道路。

从我国当下的现实情况来看,越来越多的农业产业化经营企

---

[1] 张晓山:《推进农业现代化面临新形式新任务》,载《人民日报》2019年5月13日第9版。

[2] 《2015年中央一号文件发布》(全文),见搜狐网(http://news.sohu.com/20150201/n408303992.shtml)。

[3] 西藏自治区政府提出建设拉萨曲水绿色农产品加工园、日喀则工业园、昌都市工业园、山南市工业园、林芝市高原生物产业园等六大畜产品加工园。

业不断拓展农业内涵,挖掘农业潜力,发挥农业的多功能性。例如,发展闲暇观光农业或生产、生活、生态有机结合的"三生"农业。① 同样,西藏畜牧业产业化发展,也应该深化畜牧业的内涵及其多样性,将不同产业与畜牧业相嫁接,形成"畜牧业+""+畜牧业"等发展模式。

例如,"畜牧业+互联网"的发展模式。互联网技术在我国已得到广泛应用,在最遥远的牧区,牧民也能够使用移动通信设备。促进畜牧业产业化的一个重要手段就是建立"畜牧业+互联网"的发展模式。实践表明,互联网已经成为畜牧产品供给与需求、需求偏好变化和供给创新的服务平台,大大促进了畜牧产品交易手段、方式等的创新,实现供给与需求的无缝链接。

"+畜牧业"发展模式是一种在"畜牧业+"基础上的突破,就是要通过其他产业、组织形式、服务方式与畜牧业的结合,实现更为丰富、形式多样、高附加值的新业态,带动传统畜牧业的发展。

(五) 整合地方资源,促进产业联盟

如前所述,西藏畜牧业基本处于传统发展状态。新时期,要发展西藏畜牧业,提高其产业化水平,增强其竞争力的一个关键就是整合地方优势资源,形成产业联盟。通过地区之间的联合与合作,实现组织创新的规模经济效益、协同经济效益和网络集群发展效益。地区之间通过优势互补、同类产业组织或不同类产业组织的资源兼并、收购等整合零散资源,形成市场合力,推进畜牧产业横向与纵向交互作用的发挥。

整合产业资源、地区资源并形成合力,对于西藏畜牧业经营主体而言意义重大:一是可以通过将同类型产业资源聚集在一起,

---

① 姜长云:《农业产业化组织创新的路径与逻辑》,载《改革》2013 年第 8 期,第 37-48 页。

在专业化服务、市场信息、劳动力市场共享等方面提供便利；二是可以为该产业提供种类丰富且成本低廉的投入品；三是可以强化、延伸集体自身的竞争优势。总体而言，通过整合地方资源，将外部效应内部化，有利于节省交易费用和组织成本，推进组织间的资源共享、优势互补，增进规模经济、范围经济和学习效应，① 大大增加合作剩余。

（六）借助援藏力量，培育、推进畜牧业产业化发展

西藏自治区由于其特殊的历史背景、恶劣的地理气候条件，以及极为重要的战略地位，成为国家重点支援对象。1994年7月，中央召开第三次西藏工作座谈会，明确了支持西藏发展的方针，即"分片负责，对口支援，定期轮换"。二十多年来，西藏在中央及各兄弟省市及单位的支持下，取得了巨大成绩。当下，西藏畜牧业产业化发展更是离不开援藏单位的支持和帮助。结合西藏畜牧业发展实际，可以从以下三个方面入手，培育和推进西藏畜牧业产业发展。

一是引导援藏单位从事与畜牧业经营有关的活动，发挥比较优势，实现支援方和受援方的优势互补。在相互信赖、相互支持的原则下，支援方利用其资本实力、技术人才以及管理经验，整合受援方的畜牧产品资源，帮助其畜牧业发展。同时，借助支援方发达的市场营销网络渠道，为畜牧产品提供市场，提高其知名度，增强品牌效应。

二是创新援藏方式，将西藏畜牧业发展与援藏省份农业发展通盘考虑，从可持续发展角度，为受援方畜牧业出谋划策。更多地在畜牧业基础设施建设、畜牧业社会化服务方面下功夫，帮助畜牧业持续健康发展。

---

① 姜长云：《农业产业化组织创新的路径与逻辑》，载《改革》2013年第8期，第37-48页。

三是积极利用援藏政策，吸引支援方企业来藏从事与畜牧产品开发相关的投资，借力发展，使对口援藏转向对口合作，从而达到长期合作、可持续发展的目的。一方面，支援方有意愿帮助受援方政府发展经济，从事自身力所能及的活动；另一方面，受援方有强烈愿望吸引支援方企业来藏投资建厂。两方面力量促使合作易于达成。

总之，新时代国家的发展战略要求社会各种组织支持西藏发展建设，而西藏农牧区发展也关系到国家的长治久安和全体人民的幸福。援藏不仅意味着中华民族的伟大复兴，而且体现出中国特色社会主义的优越性。借助援藏力量，精准施策，是西藏畜牧业产业化的可取途径。

第九章　西藏构建新型畜牧业经营体系的推进路径

本章首先探讨西藏在新的时代背景下面临"谁来放牧""如何放牧""怎样放牧"等问题。其次，分析西藏新型畜牧业经营体系的一般性与特殊性，并认为其特殊性应具备生态化、适度规模化、科学化、组织化、市场化等特征。然后，对昌都市以及边坝县、察雅县在推进新型畜牧业经营体系建设中的具体做法、存在的问题等进行分析，以便对西藏发展畜牧业有一个较为清晰的认识。最后，提出通过坚持家庭经营的基础性地位、完善西藏畜牧业社会服务体系、创新组织方式等来推进西藏畜牧业经营体系建设。

一、西藏构建新型畜牧业经营体系的时代背景

改革开放40多年来，西藏经济社会得到全面快速的发展，广大农牧区经济结构、收入结构、就业结构等发生了翻天覆地的变化。当我国内地农业在面临"谁来种地""如何种地""种什么样的地"的问题时，西藏畜牧业也同样面临"谁来放牧""如何放牧""怎样放牧"等问题。这些问题的出现，主要是由以下三个方面的原因所引起。这也成为西藏构建新型畜牧业经营体系的时代背景和现实要求。

（一）"谁来放牧"的问题

（1）从西藏农牧区城乡人口比重来看，乡村人口占比不断下降。一方面，从农村人口占整个地区人口看，乡村人口占比从

2010年的77.33%,下降到2017年的69.11%,下降8.22个百分点。虽然西藏乡村人口占比远高于全国平均水平,但相对于西藏自身发展而言,已经有了大幅度的降低。另一方面,从第一产业就业人数占总就业人数的比重看,2010年第一产业就业人数在就业总人数中占比53.61%,到2017年已经下降到37.35%,下降16.26个百分点。(见表9-1)

表9-1 西藏乡村人口结构与就业结构

年份	乡村人口结构		三次产业分的就业人员	
	乡村人口数(万人)	乡村人口占比(%)	第一产业就业人数(万人)	第一产业就业人数在就业总人数中的占比(%)
2010	232.16	77.33	92.96	53.61
2011	234.42	77.29	93.41	50.34
2012	237.64	77.25	93.60	46.32
2013	238.05	76.29	92.82	45.16
2014	235.78	74.25	93.38	43.70
2015	234.10	72.26	96.76	41.22
2016	232.83	70.44	95.96	37.73
2017	233.00	69.11	99.11	37.35

资料来源:《西藏统计年鉴(2018)》。

(2)相比其他产业,农牧业收入偏低。一方面,从乡村劳动力就业结构看,从事建筑业,交通运输、仓储和邮政业,批发和零售业、住宿和餐饮业等所占比例均有较大幅度上升;从事农林牧渔业的劳动力所占比例持续下降。(见表9-2)这说明,在劳动力可以自由流动的情况下,在市场规律支配下,农林牧渔业在一定程度上已经失去吸引力,劳动力开始向有较高收入的行业转移。

表9-2　2012—2017年西藏乡村劳动力就业结构

单位:%

就业领域	2012年	2013年	2014年	2015年	2016年	2017年
农林牧渔业	71.97	70.38	68.60	69.40	68.62	69.10
工业	2.45	2.40	1.90	1.83	2.12	2.14
建筑业	9.64	10.22	11.45	11.45	12.40	11.86
交通运输、仓储和邮政业	3.32	3.52	3.86	4.08	3.95	3.91
批发和零售业、住宿和餐饮业	4.35	3.32	3.37	5.37	4.99	5.18
其他非农行业	8.26	10.16	10.82	7.87	7.92	7.81

资料来源:《西藏统计年鉴(2018)》。

另一方面,从乡村家庭收入结构看,工资性收入占农牧户家庭收入的比例从2010年的21.53%上升到2017年的23.50%,转移性和财产性净收入占比从2010年的15.34%增加到2017年的20.98%。(见表9-3)这说明,西藏农牧民家庭开始走向"兼业化",即家庭部分成员外出务工,获得货币性收入,另一部分成员在家从事农牧业,这种趋势愈加明显。从全国的情况看,具体表现为年轻子女外出务工经商,年老父母在家从事农业,体现出"半农半工"两条渠道获得收入。同时可以看到,农牧户转移性和财产性净收入大幅度地提高,这与我国开展精准扶贫、维护国家生态安全屏障等因素有关。由于篇幅所限,这里不展开讨论。

表9-3　2010—2017年西藏乡村家庭收入结构

年份	可支配收入		工资性收入		经营性净收入		转移性和财产性净收入	
	绝对值（元）	占比（%）	绝对值（元）	占比（%）	绝对值（元）	占比（%）	绝对值（元）	占比（%）
2010年	4139	100	891	21.53	2613	63.13	635	15.34
2013年	7970	100	1475	18.51	5520	69.26	975	12.23
2014年	9131	100	1571	17.21	6085	66.64	1475	16.15
2015年	10052	100	1873	18.63	6709	66.74	1470	14.62
2016年	9094	100	2205	24.25	5238	57.60	1651	18.15
2017年	10330	100	2428	23.50	5735	55.52	2167	20.98

资料来源：2015年、2016年、2018年《西藏统计年鉴》。

通过以上分析，可以看出，在市场规律作用下，劳动生产率高的部门必然能够吸引劳动力就业。畜牧业生产率水平落后于非农牧产业，这也成为"三农""三牧"问题出现的根本原因。那么，如何吸引劳动者从事农牧产业，实现"两权分离"到"三权分置"的转变，提高草场资源，就是当下构建新型畜牧业经营体系的一大背景。

（二）"怎样放牧"的问题

（1）从牲畜的产出量看，西藏畜牧产出增长缓慢。2010年西藏牛的出栏率为21%，到2017年为27.48%；猪的出栏率由2010年的58.7%，下降到2017年的45.24%；羊的出栏率由2010年的33.1%上升到35.14%。（见图9-1）这说明，一方面，西藏牲畜出栏率整体变动幅度不大，影响了牲畜产品的商品化水平；另一方面，牲畜出栏率不高，增加了牲畜的生产成本，降低了其市场竞争力。

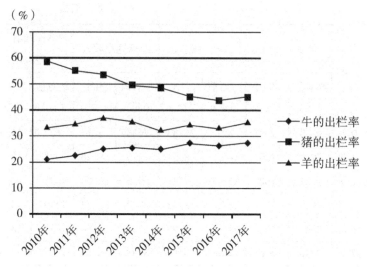

图9-1 2010—2017年西藏牲畜出栏率

资料来源：《西藏统计年鉴（2018）》。

（2）从畜牧产品的产出量看，产出量的增长跟不上需求量的提高。西藏猪肉产出量持续下降，由2010年的1.26万吨，下降到2017年的1.14万吨；羊肉产出量也在不断降低，由2010年的8.14万吨，下降到2017年的6.35万吨；仅牛肉、奶类有所增加，2017年牛肉相比2010年提高了33.29%，奶类2017年相比2010年提高了39.47%。（见图9-2）

相比西藏畜牧产出，从西藏本地市场对畜牧产品的需求看，仅城镇居民对猪肉的需求人均全年购买量从2010年的9.8千克，增加到2017年的14.1千克，提高了43.88%；牛肉从2010年的17.1千克，提高到2017年的21.5千克，增幅为25.73%；羊肉从2010多的3千克，提高到2017年的14千克，几乎翻了4倍多。（见表9-4）

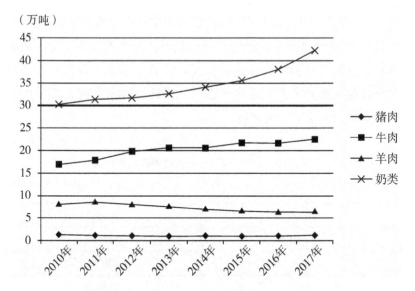

图 9-2 2010—2017 年西藏畜产品产出量

资料来源:《西藏统计年鉴 (2018)》。

表 9-4 城镇居民家庭平均每人全年购买主要食品数量

单位:千克

指标	2010 年	2015 年	2016 年	2017 年
粮食	100.8	124.6	108.6	133.3
油脂类	10.3	15.7	16.4	23.7
猪肉	9.8	10.1	9.9	14.1
牛肉	17.1	16.4	28.0	21.5
羊肉	3.0	3.9	3.5	14.0

资料来源:《西藏统计年鉴 (2018)》。

(3) 从草场资源的投入看,投资不够。一方面从草场灌溉面积看,2010 年草场灌溉面积为 55 万公顷,到 2017 年增加到 76 万公顷,从增加幅度看,提高较快,但相比其草场总面积而言,几乎为零,无法应对各种可能的自然风险。

另一方面,从青饲料的产出看,2010年产出为317757吨,到2017年为386631吨。(见表9-5)其产出量非常低下,无法满足市场对草饲料的需求。畜牧业靠天吃饭的基本态势依然存在。这与现代畜牧业要求有着巨大的差距。因此,西藏畜牧业面临的一个基本问题就是"如何放牧"。

表9-5 2010—2017年西藏青饲料产出量

单位:吨

年份	青饲料
2010	317757
2011	296288
2012	316085
2013	326912
2014	355752
2015	379969
2016	390627
2017	386631

资料来源:《西藏统计年鉴(2018)》。

(三)"放什么样的牧"的问题

当前,西藏农牧区已经进入攻坚克难的一个关键发展期,特别是国家大力推进乡村振兴计划以来,如何保持西藏农牧区发展的大好形势,激发农牧业、农牧民的内生发展动力,就成为一个关键所在,要突破就需要解决好"放什么样的牧"的问题。

西藏要建成小康社会,首先必须要让广大农牧民富裕起来,而广大农牧民富裕的一个重要依靠就是发展畜牧业,恰恰西藏传统的畜牧业是经济发展的短板。在很长一段时期内,畜牧业依然是农牧区最为重要的就业领域，是农牧民安身立命的根本产业。要发展现代畜牧业，就必须改造传统经营方式，建立符合西藏现代化要求的畜牧业经营体制机制。

同时，西藏城乡收入差距较大，"二元结构"明显。仅从城镇消费水平看，农村居民收入远远落后于城镇居民。2010年，城镇居民人均可支配收入为15258元，为农村居民可支配收入的3.7倍。到2017年，城乡居民人均可支配收入基本保持在3倍的差距。（见图9-3）随着市场分工分业的加速调整，大量农牧区人口流出农牧业，特别是优质劳动力的流出给畜牧业发展带来严峻挑战，"放什么样的牧"已经成为社会面临的一大课题，创新畜牧业经营体制机制迫在眉睫。

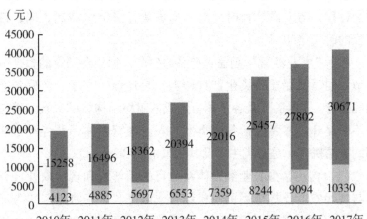

图9-3 西藏城乡居民人均可支配收入

资料来源：《西藏统计年鉴（2018）》。

二、西藏新型畜牧业经营体系的一般性与特殊性

(一) 新型农业经营体系的科学内涵

党的十八大提出,要"培育新型经营主体,发展多种形式规模经营,构建集约化、专业化、组织化、社会化相结合的新型农业经营体系"。这里的"新型农业经营体系"包括以下三个方面的内涵。

(1) "新型"即不同于以往。也就是说,"新型"是相对于我国传统小规模分散经营而言的,是具有前瞻性、有利于农业现代化的新形式。"新型"是在农业经营发展中生成的,贯穿改革开放的全过程,与人民公社时期单一的集体经济组织截然不同,带有明显的时代烙印。[①]

(2) "农业经营"涵盖农产品的生产、加工到销售的整个分工环节,同时又涵盖各类生产性服务,是产前、产中、产后各类活动的总称。"体系"是各主体所形成的组织结构,随着技术等进步而不断提升,主要包括各种类型的农业经营主体,及各类主体之间的联结机制,是各类主体及其关系的总和。[②]

(3) 构建新型农业经营体系的目的是解决和现代农业经营主体与现代农业支撑体系的有机结合,解决"谁来种地""怎样种地""种什么样的地"的问题。从而促进新型农业经营主体健康成长,多元化农业服务体系尽快形成,多类型农业规模经营有效发展,多种农业经营机制与产业组织有机耦合,农业产业化经营水

[①] 张红宇:《中国现代农业经营体系的制度特征与发展取向》,载《中国农村经济》2018年第1期,第23–33页。

[②] 宋洪远、赵海:《构建新型农业经营体系,推进经营体制创新》,载《团结》2013年第1期,第31–34页。

平和市场竞争力不断提升。①

（二）西藏构建新型畜牧业经营体系的一般性与特殊性

2014年西藏自治区政府工作报告提出："加快构建新型农牧业经营体系。不断提高农牧民组织化程度，做大做强农牧民专业合作经济组织……大力发展种养加和设施农牧业、特色农牧业，加快建设肉牛肉羊养殖基地，推进农畜产品深加工，延伸产业链，提高附加值。"

我们具体分析新型农牧业经营体系在西藏畜牧业中的表现。具体如下：

（1）西藏新型畜牧业经营体系表现为生态化特征。西藏新型畜牧业经营体系的一大特征就是生态化，这是我国新型农业经营体系集约化在西藏的表现。这里强调的生态化，主要是针对西藏高原草场生态退化严重、保护西藏生态安全屏障的要求而言。因此，要重视"人—草—畜"之间的和谐，人与自然的共生共融。摒弃粗放式、掠夺式地使用资源。以求在一定草场面积上实现经济效益、生态效益和社会效益为一体的畜牧业经营方式。

（2）西藏新型畜牧业经营体系表现为适度规模化特征。结合西藏农牧区自身在劳动力构成、草场资源禀赋、生态环境条件等方面的特殊性，在构建西藏畜牧业经营体系中，应体现"适度规模化"的特征。适度规模化是针对草场细碎化、草场规模化而言的。草场细碎化带来草场退化、经济无效率，而草场规模化经营可以发挥规模经济效益，但与西藏经济社会发育条件不相适应。当下，西藏畜牧业的适度规模不应狭隘地理解为草场面积的规模，而更应该在畜牧业服务体系上深化改革，以达到畜牧业主体与服

---

① 黄祖辉、傅琳琳：《新型农业经营体系的内涵与建构》，载《学术月刊》2015年第7期，第50-56页。

务体系之间的合作与融合发展。

（3）西藏新型畜牧业经营体系体现为科学化特征。这里的科学化是针对我国新型农业经营体系专业化的具体延伸和在西藏的具体表现而言。专业化分工体系是现代经济发展的必然趋势和结果。而在西藏，牧户主要还是以牧业收入为主，特别是在纯牧区。传统的放牧方式专业化程度低下，整体发展落后，需要一个较长的时期来改造。因此，在构建新型畜牧业经营体系中，应从人才的引进和培养着手促进产前、产中、产后专业化分工，通过科学技术在畜牧业中的应用以及懂技术、会管理、有热情的经营人才的参与来促进畜牧业经营活动。

（4）西藏新型畜牧业经营体系表现为组织化特征。这里的组织化与我国新型农业经营体系的组织化，既具有相同点也有不同之处。其相同之处表现为，将分散的牧户组织起来，通过横向、纵向的联合与合作，提高牧户参与市场的应对能力和抗风险能力。不同之处在于，西藏新型畜牧业经营体系的组织化还包括政府的参与，这是西藏的特殊性使然。由于西藏农牧区地理条件的封闭性、气候环境的恶劣性，加之农牧民自身素质整体不高，导致市场交易费用高昂，很难吸引涉农涉牧企业到农牧区组建诸如"公司＋牧户"等较高的组织形态。因此，西藏构建新型畜牧业经营体系，离不开政府的支持和参与。需要更多的政府优惠政策、扶持政策等推进新型畜牧业经营体系的组织化水平提高。

（5）西藏新型畜牧业经营体系表现为市场化特征。这里特别强调西藏新型畜牧业经营体系的市场化。其市场化包括以下两层含义：一是畜牧业生产过程的市场化，即生产过程通过市场交易、各种组织内部交易等形式完成社会分工；二是涉农涉牧产品服务市场化，即通过市场交易完成对分工各个环节的对接，通过价格机制，各类组织治理机制完成交易。

三、一市两县新型农牧业经营主体发展状况

我们对昌都市以及边坝县、察雅县在推进新型畜牧业经营主体发展中的具体情况加以介绍与分析,以便更清晰地对西藏畜牧业发展实际有进一步的认识。

(一)昌都市畜牧业发展

昌都市古称"康"或"客木"。唐代,昌都地区为吐蕃王国的一部分,明清以后统称此地为康藏地区,现为西藏自治区所属的一个地级市。其地处横断山脉和三江(金沙江、澜沧江、怒江)流域,位于西藏东部,地势西北部高,东南部低,平均海拔在3500米以上,属高原亚温带亚湿润气候。昌都东与四川省相望,东南面与云南省接壤,西南面与西藏林芝市毗邻,西北与西藏那曲地区相连,北面与青海省交界,总面积为11万平方公里。

1. 农牧民专业合作社培育情况

昌都市农牧民专业合作社由2014年的100家发展到2019年的300家,带动农牧户从4615户发展到16300户,国家级示范社由2014年的2家发展到2019年的6家,市级农牧民专业合作社示范社发展到18家。经营范围涵盖种养殖、运输、民族手工艺、经济林木、加工业、采石采矿、建筑施工、农机等行业。2018年,实现收入1.26亿元,户均增收0.71万元。

(1)主要发展模式。从调研情况看,可以根据主体之间的关系,将合作社分为以下四种类型。

类型一:公司领办的合作社。这种"公司+合作社+农户"模式在昌都表现为,发展起来的公司利用西藏和昌都市给予的优惠政策,带动专业合作经济组织建设,发展壮大自身实力。如芒康县绿野食品有限责任公司与芒康县索多西乡辣椒协会签订辣椒收购协议,每年收购辣椒上百吨。

其特点表现为：公司具有一定的经济实力，能够为合作农户提供资金、技术、服务等方面的支持。同时，合作社也要求合作农牧户进行前期必要的投入，通过前期投资约束农牧户投机行为，达到长期合作的目的。

类型二：乡村能人领办的合作社。乡村能人或是有着丰富的农牧业经营经验，或是拥有较为雄厚的资金实力，或是头脑灵活、具有企业家的天赋，往往能够带领村民成立合作社，形成"合作社＋农牧户"发展模式。如芒康县藏东兴农葡萄产业发展合作社，该合作社理事长拥有资深的葡萄酒酿造及葡萄种植经验，由他带领社员种植酿酒葡萄，带动群众增收致富。

从发展情况看，其特征表现为：一是带头人实力有限，需要政府在资金、项目等方面给予支持；二是部分带头人可以成为乡村振兴的中坚力量，由于他们长期生活在农村，了解农牧民的发展诉求，谙熟当地的行事规则，对市场有较为准确的判断，所领办合作社符合当地的发展实际。

类型三：村干部领办的合作社。由于西藏基层党组织建设较我国其他省份而言基础更为扎实，因此，自精准扶贫以来，"支部＋合作社"模式在西藏发展情况较好。这类合作社的创办具有天然的优势条件，基层组织的代理人村干部，利用政治优势，组织村民创办合作社，易于形成社区认同感，通过合作社的发展，村干部既能够提高自己在村社中的政治地位，也能够带领农户发家致富。如贡觉县三岩夏龙绿色农畜产品加工专业合作社，充分利用合作社所在地的青稞、荞麦、林下产品等资源开发绿色特色产品，带动当地农畜产品及林下资源开发利用、包装，带动群众增收，效果明显。

类型四：驻村工作队领办的合作社。由于西藏自治区的特殊性，中央各部委、全国兄弟省份均参与了积极援助西藏建设的工作，加之在西藏开展的强基惠民政策，援藏单位和驻村工作队都利用其优势，想尽办法带动当地群众发展致富。其中"驻村工作队+合作社"就是一种较为普遍的发展模式。例如,华泰龙矿业开发有限公司、玉龙铜业股份有限公司通过资金、技术、人才等参与到当地的精准扶贫工作中,支持农牧民创办合作社。此外,昌都市在对口援藏省市建立展销窗口,并在互联网上开设电子商务交易平台,拓展农产畜品销售渠道,积极组织合作社参加昌都市特色农畜产品展示会和各类农展会,广泛宣传合作社的优质农畜产品。

(2)发展中存在的困难。

一是整体规模小,发展层次低。昌都市农牧民专业合作社整体规模小,发展层次低。具体表现在:入社人员数量少,大多数合作社社员从几户到十几户不等;资产规模小,大部分社员仅以土地、林木等实物作价入股,现金入股较少,实际可流动资金极为有限;联合社少,多数合作社合作项目少、合作内容单一。

二是合作社服务范围有限。从合作社辐射范围看,一般合作社的服务范围仅限于本村、本乡,跨乡(镇)发展的合作社还是非常少。

三是合作社带头人管理水平不高。由于昌都市地理情况复杂,山高沟深,交通不便,长期处于相对封闭的状态。如昌都市左贡县部分乡镇直到2019年上半年道路还未完全硬化。由此导致合作社发展中群众整体素质不高,这也在很大程度上影响了合作社的发展。

2. 家庭农牧场发展情况

2018年年底,昌都全市共有家庭农牧场15家,家庭劳动力131人,家庭农牧场经营土地100.4亩,养殖奶牛853头,生产奶肉制品48.45吨。

从昌都市15家家庭农牧场的发展看,具有以下几个方面的积极作用:一是家庭农牧场的发展增加了农牧民的家庭收入。家庭农牧场发挥比较优势,将农牧业生产推向产业化,对当前农牧业发展起到了积极示范作用,促进农牧民家庭收入水平的提高。昌都市2018年家庭农牧场收入为166万元，带动贫困户68户。二是家庭农牧场的出现在一定程度上克服了农牧业生产活动的分散性，保证了农牧产品的品质，提高了市场竞争力。三是家庭农牧场增加了农牧业内就业，落实了"不离土不离乡，就近就业"，增强了农牧民的福利感受。

从调查看，当前昌都市家庭农牧场存在以下两个方面的问题：一是数量少。根据2015年《中国家庭农场发展报告》，西藏没有一家家庭农牧场。到2018年，虽然家庭农牧场开始出现，但其数量还非常有限。仅从昌都市来看，也只有15家。二是家庭农牧场的层次较低。按照家庭农牧场的特征，即使用家庭劳动力为主、适度规模经营、生产经营的稳定性、一业为主。从这两个方面看，昌都市家庭农牧场在适度规模、生产经营一业为主上还和基本标准有较大差距。

3．农业企业基本发展情况

2018年，昌都全市共有农牧业企业20家（其中自治区级1家，市级17家，县级2家），实现产值1.6亿元，带动农户10300户。主要从事牦牛肉及皮毛、粮食、酒类、油料、林下资源等生产经营活动。

存在的主要问题有三点：一是企业整体实力不强。企业规模小，多处于起步发展阶段。如芒康县工业园区的多家涉农企业，员工人数仅为5人左右，加工机器设备也只有1台或1套。其原料主要依靠本县百户左右农户提供，且生产断断续续。二是企业营销网络极不健全。由于企业规模小，其销售主要集中在当地县域市场，很少能够拓展到地区。面对激烈的市场竞争、国内外大品牌的挤压，当地企业很难做大做强。三是员工素质不高，产品质量难以保证。这些企业由于地处县区，所雇佣的员工也都是当地农牧民。这些员工往往不重视产品工艺的标准、规格，导致产品质量参差不齐。

4. 推进畜牧业发展的基本做法

2018年，昌都市人口规模为77.77万人，农牧业从业人口为38.45万，牧业生产总值占农牧业总产值比重的55.64%。昌都市在畜牧业发展中投入了大量财政资金，支持畜牧业发展。从投资项目看，昌都市投资于农牧业基础的项目由2016年的34个，增加到2018年的124个，投资金额由2016年的21263.2万元，增加到2018年的45924.2万元。项目数和资金投入分别增加了2.65倍和1.16倍。① 具体而言，主要加强了以下三个方面的基础性建设。一是病虫害防治。如2016年实施鼠害治理260万亩，2018年建设县级重大动物疫情应急物资储备及冷链设施1座、村级兽医室20个等。二是在人工种草与天然草地改良工程方面投入巨大，仅2018年就投资4888万元，建设灌溉人工种草2.44万亩、旱作人工种草2.2万亩、人工饲草地3万亩。三是标准化养殖基础建设项目。主要集中在标准化养殖小区建设、高原特色农产品基地建设等方面。

总体而言，昌都市近年来在畜牧业发展中的主要做法就是强基础、补短板，为畜牧业发展提供社会化服务支持系统。

（二）边坝县畜牧业发展

边坝县地处西藏东部，位于昌都市西部、念青唐古拉山北麓，介于北纬30.4°至31.5°、东经93.7°至95.3°之间，与两市一地六县接壤（东与洛隆县，北与丁青县，南与林芝市波密县，西与那曲地区嘉黎、比如、索县三县接壤），距昌都市461公里，距拉萨市785公里。全县总面积8894平方公里，平均海拔在4000米以上，总人口约4万人，全县耕地面积5.3万亩，草场面积381.32万亩，林地面积562.22万亩，属半农半牧县。

---

① 以上数据与后文数据存在差异，这主要是由于资料来源不同所致，上述资金来自国家财政拨款，而后文数据来源多样，既有中央拨款也有自治区、昌都市、援藏单位等的投入。

1. 初步形成的农牧业发展模式

边坝县以"政府引导,企业运作,打造高端,农户参与"模式,促进畜牧业规模化、市场化经营。从现有发展情况看,初步形成如下两种模式。

(1)"企业+合作社(协会)+支部+致富能人+农户"模式。这种模式的关键就是发挥企业的带动作用,通过企业带动降低畜牧业成本、解放群众惜杀惜售思想,从而实现产、供、销一体化。为此,边坝县引进福建企业,借助其优势,成立了边坝县"三色湖"食品科技有限公司、边坝县"三色湖"生物科技有限公司、边坝县藏红麦开发有限公司、边坝县"三色湖"电子商务有限责任公司等。2018年,边坝县畜牧业开发企业有6家。同时,边坝县利用基层党组织,借助村委会、驻村工作队、乡村能人等优势资源成立合作社。截至2018年,边坝县各类农牧民合作社达到40家。通过企业带动、合作社协调、支部支持、致富带头人对农牧户帮扶等合作机制,解决了边坝畜牧业发展中的问题,促进了畜牧业的发展。

(2)"合作社(协会)+支部+致富能人+基地+农户"模式。这种模式在边坝更为普遍。边坝县现有香猪养殖、黑山羊养殖等合作社及协会40家,藏香猪养殖基地4座,黑山羊养殖基地1座,牦牛养殖育肥基地5座,奶牛养殖基地1座。2018年,建成黑山羊保种繁育、牦牛育肥场、肉类加工屠宰场、冷链库、饲草料加工厂、农机合作社扶持、香鸡标准化养殖及肉猪养殖等项目各1座。其中,藏香猪养殖参与户27户共121人,实现年人均增收1000元以上;黑山羊参与户32户共103人,实现人均增收1200元以上。

上述两种模式的共同特征是充分发挥合作社、支部等的作用,通过政府的前期投资,按照市场自负盈亏原则,实现政府职能与市场作用的相互配合,促进畜牧业发展。

2. 发现的问题

边坝县在畜牧业发展中进步巨大，但由于受到多种因素的制约，发展依然较为困难，具体表现在：

一是自然客观条件不利于边坝县新型畜牧业经营主体的形成。边坝县因其地处青藏高原，海拔在3500～5000米，高寒缺氧，畜牧产业化由于分工环节多，受自然气候影响较大。同时，由于边坝县距离昌都市480余公里，部分乡镇路途较远，这都使得边坝县处于市场竞争的劣势地位，影响畜牧业发展。

二是基础设施建设不完善，提高了畜牧业经营成本。边坝县山高沟深，基础设施不完善成为制约边坝县经济社会发展的一大瓶颈。全县公路通车总里程为1181.73公里，县域公路密度为13.28公里/平方公里，仅为全国2015年年末平均公路密度的27.85%。且城乡公路基本为砂石路面，等级较低，系统性较差，全县82个行政村通畅率为85.4%。同时，农牧业灌溉设施落后，全县总耕地面积5.3万亩，其中水浇地面积3.6万亩，保灌面积2.6万亩，农牧业生产靠天吃饭的状况还没有得到完全转变。

三是致富带头人少，素质不高。从边坝县畜牧企业、合作社到牧户家庭，普遍存在主要负责人素质不高，获取信息能力有限，经营管理很难适应市场发展要求等问题。这也使得合作社更多地依靠上级部门的管理、安排和支持来维持发展。另外，地理气候条件恶劣，边坝难以引进、留住人才，这些都对畜牧业的可持续发展造成很大的负面影响。

（三）察雅县畜牧业发展

察雅，藏语意为"岩窝"，地处昌都市东南部，东邻贡觉县，南与芒康、左贡两县接壤，西与八宿县毗邻。呈东西窄、南北长的棱形，平均海拔3500米，总面积8413平方公里，属半农半牧县。现有耕地4.37万亩，可利用草场846.34万亩，林地533.01万亩，总人口6万多人。截至2019年年底，察雅县专业合作社有

42家，涉及农、林、牧及农品加工业。

1. 2012年之前畜牧业经营概况

察雅县草场可分为高山草甸草场、山地草原草场、高原草原草场、低温草甸草场、山地灌丛草地类、山地荒漠草场类、高原荒漠草场类、山地疏林草场类共计8种类型。察雅县纯牧区以游牧为主，普遍散牧，圈养为辅，一般是早出晚收。夏秋季节水草丰盛时不另添加饲料草料，冬春季节收牧后，补喂少量草料或精料。棚圈一般是半开放式石木搭建。

牲畜饲料主要以半加工的天然草场草料为主，全县大部分高山草甸草场一般鲜草产量每亩为35～125千克，牲畜夏秋饲料无忧。察雅县草地平均亩产鲜草为256千克，可食率为85.4%，平均12.8亩草地可养1只羊。草料品种大部分为高寒披碱草。农副产品及农副秸秆饲草料，主要品种有元根、荞麦、麦类秸秆等，一般作为牲畜冬春饲料使用较多，部分大牲畜冬春季添加精饲料，如豌豆、青稞等。

牛群的放牧主要以天然放牧为主，一般很少补喂饲草、饲料。在冬春枯草季节，对老、弱、病、幼牛补给一些农作物秸秆、青干草和精料以及废茶叶与骨头汤等。牧民为增强牛的食欲，每隔半个月灌服食盐50克左右，或将食盐放于石板上让牛舔食。

马的放牧终年靠天然草地放牧采食，夏秋季节是马匹配种和抓膘的大好时期，牧民通常将马匹放牧在水流充足、牧草良好的草场上。冬春季节除放养外，晚上适当喂一些干青草或农作物秸秆，一般都在数千克之内，对乘骑马每天补喂青稞或豌豆1千克左右。

绵羊的放牧以天然放牧为主，每月喂食盐1～2次，在冬春枯草季节，对羔羊和哺乳母羊补喂一些青干草、精料及糌粑汤等。夏秋季节让羊群早出晚归，延长放牧时间。冬春季节晚出早归，避免冻伤，且牧程要近，以减少消耗，保膘保胎。冬春在海拔3500米左右的村庄附近放牧，夏秋在海拔4200米左右的高山牧场放牧。

2. 推进畜牧业发展的基本做法

察雅县结合自身实际,更多地挖掘农牧民发展的内生动力来推进畜牧业发展。其基本做法有三。

一是创办夜校、讲习所等引导农牧民发展致富。察雅县结合各乡镇、各村居的实际,通过创办夜校、讲习所的形式,用通俗易懂、简洁明了的语言,解放群众思想,鼓励群众通过劳动发展致富。同时,讲解政府的惠民政策,激发群众致富动力。

二是加大农牧科普宣传,增强农牧民生产技能。察雅县仅2018年就在全县各乡镇进行科普宣传13次,培养青稞、蔬菜种植技术及牦牛、绵羊养殖技术350多人。同时,还借助西藏农牧学院的技术资源,开展农牧民培训,2018年培训新型职业农牧民(畜牧班)87人。

三是推进畜牧业产业化发展。察雅县有效利用846.34万亩优质草场,推进"产加""农畜"相结合,在阿孜乡建立了3000头以上规模的阿旺绵羊育肥基地。在宗沙、扩达、肯通3个乡镇建立了以牦牛育肥为主的农牧民畜牧养殖及加工生产合作社,集中育肥1500头牦牛。在烟多镇推进羊毛加工,在扩达乡推进嘎益牧场乳制品制作,提升畜牧业产业链,加速肉、毛、皮等畜产品资源的价值提升,实现粗放型放养向精细深加工经营模式的转变。

四、构建西藏畜牧业经营体系的建议

(一)坚持家庭经营是构建西藏畜牧业经营体系的基础

"三农""三牧"问题关系到我国社会长治久安、人民幸福安康。对农业经营形式的选择,说到底,是对农村土地制度乃至农村社会形态的选择,如果选择不慎将会给国家带来损失,这一点已经在有些国家得到证明。因此,在这个选择中,首先考虑的是农牧民的长远生计、农牧业的持续发展和农村的社会稳定问题。①

当前,我国将在一个相当长的时期里坚持以家庭经营为基础的农业经营体制。就西藏而言,主要有以下三个方面的考虑:一是2017年西藏还有69.11%的人口生活在农牧区,在短期内不可能大幅度下降。因此,这些人口还将以农牧业为生。二是西藏城镇化水平低,第二、第三产业不发达,无法吸纳农牧区的剩余劳动力。三是我国社会保险制度尚待完善,国家还没有能力解决农牧民社会保障问题。四是家庭农牧业在整个市场化进程中,起到了"稳定器""蓄水池"的作用。

从畜牧业产业本身的生产特点看,家庭经营自身的优势更能有效地发挥出来。由于畜牧业是在一个复杂多变的自然条件下从事动物生命生产的活动,其生产结果既与劳动自身的努力程度有关,又受到自然条件的影响,是两方面共同作用的结果。这就使得劳动贡献测量困难,不易监督。这在一定程度上决定了畜牧业雇工经营不是一种有效的组织形式,难以达到雇主预期的经营效果。

(二) 完善畜牧业社会服务体系是构建畜牧业经营体系的保障

新型畜牧业经营体系的构建就是生态化、组织化、科学化的畜牧业经营主体与产业化、规模化、多元化的服务体系的互动融合和双层经营过程。② 专业化分工在畜牧业中的深化,必然伴随着不同生产经营主体在农事活动中参与不同环节的过程。随着生产经营技术上的可分性不断提高,专业化具有了现实必然性。专业

---

① 陈锡文:《把握农村经济结构、农业经营形式和农村社会形态变迁的脉搏》,载《开放时代》2012年第3期,第112-115页。
② 黄祖辉、傅琳琳:《新型农业经营体系的内涵与建构》,载《学术月刊》2015年第7期,第50-56页。

化分工如果由一个牧户来完成，是不现实的。而通过畜牧业专业化服务，一方面，节约了牧户的资金投入量，节约了生产成本，化解了牧户因自身资金等的有限而无法扩大生产经营规模的问题；另一方面，服务的专业化也提高了服务资源的配置效率，扩展了服务空间。

同时，我们不能将畜牧业经营规模化简单地理解为草地面积的扩大化，而应该全面关注生产要素配置效率的提高。这里更多强调的是服务规模化。服务体系的完善，鼓励了畜牧产业集群的出现和形成。在空间上，一定程度地弥补了西藏市场空间有限、地理边缘等缺陷。在时间上，平滑了因畜牧生产的生命周期性带来的间断性。此外，现代畜牧业服务体系将彻底改变畜牧产品的特性，拓展畜牧产品的市场交易半径。[①]

（三）创新组织方式

一个地区的发达程度与其交易费用直接相关，节约交易费用是促进专业化分工的关键。交易费用是不同组织治理结构的决定性因素。对交易费用降低的要求，是各类经营主体在生产经营活动中创新经营方式和组织形式的内在动力。畜牧业家庭经营将会在一个较长期的时间内存续，这是被国内外经验所证明的。因为家庭经营不仅适应传统畜牧业，而且也适应现代畜牧业，具有其优越性和生命力。但是畜牧家庭经营也存在自身难以克服的苦难，如自身经营规模的有限性，市场竞争能力的局限性，抗击风险能力的脆弱性等，这些都在一定程度上增加了市场的交易费用。西藏该如何构建畜牧业经营体系，一个基本路径就是通过组织创新，降低交易费用，提高生产效率。

在自然村落、社区内鼓励牧户间的合作联合，通过彼此之间

---

① 罗必良、李尚蒲：《论农业经营制度变革及拓展方向》，载《农业技术经济》2018年第1期，第4-16页。

的合作，可以突破其自身不会做和做不好的生产活动。发展各种类型的合作社、专业协会等，有助于牧户家庭市场竞争力的增强和生产经营水平的提高。另一种方式是通过草场入股，实现股份合作。这是一种较为成熟和较为有效的发展方式，可以将集体所有权、牧户承包权以及土地规模化、专业化要求结合起来，解决土地承包、流转、规模经营的矛盾。①

同时，西藏牧区地形复杂多样，小气候特征明显。通过入股流转形式，整合牧户零碎化的土地，形成规模化、集约化的生产经营模式，从而内生出规模化经营、协作化生产以及稳步发展的产业态势。②

---

① 胡冬生、余秀江、王宣喻：《农业产业化途径选择：农地入股流转、发展股份合作经济——以广东梅州长教村为例》，载《中国农村观察》2010年第3期，第47-59页。

② 胡冬生、余秀江、王宣喻：《农业产业化途径选择：农地入股流转、发展股份合作经济——以广东梅州长教村为例》，载《中国农村观察》2010年第3期，第47-59页。

第四编 启示与镜鉴

第十章　中国农民专业合作社演进趋势

本章首先围绕合作社社员的三大角色，指出当前我国合作社面临的问题：合作社领办人利用政策优惠，获取收益，侵害广大农户；扶持政策的倾向性导致合作社分化；农户的个人主义与合作社短视行为，增加了合作社运行成本。接着，对公司领办合作社、基层党组织及村干部领办合作社、商人领办合作社、乡村能人领办合作社等不同类型进行分析。并发现合作社有以下演变趋势：一是合作社成员异质化将成为一种必然，二是合作社从互助走向互惠，三是合作社产权安排趋于股份化，四是合作社演进受到多种因素的交织影响，其发展结果具有不稳定性等。最后，提出几点政策思考。

《中华人民共和国农民专业合作社法》正式施行以来，我国农民专业合作社（简称"合作社"）得到快速发展。截至2015年11月，我国合作社达到133.74万家，出资总额2.89万亿元。① 这在一定程度上说明，合作社的发展符合我国新时期农业发展的需要，具有一定的发展优势。同时，我们也要看到，合作社在带动社区农民发展生产、组织营销等方面的表现，与原有预期之间还有很大差距。杨光华等（2014）调查发现，合作社与农民联系松散，或者就没有联系，当涉及合作社问题时，农民一脸茫然。② 从合作

---

① 杜海涛：《我国农民专业合作社超130万户、出资总额2.89万亿元》，载《人民日报》2015年11月17日第10版。
② 杨光华、贺东航、朱春燕：《群体规模与农民专业合作社发展：基于集体行动理论》，载《农业经济问题》2014年第11期，第80－86、111页。

社实际运行看，部分合作社表现为"空壳化"①"冬眠状态""名实分离"② 等状况。

合作社在成长中遇到了哪些困难？合作社自身的资源禀赋制约了合作社的发展③④，合作社在其不同的生命周期中都需要政府的支持与引导⑤，合作社发展需要骨干成员来克服集体行动困境⑥，合作社自身的向心力是其发展的内在动力⑦。发展中国家的合作社未能发展，是因为合作社的原则和价值观与这些国家的体制框架不相符。⑧

为什么不同的合作社在绩效方面存在巨大的差异？关键性的区别就是不同合作社在治理方面大不相同。⑨ 合作社本身的资源配置制度存在天然的绩效缺陷⑩，合作社的剩余索取权不能在市场上

---

① 潘劲：《中国农民专业合作社：数据背后的解读》，载《中国农村观察》2011年第6期，第2–11页。

② 熊万胜：《合作社：作为制度化进程的意外后果》，载《社会学研究》2009年第5期，第83–109页。

③ 韩俊、秦中春、张云华、罗丹：《我国农民专业合作经济组织发展的影响因素分析》，载《红旗文稿》2006年第15期，第14–16页。

④ 郭红东、楼栋、胡卓红、林迪：《影响农民专业合作社成长的因素分析：基于浙江省部分农民专业合作社的调查》，载《中国农村经济》2009年第8期，第24–31页。

⑤ 赵国杰、郭春丽：《农民专业合作社生命周期分析与政府角色转换初探》，载《农业经济问题》2009年第1期，第76–80页。

⑥ 任大鹏、郭海霞：《多主体干预下的合作社发展态势》，载《农村经营管理》2009年第3期，第22–24页。

⑦ 任大鹏、李琳琳、张颖：《有关农民专业合作社的凝聚力和离散力分析》，载《中国农村观察》2012年第5期，第13–20页。

⑧ D. W. Attwood and B. S. Baviskar, *Who Shares? Co-operatives and Rural Development*, New York: Oxford University Press, 1988.

⑨ 徐旭初、吴彬：《治理机制对农民专业合作社绩效的影响：基于浙江省526家农民专业合作社的实证分析》，载《中国农村经济》2010年第5期，第43–55页。

⑩ Svein Ole Borgen, "Rethinking Incentives Problems in Cooperative Organizations," *The Journal of Socio-Economics* 33, No. 4 (Sep. 2004): 383–393.

交易,导致激励功能下降①。可以通过划片经营制度、事后奖励机制等措施提高合作社的效率。② 合作社的发展得益于合作社成员彼此间的熟知和相互信任。③ 通过对合作社成员之间的非正式关系进行适当规范是合作社发展的一种手段。④

上述研究成果角度多样、内容丰富,为我们研究合作社提供了基础。

一、合作社问题表现

与工业相比,农业具有弱质性,具有天然的劣势。而农民专业合作社又是以农业为依托成立的经济组织,这为机会主义行为的发生提供了土壤,表现在:一是农业生产活动的分散性与集中监管之间的矛盾,使合作社很难对农户形成强硬约束;二是农产品品质和质量在生产中难以控制、难以鉴别的问题突出,既给买卖双方带来不便也容易引发双方意见分歧;三是农户往往由于生产规模小、违约机会成本低,在市场的冲击下,很可能冲破道德底线,违反法律规定,违背道德良心。⑤

---

① Peter Vitaliano, "Cooperative Enterprise: An Alternative Conceptual Basis for Analyzing a Complex Institute," *American Journal of Agricultural Econnmics* 65, No. 5 (Dec. 1983): 1078–1083.

② 王军:《中国农民专业合作社社员机会主义行为的约束机制分析》,载《中国农村观察》2011 年第 5 期,第 25–32 页。

③ Holger Bonus:作为一个企业的合作联合会:一份交易经济学的研究,见 [德] 埃瑞克·G. 菲吕博顿、[德] 鲁道夫·瑞切特编《新制度经济学》,孙经纬译,上海财经大学出版社,1998。

④ 刘同山、孔祥智:《关系治理与合作社成长:永得利蔬菜合作社案例研究》,载《中国经济问题》2013 年第 3 期,第 3–10 页。

⑤ 胡平波:《农民专业合作社中农民合作行为激励分析:基于正式制度与声誉制度的协同治理关系》,载《农业经济问题》2013 年第 10 期,第 73–82、111 页。

(一) 领办人利用政策侵害农户,获取收益

合作社作为弱者的组织,政府一直予以大力支持,因而通过政府支持获得利益成为部分合作社设立的一大原因。一些合作社发起人或合作社控制者,利用合作社法对设立合作社的"低门槛",借用本村村民或朋友的名义,设立形式合法的合作社组织以获取政府对合作社的各类支持项目、资金等。① 更有甚者,通过非正常渠道获得村民相关资料。为了谋取私利,部分合作社的领办人往往有意设置弹性成员边界,表现在:一方面,扩大合作社边界,即在追求政府资助、寻求项目支持、应付各种考核时,有意扩展自己的社员边界,这时几乎与其有交易的农户都"被社员化";另一方面,缩小合作社边界,当涉及权益分配时,极力缩小社员范围,减少利益外溢。② 当合作社有一定的市场竞争力,能够产生较为稳定的盈利时,部分合作社就会有意设置一些"入社门槛",采取歧视性规制,形成"结构性的排斥机制"。③ 从而违背合作社法精神,将政府给予合作社的资金支持归为己有,而非持股社员则由于丧失控制权,未能获得属于自己的一份合作社盈利和政策性收益。另外,合作社属于法人性质,这就极有可能促使合作社领办人通过虚增出资额,开展不相称的市场业务,引发金融风险。

(二) 扶持政策的倾向性导致合作社分化

国家对合作社支持力度越来越大,涉及范围越来越广,既有

---

① 王勇:《农民专业合作社面临新境况分析》,载《中国农村观察》2012年第5期,第41-46、53、95页。

② 潘劲:《中国农民专业合作社:数据背后的解读》,载《中国农村观察》2011年第6期,第2-11页。

③ 赵晓峰、付少平:《多元主体、庇护关系与合作社制度变迁:以府城县农民专业合作社的实践为例》,载《中国农村观察》2015年第2期,第2-12页。

针对农业大户的补贴，又有针对龙头企业的扶持政策。这虽促使各类经济组织、个人等开办合作社，但结果导致合作社领办人水平参差不齐，合作社规模大小不一。政府的扶持政策在促进合作社大发展的同时，也导致合作社严重分化，特别是公司化倾向突出的合作社，由于其更具有营利能力、市场竞争力和市场影响力，而更容易得到地方政府的青睐，受到地方政府各种项目、政策的支持。结果，那些由农户自己组织起来的合作社难以享受到有限资金、项目等的支持而举步维艰。

（三）农户与合作社短视行为增加合作社运行成本

目前的形势是，部分农村"村将不村"①，传统的"熟人社会"走向"陌生人社会"，农户越来越成为"原子化"单位，每个人都想得到好处而逃避责任，合作社有限的营利空间被高昂的协调成本所耗费②。为了降低组织费用、节约成本，合作社不会积极主动依靠法律或正式制度手段约束违规的社员。合作社的这种消极不作为，进一步加大了社员对其的离心力。相反，如果合作社从设立之初就本着长期发展、合作共赢的发展理念，严格规范合作社行为，对违规社员加以严惩，那么，对于追求个人利益最大化的社员而言，其短视性投机行为就会大大减少，就能够自觉遵守合作社规章制度，维护个人的声誉。

合作社在经营过程中，往往会不自觉地将自身发展作为目标，而忽视了服务于社员这一本质属性，社员业务参与、资本参与、管理参与等角色淡化，社员成为"单向度的人"③，合作社大股东、经营者侵害社员的利益成为常态。后果之一就是合作社成为领办

---

① ［美］黄宗智：《中国乡村研究（第五辑）》，福建教育出版社2007年版，第174页。
② 贺雪峰：《什么农村，什么问题》，法律出版社2008年版，第115-153、130页。
③ 王勇：《农民专业合作社面临新境况分析》，载《中国农村观察》2012年第5期，第41-46、53、95页。

人获取资源的一种手段、一种"门道"①,制度安排的异化使合作社丧失了其存在的本质理由、社员基础和发展动力②。

二、合作社类型与发展趋势

自世界上第一个合作社"罗虚代尔公平先锋社"成立到现在,合作社发展经过了170多年的历史,社会经济已经发生了翻天覆地的变化,其"入社自愿、退社自由、民主管理、公平交易、二次返利"等全世界公认的合作社原则也逐步发生着或多或少的改变。技术革命、信息革命改变了市场参与者的运行方式,合作社也不例外,集中表现在:由传统合作社社员惠顾者身份突出,所有者角色从属于惠顾者,管理者角色普遍而规范,转向社员惠顾者角色、控制者角色分化,而所有者角色突出等特征。

合作社产生的初期阶段,国际经济联系松散,各国内部地区之间虽有联系但相对封闭,市场波动不大,分工和专业化程度不高,组织结构单一。合作社社员惠顾者、所有者、管理者身份合一,属于经典农业合作社模式。也就是说,在传统的经典合作社中,具有以下三个重要特征:一是合作社社员一定是合作社的惠顾者,形成社员与合作社联为一体,共荣共生;二是合作社社员也是合作社的投资者,既确保了社员惠顾者的利益,也确保了交易的公平性和利益的共享性;三是合作社社员能够参与合作社管理,是合作社的控制者,从而保证了整个合作社的运行是为合作社全体社员服务,确保了合作社宗旨的实现。

20世纪80年代以来,世界经济社会发生了革命性的变化。一方面,各国合作社要应对经济全球化的压力,受到国内、国际市

---

① 熊万胜:《合作社:作为制度化进程的意外后果》,载《社会学研究》2009年第5期,第83-109页。

② 孙亚范:《农民专业合作经济组织利益机制及影响因素分析:基于江苏省的实证研究》,载《农业经济问题》2008年第9期,第48-56页。

场的双重冲击，随时都有被资本吞噬的可能。我国非农部门收入的提高，导致对农产品消费结构的转化，绿色产品需求倾向异常明显，对高品质食品要求增加。另一方面，科技进步影响到整个第一、第二、第三产业，农产品从生产到消费者手中的整个生产、运输、销售、消费环节都被彻底改变。农业技术、农产品品种更新、物流配送等改变了传统的经营方式。面对新的情况，合作社也在不断调整和适应这些新的要求，新一代农业合作社应运而生。

新一代合作社通过对其社员数量的限制，稳定了合作社成员，强化了成员彼此之间的长期合作意愿；同时，股份的可转让性，又进一步促进了资源的合理配置，提高了运作效率，减少了"搭便车"行为的发生。

合作社法对"合作社是什么""合作社如何运作""合作社权利如何分配"等进行了规范。其最大特征就是我国的农民专业合作社从一开始就是出资者和农产品生产者双重导向，出资者参与了控制权和剩余索取权的分配。通过十多年的发展，我国合作社实际上成为农产品生产者与非生产者之间形成的"类市场契约关系"。秦愚（2013）更是认为，农产品产业链下游环节中的加工、营销被非生产者控制时，合作社最多只是基于市场基础的合约关系。[①]

（一）合作社类型分析

从实践情况看，我国合作社类型涉及的主体主要包括以下几类：公司、合作社、基层政府、村干部、乡村能人、普通农户等。根据这些主体之间的关系，我们可以将合作社分为以下四种类型：

类型一：公司领办的合作社。这种类型的合作社，更多的是

[①] 秦愚：《中国农业合作社股份合作化发展道路的反思》，载《农业经济问题》2013年第6期，第19－29页。

一种"公司"型合作社①。这种类型的特点表现在：公司具有一定的经济实力，能够为合作农户提供资金、技术、服务等方面的支持。同时，合作社也要求合作农户进行前期必要的投入，通过前期投资约束农户投机行为，以达到长期合作的目的。② 这也决定了合作社"依附"于公司，本质上是公司的原料基地，公司则是合作社的实际控制者。而农户在合作社要么是合作社的股东而非惠顾者，要么仅为合作社的打工者。公司作为领办人的合作社，从一开始，领办人与农户就因悬殊的经济差距而不在一个对话平台，农户在资金、技术、能力等方面处于绝对的弱势地位，自然在利益分配上缺乏话语权，往往成为利益的被剥夺者。③

类型二：基层党组织及村干部领办的合作社。杜赞奇将清末乡村社会中的"国家经纪"区分为"营利型经纪"和"保护型经纪"。"保护型经纪"是乡村社会利益的代表，能够通过文化权威组织资源。④ 可以说，乡村精英一直是影响乡村社会的重要力量。据潘劲等（2014）调查显示，2012年村干部领办的合作社占比近20%，有些地区达到34%。⑤ 这类合作社的创办具有天然的优势条件，基层组织的代理人村干部，可以利用政治优势，组织村民创办合作社。但是，这种合作社也很难做到"所有者与惠顾者同一"这一合作社的本质要求。村干部一方面考虑其政治利益，另一方面也顾及自身的经济利益。他们往往是农业经营大户，具有一定的领导才干，在合作社中担任理事长或理事会成员，是合作社的

---

① 邓衡山、王文烂：《合作社的本质规定与现实检视：中国到底有没有真正的农民合作社?》，载《中国农村经济》2014年第7期，第15-26页。

② 苑鹏：《中国特色的农民合作社制度的变异现象研究》，载《中国农村观察》2013年第3期，第40-46页。

③ 张晓山：《促进以农产品生产专业户为主体的合作社的发展——以浙江省农民专业合作社的发展为例》，载《中国农村经济》2004年第11期，第4-10、23页。

④ ［美］杜赞奇：《文化、权力与国家：1900—1942年的华北农村》，王福明译，江苏人民出版社2010年版。

⑤ 潘劲：《合作社与村两委的关系探究》，载《中国农村观察》2014年第2期，第26-38页。

实际控制人,而普通社员基本没有条件和机会参与合作社的具体决策,这决定了社员在合作社中的剩余索取权水平由发起人的意愿和企业家的能力而定。

类型三:商人领办的合作社。这类合作社与公司领办的合作社有非常大的不同,这类合作社的领办人主要是小微企业。商人之所以要领办合作社,其目的就在于自身规模有限,希望借助合作社来降低自己的经营业务成本,拓展自己的业务范围和市场空间。同时,商人希望借助于合作社得到政府补助、社会捐赠、税收优惠、豁免待遇等,以获得更多的发展机会。在这种模式下,农户与合作社之间呈现一种市场交易关系,个体农户缺少话语权,民主决策原则和交易额返还原则难以落实,很难说农户是合作社的惠顾者、控制者和所有者。

类型四:乡村能人领办的合作社。地方政府在推进合作社的过程中,需要寻找扶持对象。乡村能人了解农民的发展诉求,谙熟当地的行事规则,对市场有较为准确的判断,因此能人领办合作社符合我国实际。这也是应对农村"空壳"化,解决"三留守"人员难以开展农业活动的需要。从实践看,乡村能人是推进合作社发展的重要力量。从国际经验看,发达国家的农民专业合作社大多也是首先由农业生产大户这样的群体发起设立的。

(二)合作社的演进趋势

通过上述具体分析可以看出,合作社是在不同的时期、不同的历史背景下,不断演进的组织。从各国合作社实践看,我们可以发现合作社有以下演变趋势。

趋势一:合作社成员异质化将成为一种必然。作为市场主体,生存与发展是关键,对于合作社而言,也是如此。大市场、小农户是一种客观现实,单个农户很难依靠单打独斗在市场中生存,更谈不上发展。小农经济将在一个很长的时间内存在,正如Allen等(1998)所言,农业生长规律的季节性、自然气候条件对农业的不稳定性以及农业生产监督激励问题，是农户家庭生产优于工厂等团队生产的天然优势条件。[①] 出于生存的考虑，合作社成为小农一种可能的生存选择。合作社依靠谁来组织，依靠谁来发展，就必须解决激励不足的问题，而合作社社员的异质化成为当前合作社能够设立、发展的前提条件。

在合作社中，必然有骨干社员与普通社员之分。普通社员让渡其在合作社中的治理权，而分享合作剩余。同时，骨干社员虽然拥有更多的话语权，但也要承担与之相应的风险。所以，不同层次的社员心中都有一个衡量公平与否的尺度，正是这种看似不公的背后隐藏的是一种实质性的公平。遵循经济规律，拥有较高股权将会激励骨干社员从合作社的长期利益出发行事，避免短视行为的发生，这也给普通社员以信心。当合作社出现任何波动时，全体社员都会全力以赴，甚至牺牲个人利益，通过共同合作来维护合作社利益。

趋势二：合作社从互助走向互惠。合作社是弱者面对来自外部各方强大压力下，特别是对资本的一种对抗，通过联合实现自救而组织起来的经济体。合作社是有着共同利益、共同信仰和共同追求的群体的联合。从实践看，我国合作社中农户不仅基于自身利益，而且是根据与他人收益的比较来权衡自己的行动[②]，不是出于集体主义角度，更不是对出于个体弱势群体的共同利益的追求。

我国小规模家庭农业将会延续一个很长的时期。农产品难卖问题突出，农户关注的是如何按照一个合理的价格出售农产品，农户与合作社合作的根本原因就是解决出售问题。这也使得合作社的身份矛盾突出，表现出内在共同体属性逐渐淡化，企业属性愈发明显，社员从互助走向互惠。社员缺乏理想信念、合作精神，而更多考虑的是自己的利益是否能够保障，自己能不能得到回报

[①] Douglas W. Allen and Dean Lueck, "The Nature of the Farm," *The Journal of Law and Economics* 41, No. 2 (1998): 343-386.

[②] 贺雪峰：《什么农村，什么问题》，法律出版社2008年版，第115-153、130页。

的问题。合作社从互助到互惠的转变，使得合作的天平出现倾斜，弱势成员的利益就很难得到保障。

趋势三：合作社产权安排趋于股份化。欧美国家出现的资本外联型合作社和投资者股份合作社，已经完全突破了传统合作社原则，逼近 IOF（Investor-Oriented Firm，投资者导向企业）。[①] 当前，我国农业处于"半工半耕"过密型农业状态，同时，农产品消费结构也由以粮食为主转向"粮食—肉鱼—蔬菜水果"型消费模式[②]。这一转变要求更高的农业社会分工服务体系，而这是需要大量资本的。合作社是一种劳动支配资本，而不是资本支配劳动的经济组织，"资本报酬有限"原则实际上限制了外部资本投资于合作社，成为制约合作社发展的一大因素，也使合作社"对内服务，对外营利"的目标难以实现。

突破局限的方式就是如何融资。在实践中，社员入股除为资格入股外，更多的是作为投资股金。在治理结构中，通过偏于大户、企业或外部组织主导型股份化，通过剩余索取权和剩余控制权达到激励的目标。这将在未来一个相当长的时期内不会发生根本性改变。虽然，这种趋势与合作社所信奉的原则存在一定的差异，但应该讲，这一变化至少对合作社自身发展而言，是一种适应[③]。这种变异已经发生，成为合作社初级阶段最突出的特征。[④]

趋势四：合作社演进受到多种因素的交织影响，其发展结果具有不稳定性。合作社不是一个封闭的组织，而是一个嵌入在一定社会背景当中的组织，受到经济、社会、文化、习俗等各种因

---

① 吴彬、徐旭初：《合作社治理结构：一个新的分析框架》，载《经济学家》2013 年第 10 期，第 79-88 页。

② ［美］黄宗智：《中国乡村研究（第六辑）》，福建教育出版社 2008 年版，第 267-287 页。

③ 徐旭初、吴彬：《治理机制对农民专业合作社绩效的影响：基于浙江省 526 家农民专业合作社的实证分析》，载《中国农村经济》2010 年第 5 期，第 43-55 页。

④ 苑鹏：《中国特色的农民合作社制度的变异现象研究》，载《中国农村观察》2013 年第 3 期，第 40-46 页。

素的综合影响。合作社法的不规范，在某种程度上放任合作社适应市场，任其自然生长。我国合作社的社会性、地方性特征非常明显，相似的组织框架内化出不同的实践模式，体现出"环境适应性的合作社"的特点[1]。

合作社的不稳定性，也与其自身游离于"市场—科层"的治理结构有关。随着国际经济一体化，市场日益复杂多变，合作社将会在共同体属性与企业属性之间摇摆，各种冲击都可能改变合作社演变的方向。"适应性效能，而不是配置性效能是长期经济增长的关键"[2]，我们对合作社的认识，也应该将其放到一个市场环境当中，从其内部有没有效率的角度思考，而不是一味地强调外部效率。

三、政策启示

到底该如何看待我国当前合作社的发展，如何看待它的潜力与不足，我们都面临一个客观的现实，就是中国的小农经济在相当长一段时期内都不会彻底改变。也就是说，政府政策将起到关键性作用。

合作社作为一种制度安排，是弱势群体的一种互助组织，合作社的原则与宗旨是保护好农户利益，促进农业现代化发展。合作社天然的外部经济性，特别是对于规模弱小、资本缺乏的合作社而言，外部扶持绩效显著。创造一个规范的农产品市场环境，保持一个连贯性的政策体系，能让农户能够形成一个稳定的市场预期，自觉自愿加入合作社。

"向农民投资"，向中国小农进行教育投资，加大农业政策和

---

[1] 任大鹏、李琳琳、张颖：《有关农民专业合作社的凝聚力和离散力分析》，载《中国农村观察》2012年第5期，第13－20页。

[2] 黄祖辉、扶玉枝：《合作社效率评价：一个理论分析框架》，载《浙江大学学报》（人文社会科学版）2013年第1期，第73－84页。

合作社法律法规的宣传力度，以提高小农的合作意识、议事能力、管理能力、对环境的反应速度。社员的合作精神、合作意识、合作知识和合作传统对合作社而言至关重要①，不可忽视。

建立健全公平、公正、透明的项目评审机制、评估机制和奖罚机制。做到扶持合作社而不是扶持投机商人，扶持农业而不是扶持资本，扶持广大农户而不是扶持少数非农户。特别是在我国家庭承包制的基础上，各类政策、项目、资金应向农户倾斜，赋予农产品生产者话语权。应创造条件，为农业生产大户、专业农户提供空间，尤其是要发挥农村中的"中农"阶层参与合作社的积极性，这样，中国农业合作社才有希望和未来。

通过对法律法规宣传教育、项目扶持、税收优惠，强化合作社规范建设，努力保障合作社社员惠顾者、投资者、管理者三者的同一，对非社员身份的管理人员及职工参与经营予以保障。同时，为了防止资本垄断，应严格遵循资本报酬有限原则，对社员返还后的分红额度限制在较小范围内②。

营造良好的社会文化环境，注重合作社软环境建设。合作社是嵌入在一定的社会经济当中的，好的非正式制度为合作社的发展提供了"地利"与"人和"。首先，合作社应该不失时机地为当地社区提供发展的必要资源，赢得民心，达到农户对合作社的认同和支持；其次，树立标杆社员，让标杆、榜样成为合作社与普通农户沟通的桥梁，更节约、更有效地开展合作社的各项业务活动；最后，通过发挥地方性文化的积极因素，鼓励农户合作，真正让讲诚信、讲合作成为主流，使声誉、信誉深入人心，这样，合作社才能够发展起来。

---

① 黄祖辉、扶玉枝：《合作社效率评价：一个理论分析框架》，载《浙江大学学报》（人文社会科学版）2013年第1期，第73–84页。

② 夏冬泓、杨杰：《合作社收益及其归属新探》，载《农业经济问题》2010年第4期，第33–40页。

第十一章　中国家庭农场发展创新研究

本章首先界定什么是家庭农场，认为家庭农场是以家庭劳动力为主、规模适度、生产稳定、一业为主的农业经营主体。其次，分析认为农户阶层化为家庭农场产生提供土壤，规模经济成为家庭农场产生的动力源泉，行政推力加速了家庭农场的形成，农村剩余人口与食物消费结构的转变为家庭农场提供了发展机遇。再次，通过八个方面分析发展家庭农场的契合性，从四个方面探讨制约家庭农场的不利因素。最后，提出通过制度创新鼓励家庭农场经营化规模，通过金融服务破解家庭农场资金短缺问题，培养职业农民为农业发展提供主体支持，构建合理的社会服务体系支撑家庭农场的发展，创新家庭农场与小农户、合作社、工商企业的有效对接等，来构建一个以家庭农场为基础的新型农业经营体系。

党的十八大提出要"构建集约化、专业化、组织化、社会化相结合的新型农业经营体系"。尔后，中共十八届三中全会通过的《中共中央关于全面深化改革若干重大问题的决定》提出，"加快构建新型农业经营体系，坚持家庭经营在农业中的基础性地位，推进家庭经营、集体经营、合作经营、企业经营等共同发展的农业经营方式创新"。学界对此进行了深入的讨论，拓展了我们对新型农业经营体系的理解。

如何构建我国新型农业经营体系，学者们对此进行了广泛的探讨。通过实施"小承包大经营"的方式，将土地进行适当集中，培育、发展"中农"阶层。① 重点处理承包经营农户与新型农业经营主体的相互关系。② 新型职业农民是农业规模经营乃至农业现代化的重要推动力量。③ 在新型农业经营体系构建中应注重各经营主体之间要素的融合。④ 家庭联产承包制和农业集体化都不能解决"三农"问题，只有家庭规模经营才是正确的方向。⑤ 家庭经营的广泛适应性，是以产权分割与农事活动的分离为前提的。⑥ 特别是要激活政府农业科技推广体系，鼓励民间组织为农民服务，拓展涉农企业服务范围。⑦

总体而言，针对当前的农业发展，学界达成以下几点基本共识：一是新型农业经营体系构建的关键在于政府的政策引导与支持；二是达到适度规模是新型农业经营主体的基本标准；三是农业分工体系建设，专业化发展是方向。

一、什么是家庭农场

构建新型农业经营体系，首先是对其经营主体的培育。而家庭农场是今后一段时期最主要的一大主体。学界对家庭农场的概念还存在分歧，各地也对家庭农场给出了不同的界定标准，我们认为，作为家庭农场应符合以下三个方面的条件。

---

① 邓大才：《"小承包大经营"的"中农化"政策研究——台湾"小地主大佃农"制度的借鉴与启示》，载《学术研究》2011年第10期，第80－86页。

② 陈锡文：《把握农村经济结构、农业经营形式和农村社会形态变迁的脉搏》，载《开放时代》2012年第3期，第112－115页。

③ 夏益国、宫春生：《粮食安全视阈下农业适度规模经营与新型职业农民：耦合机制、国际经验与启示》，载《农业经济问题》2015年第5期，第56－64、111页。

④ 蔡海龙：《农业产业化经营组织形式及其创新路径》，载《中国农村经济》2013年第11期，第4－11页。

⑤ 黄云鹏：《农业经营体制和专业化分工——兼论家庭经营与规模经济之争》，载《农业经济问题》2003年第6期，第50－55页。

⑥ 罗必良：《农业经营制度的理论轨迹及其方向创新：川省个案》，载《改革》2014年第2期，第96－112页。

⑦ 王征兵：《论新型农业经营体系》，载《理论探索》2016年第1期，第96－102页。

1. 家庭劳动力为主

家庭农场就是组织家庭劳动力作为经营单位，从事农业生产活动。农业农村部及上海、吉林、陕西等有关部门都规定家庭农场不允许有长期雇工，但可以有短期雇工。我们认为，家庭农场雇工的规定符合我国现实。一是由于目前我国尚有2.6亿农户，而家庭农场是在其基础上发展起来的，可通过农业内就业来提高收入；二是避免增加家庭农场成本和经营管理费用，避免农业收入下降。

我国的国情决定了在任何时候农民都处在"三农"的核心地位，培养新型农业经营体系，不单是发展农业生产，而且是要增加农民收入。将农民排斥在农业之外的农业现代化，带来的不是社会稳定，而是社会混乱，不是农民富裕，而是农民的贫困。因此，发展家庭农场就是要解决农民的就业问题，更多地将其吸纳到农场中来。

2. 规模适度

从欧美国家家庭农场的发展看，其规模可分为大、中、小型家庭农场。我国发展适度规模家庭农场是对人多地少现实的应对。家庭农场不同于小农经济的一个重要区别就是，土地规模较大、集约化水平较高，能够完全吸纳家庭劳动力。只有达到一定的规模，才能够融合现代农业生产要素，具备产业化经营特征。当然，由于各地自然条件、种养殖状况的不同，规模适度是一个有弹性的尺度。如在陕西关中家庭农场，粮食种植土地规模大约在100亩以上，种植蔬菜土地面积在20亩以上。① 对土地规模进行限制，可以避免农民的土地权益受到外来资本的侵害，避免农地被违规违法用于非农业目的，保护农村以村庄为基础的社会形态的稳定，保持农民家庭在农业经营中的主体地位。②

---

① 王征兵：《论新型农业经营体系》，载《理论探索》2016年第1期，第96–102页。
② 陈锡文：《把握农村经济结构、农业经营形式和农村社会形态变迁的脉搏》，载《开放时代》2012年第3期，第112–115页。

3. 生产经营的稳定性，一业为主

家庭农场应该是按照专业化水平，专注于一个产业。这是因为，家庭农场人、财、物有限，稳定在一个产业就能避免因业务过多而导致效率下降、资源浪费。我们认为，稳定在一个产业，既是社会分工的需要，也符合我国农业家庭的现实要求。

二、家庭农场形成背景

（一）农户阶层化，为家庭农场产生提供土壤

自改革开放以来，农村劳动力大量流出农业，职业分化日趋明显，社会分层成为农村一个显著特征。以至于我们今天在谈论"农民"时，不得不问谈论的是哪类农民，什么地方的农民等。根据家庭收入结构、收入水平等因素，我们大致可以将农户家庭分为如下三类。其中，每一类农户都有各自不同的利益诉求，而这些不同的利益诉求，直接影响到其对农业经营方式的选择。

类型一：纯农户。这类农户又可以分为两类。一类是专业大户，他们主要是种植大宗农产品、经济作物或者从事养殖，其最大特征就是经营规模较一般小农要大，主要依靠家庭劳动投入，家庭收入主要依靠农业收入。他们主要通过流转其他农户的土地，发展农业，获取收入，成为农村的新兴阶层，是国家土地制度和现有政策的最大受惠者，他们最关心国家的农村政策。另一类是农业小户，这类农户往往由于家庭劳动力不足，人力资本素质不高，很难在农业外就业。这类农户的最大特征就是依靠自己承包的土地维持生存，或者租借邻里或亲朋好友的部分土地。其中一部分农业小户为村庄的贫困户。

纯农户不论是大户还是小户，由于长期生活在农村，对农村有着深厚的感情，土地是他们赖以生存的最大资本，因此，国家政策对他们的影响最大，他们也最为关心农村的发展。同时，他

们也是农村最为重要的群体,是维护乡村社会的传统与秩序、开展新农村建设的最大拥护者和支持者。农业大户如果能够得到正确的引导、支持就有可能发展为家庭农场。

类型二:半工半耕户。这类群体是我国农业生产的主体部分,他们既需要依靠土地作为生活的最低保障,又需要外出务工经商来获得货币收入,维持一个较为体面的生活。正如贺雪峰(2010)所言,离开务工收入和务农收入中的任何一项,农民都会比较困窘,这是我们理解农民行为的一个关键。① 这类农户往往是遵循家庭劳动力的"代际分工",即年老的父母在家务农,年轻的子女外出务工,或是丈夫在外打工,妻子在家种田、照顾老人孩子。

这类农户可分为两类,一类为"心向内"的半工半耕户,即他们心在农村,关心农村发展,重视维系与农村的社会关系。他们一般是上有年迈父母,下有未成年子女的家庭。他们认为,"打工无前景",自己迟早要回到农村,依靠农业维持后半生。一旦自己不再年轻,不能依靠体力获得农业外收入就无工可打。② 因此,他们对国家的农村政策比较关心,同时,对自己经营的土地也不愿流转出去。另一类为"心向外"的半工半耕户,即他们依靠自身能力在外务工经商,能够获得一个较为满意的收入,能够长期生活在城市,不打算回到农村生活,同时,希望子女脱离农村。对他们而言,农业收入可有可无,但又不愿放弃对土地的承包经营权。

在建构新型农业经营主体中,"心向内"农民就有可能成为回乡创业、发展家庭农场的职业农民;对于"心向外"农民,如果能够采取有效措施,他们就可能将所经营的土地流出,为家庭农场发展提供土地支持。

---

① 贺雪峰:《地权的逻辑:中国农村土地制度向何处去》,中国政法大学出版社2010年版,第36页。

② 贺雪峰:《地权的逻辑:中国农村土地制度向何处去》,中国政法大学出版社2010年版,第36页。

类型三：离农户。离农户就是不在村的农户，他们已经完全脱离农业，但在农村还有承包的土地。他们基本隔断了与农村的社会关系，不关心村庄的发展，村庄对他们而言，已经不再是一种牵挂。由于在城市能够有较高收入，他们把土地作为资产对待，预期土地将来能增值，因而不愿放弃对土地的承包权，即便是经营权也往往不愿放弃，成为阻碍农地规模化的一大群体，而这类群体的规模却在不断扩大。

要让这类群体转出土地，一方面，需要完善农村土地政策，另一方面，需要改善其在城市的就业环境，提供平等的公民待遇，这样才能将其永久性地转出农业，推进新型农业体系的建构。

（二）规模经济，成为家庭农场产生的动力源泉

经营适度规模的土地是家庭农场的重要特征，通过流转土地获得规模报酬是家庭农场的生成动力。

第一，当农民融入市场，由于其所掌握的资源不同，所从事的行业各异，原来同质性的农民开始走向分化，由此带来其对所承包土地的价值的不同认识，进而导致经营农业农户走向分化。尤其是2006年后，国家对农业的政策支持，使经营农业发家致富成为可能，不同农户在农地上的收益差距越来越大，土地开始向部分人手中转移。①

第二，农业技术、农机装备日新月异，使规模经营提高效率成为可能。家庭农场得以生成的一个重要因素就是农业技术进步，特别是农业机械化起着至关重要的作用。农业机械化过程伴随着土地经营规模不断扩大的过程。家庭农场通过购买农业机械，一方面，减少对劳动力的雇佣，可以应对不断上升的雇工成本；另一方面，降低了因雇工而产生的监督费用。另外，农业专业社

---

① 杨华：《农村阶层分化：线索、状况与社会整合》，载《求实》2013年第8期，第91-96页。

化服务组织的出现,也降低了家庭农场资金投入,使得规模较大的农户更加快速地演化为家庭农场。

第三,各类资本流入农业领域成为家庭农场产生的重要推手。市场经济规律决定了资本在各个产业之间的流动。当前,由于政府政策的支持,农业投资环境得以改善,农业投资成为一个诱人的投资领域,因此,各类资本开始纷纷向农业领域流入,出现"资本下乡"的现象。表现在:一是外来工商业资本下乡圈地,这些资本凭借其资金优势流转大量土地,成为推动农业经营转型的一大因素。这些资本雄厚的企业,通过与农户进行"转租代包""订单农业"等形式,在资金上扶持部分农户,促进其扩大经营规模。如果没有公司的支持,单单资金问题就成为单个农户无法逾越的障碍。二是外出打工经商的农户,经过艰苦奋斗积累了一定量的资本,开始投资农业,成立家庭农场。这类农场具有多重意义,一方面,促进了现代农业发展,使其获得一个较高的家庭收入以及生活的幸福感;另一方面,这类家庭农场的成员其生产、生活、社会关系都在农村,他们关心村庄发展,是农村社会秩序的维护者,是村组干部和农民的代言人。三是农户通过农业内资本积累而发展为家庭农场。农村的种田能手、专业户通过不断努力,逐步积累资本,扩大经营规模,同时,依靠其长期在农村积累的社会关系,获得各方支持,逐步演化为家庭农场。①

(三)行政力量的推动,加速了家庭农场的形成

1978年以来,中国农业发生了巨大的变化。1982年、1983年中央分别提出培养"专业户""自营专业户""承包专业户"。到1984年、1985年中央提出"鼓励土地逐步向种田能手集中"。2011年提倡"引导土地承包经营权流转"。党的十八大提出"构建

---

① 蔡海龙:《农业产业化经营组织形式及其创新路径》,载《中国农村经济》2013年第11期,第4—11页。

新型农业经营体系"。随后的2013年、2014年、2015年都强调新型农业经营体系的构建。农村社会和农业生产方式发生了深刻的变化。截至2014年年底,全国家庭承包耕地流转面积4.03亿亩,流转面积占家庭承包经营耕地面积的30.4%。①

国家的农业政策,在微观层面得到了各级政府官员、相关部门的积极配合。特别是县级和县级以下政府涉农部门都积极响应,扶持各类新型农业经营主体。对投资农业的主体而言,可以获得国家的资金、政策支持,何乐而不为;对基层政府及其代理人而言,之所以积极执行、配合,与其部门利益和个人的私利有关。即便是村组干部也在通过乡土方式推进土地流转,往往通过"说人情""算笔账"等方式说服农户流转出土地。②

（四）农村剩余人口与食物消费结构的转变,为家庭农场的产生提供机遇

正如黄宗智（2016）所指出的,中国农业正处于三大历史性变迁的交汇处,即在中国的食物消费中,粮食、蔬菜与肉食的结构比正在从传统的8∶1∶1转向4∶3∶3的模式。③这一转化,契合了中国人多地少,家庭农场可以实现"精细化"作业的要求。谷物种植面积所占比例为总播种面积的56%,而其产值只占农业总产值的15%,与此相对应,高值农产品产值增加到85%。④据调研发现,种植100株脐橙（2亩）,一个壮年劳动力就能完全就

---

① 农业部农村经济体制与经营管理司、中国社会科学院农村发展研究所:《中国家庭农场发展报告（2015年）》,中国社会科学出版社2015年版,第4页。

② 陈义媛:《遭遇资本下乡的家庭农业》,载《南京农业大学学报》（社会科学版）2013年第6期,第24—26页。

③ 黄宗智:《中国农业面临的历史性契机》,载《读书》2006年第10期,第118—129页。

④ 黄宗智:《"家庭农场"是中国农业的发展出路吗？》,载《开放时代》2014年第2期,第176—194、9页。

业;① 经营蔬菜 30 亩以下规模就可以使得经营家庭农场的农户家庭与城市家庭的平均水平相当。②

农村剩余人口为家庭农场雇工提供灵活、廉价的劳动力。我国城市化率已达 50% 以上，农村劳动力流转了一半，但农村土地流转率很低，2012 年年底为 21.2%，这说明农村尚有大量劳动力需要转移。家庭农场可以根据经营需要，灵活、廉价地雇佣到适量的雇工。这些雇工往往是一些经营少量土地、未能充分就业的农民，为了增加家庭收入而选择出卖劳动力。还有一些是没有土地，在家无事可做的老年人或妇女。这些人生活在村庄，为家庭农场提供了一个可以随时雇佣到雇工的劳动力市场。③

三、发展家庭农场的契合性

截至 2017 年年底，我国家庭农场数量超过 87.7 万户，其中，纳入农业部门名录管理的家庭农场达到 44.5 万户。④ 这说明，发展家庭农场契合了我国"三农"发展的需要，家庭农场是我国构建新型农业经营主体的一个关键主体。

（1）家庭农场的发展，稳定了农业生产。农业问题不仅仅是一个经济问题，更是一个政治问题，关系到中国 14 亿人口的生存问题。像我国这样的人口大国，不能指望通过世界市场来解决吃饭问题，必须依靠自身力量，达到粮食自给。目前的状况是，农户由商品生产者逐步转变为自给自足者，退出了农产品市场的供

---

① 陈柏峰：《土地流转对农民阶层分化的影响：基于湖北省京山县调研的分析》，载《中国农村观察》2009 年第 4 期，第 57－64、97 页。
② 党国英：《家庭农场应避免急于求成》，载《人民日报》2013 年 2 月 19 日第 5 版。
③ 孙新华：《强制商品化："被流转"农户的市场化困境——基于五省六地的调查》，载《南京农业大学学报》（社会科学版）2013 年第 5 期，第 25－31 页。
④ 杜志雄：《家庭农场发展与中国农业生产经营体系建构》，载《中国发展观察》2018 年第 C1 期，第 43－46 页。

给,严重威胁到国家粮食安全和重要农产品供给。① 而农业企业的比较优势在于农业生产的产前和产后环节而非产中环节,如果让其进行大宗农产品的生产,则不利于土地产出的提高,不利于国家的粮食安全。而农业专业合作组织依托家庭承包经营,服务社员,实现互助。家庭农场的优势在于农业生产环节,通过培育发展家庭农场,将农业生产产业化,改变目前农业经营状态,促进粮食生产稳定,这是我们的必然选择。

(2)家庭农场降低了监督费用,提高了劳动效率。相比于工业生产而言,农业经营活动具有三个特征:一是农业生产活动的分散性与集中监管之间的矛盾;二是农产品品质、质量在生产中难以控制与难以鉴别并存;三是农户往往由于生产规模小,违约机会成本低,在市场的冲击下,很可能冲破道德底线,违反法律规定,违背道德良心。家庭农场能够克服以上矛盾,将劳动的质量与最终的劳动成果及其分配直接联系起来,降低各种管理费用,同时,也因为自身固定投入的增加,降低了机会主义行为,从而提高其市场信誉。

(3)家庭农场摆脱了农业低收入,确保了农业的可持续发展。集约化是现代农业的首要特征,它是对传统粗放经营模式的替代。家庭农场通过聚集一定的生产要素,达到适度经营规模,从而能够保证新技术、新品种等的采用,进而提高资源配置效率,降低生产成本,达到增加收入的目的。家庭农场对新型农机农技的广泛使用,在很大程度上减轻了农业劳动的辛苦程度,从而提高从业人员的生产热情。这样,家庭农场就有可能稳定住生产主体,即农业要能够可持续发展,就必须有人愿意从事该行业,就必须保障其从事农业收入不低于或略高于外出务工收入,② 同时,满足

---

① 胡泊:《培育新型农业经营主体的现实困扰与对策措施》,载《中州学刊》2015年第3期,第45-48页。

② 夏益国、宫春生:《粮食安全视阈下农业适度规模经营与新型职业农民:耦合机制、国际经验与启示》,载《农业经济问题》2015年第5期,第56-64、111页。

人们对一定工作条件的要求。

（4）家庭农场克服了土地细碎化，激活了土地配置效率。家庭农场通过土地流转，将不愿种田、不会种田、不能种田的农户所承包的土地集中起来，整合资源，发展适度规模经营。这样，一方面，可以实现经营的规模化、生产服务的专业化，提高农民单位面积盈利能力；另一方面，提高土地转出者的收入，让其可以安心在外务工经商。

（5）家庭农场增加农业内就业，提高农民的福利感受。家庭农场最大的特征就是以家庭成员为主要劳动力从事农业生产经营活动。相对于外出务工而言，家庭成员能够生活在一起，避免了夫妻之间、父母与子女之间的别离之苦，通过共同劳动，增进家庭成员的感情，提高劳动的效率。

（6）家庭农场利用技术市场的可分性，提高专业化水平。专业化水平的提高，需要以一定的经营规模为前提。市场分工延展了农业产业链，通过产前、产中、产后专业化服务，大大提高农业产出效率，增加产品附加值，降低各个市场主体的风险，保证农业的健康发展。

（7）家庭农场更易于拓展农业内涵，发挥农业多功能作用。家庭农场以适度规模为基础、家庭成员劳动为主体，按照企业化管理，市场化经营。① 这使得家庭农场能够采取灵活多样的形式经营农业。而农业的基本功能除了解决传统的吃饭问题外，还有多种功能，如政治、社会、生态与文化等。家庭农场恰恰利用其自身的灵活性，发展适合地域、产品、习惯等特征的服务项目，如休闲观光农业、乡村旅游农业、体验农业、文化农业、都市农业等多功能农业。这样，不仅丰富了人们的生活，提高了农业的附加价值，而且拓展了农业范围，延长了农业产业链，平抑了农业

---

① 张秀生、单娇：《加快推进农业现代化背景下新型农业经营主体培育研究》，载《湘潭大学学报》（哲学社会科学版）2014年第3期，第17-24页。

经营环节风险。

（8）家庭农场将扭转农村的"空壳化"现象，是农村的建设主体和社会的稳定器。如前所述，农村劳动力离开农村流入城市，随之而来的是大量人、财、物的外流，农村社会呈现出"空壳化"现象。家庭农场是新时期农村的建设主体。这是因为家庭农场的成员长期生活在农村，依靠农业发家致富，他们的所有生产生活都与农村紧密相连。他们有较为充裕的资金，对农民生产生活利益诉求最为了解，能够施展自己的财力和才能建设农村，是农村的中坚力量。同时，他们也是传统乡村社会道德伦理的捍卫者，他们通过参与农事活动，参与农村政治、文化等活动，完成对乡村伦理与生活的重构。①

四、家庭农场生成的制约因素

从我国家庭农场的生成机制看，小规模家庭经营是家庭农场生成的基础，家庭农场是我国构建新型农业经营体系重要的经营主体。从当前农业经营来看，还存在诸多不利因素，制约着家庭农场的产生与发展。

（一）家庭农场农地流转困难

从我国的现实情况看，尚有7亿农民生活在农村，2亿农民进城打工，由此形成的"半工半耕"结构在一个相当长的时期当中将会一直存在。由此也就决定了农村经济和政治社会生态。②

一是对于难以走出农村进入城市、过上城里人体面生活的农户而言，自家承包的土地具有非常重要的生存价值，是他们最基

---

① 杨华：《农村土地流转与社会阶层的重构》，载《重庆社会科学》2011年第5期，第54－60页。
② 杨华：《中国农村的"半工半耕"结构》，载《农业经济问题》2015年第9期，第19－32页。

本的生存保障和社会保障，他们不会轻易放弃和流转出去。这就使得希望通过土地流转获得规模经营的农户难以获得发展农业的基本生产资料。

二是尽管农户社会分化越来越显著，但仅有不到10%的农户完全脱离农业生产经营活动，其余90%以上的农户要么属于"半工半耕"家庭，要么属于纯农户家庭。也就是说，对土地流入的需求大于土地流出的供给。现实的情况是，一方面，农户分化后，土地流转成为现实要求；另一方面，每户所承包的地块是分散的，这就给土地集中统一流转、实现规模化经营带来极大困难。

三是我国尚未建立起一个规范化的农地流转市场，因此，土地流转交易费用较高，即便部分农户希望通过市场价格流入土地，但农民"生存理性"逻辑，也使得这样的流转成为不可能。

（二）"资本下乡"对家庭农场的冲击

在政府积极推进农业新型经营主体过程中，大量工商企业下乡流转土地的热潮逐渐升温。这些资本不仅集中在农业生产的产前、产后环节，也开始进入农业生产领域。截至2012年年底，工商企业流转土地达2800多万亩，占全国流转总量的10.3%，至2013年年底，工商企业流转面积又增长了40%。[①]

"资本下乡"对家庭农场成长有诸多不利影响，表现在以下三个方面。

一是部分小农难以为继。由于工商业资本较大，在土地流入时需要一定的土地面积和一个长期的流转合同。我国农村农户土地的分散性以及农户的分化，使得工商业资本流入的土地不仅为外出务工农户的土地，而且要流入"半工半耕"农户、纯农户以及贫弱户的耕地。这就使得部分农户失去农地，他们被迫离开土

---

① 孙新华：《强制商品化："被流转"农户的市场化困境——基于五省六地的调查》，载《南京农业大学学报》（社会科学版）2013年第5期，第25-31页。

地，外出寻求出路。

二是随着资本在农业领域的不断延伸，独立的农户越来越多地失去自由，他们被吸纳到商业资本的控制之下，小农户越来越处于不利地位，从而失去独立，利润随之流向商业资本。小农户兼具小资产者和无产者的双重身份，事实上具有"半无产者"的特征。①

三是在政府的助推作用下，资本挤出了成长中的家庭农场。一方面，家庭农场在与工商业资本竞争中处于劣势地位。工商业资本往往通过村委会来获得大规模的土地，而家庭农场没有实力做到这一点。另一方面，工商资本进入农业领域提高了土地流转价格。2014年，家庭农场流转土地每亩租金501.1元，比2013年上涨5.3%。② 在利益的诱因下，亲戚邻里之间流转土地的情况减少，这也使得家庭农场发展受到阻碍。

（三）家庭农场融资困难

作为市场的参与者，成长中的家庭农场都有进一步扩大经营规模、获得进一步发展的内在动力。而土地流转、地块整理、添置农机设备、改善生产设备等都需要大量资金投入。但对于家庭农场而言，仅仅依靠自身资本，往往是不足以应付的。如河北省9162个家庭农场中仅有767个家庭农场获得贷款支持，这样的力度是远远不能满足需要的。③

之所以出现农业融资困难：一是与家庭农场作为一个新生事物，法律地位不明确有关；二是与我国农地使用权抵押制度性困

---

① 武广汉：《"中间商+农民"模式与农民的半无产化》，载《开放时代》2012年第3期，第100－111页。
② 农业部农村经济体制与经营管理司、中国社会科学院农村发展研究所：《中国家庭农场发展报告（2015年）》，中国社会科学出版社2015年版，第7页。
③ 农业部农村经济体制与经营管理司、中国社会科学院农村发展研究所：《中国家庭农场发展报告（2015年）》，中国社会科学出版社2015年版，第4页。

难有关;三是家庭农场属于农户家庭经营,内部管理不符合银行对其贷款要求;四是从银行角度看,农村金融服务不足现象突出,这与农村金融业务分散、业务繁琐、监管难度大等有关。

(四)农业配套服务不健全

进入21世纪以来,政府对农业基础设施资金投入不断增加,但由于我国农业基础设施落后,需要解决的问题太多,有限的财政资金在短时间内不能满足新型农业经营体系的要求。农业基础设施年久失修,设计标准落后,配套不完善,特别是土地不平整、耕地道路硬化等问题突出。

家庭农场在农业经营过程中,处于分工的一个环节,其前后项规模过小,需要建立一个健全高效的社会服务体系来对其加以保障。从目前我国社会化服务体系来看,农业技术推广、动植物疫病防控和产品质量监控等与现代农业要求还有很大差距。

五、家庭农场成长的途径选择

(一)创新制度,鼓励家庭农场扩大经营规模

我国农地产权的流转,不是承包权的转移,而是引导农民出让经营权和生产操作权,实现经营权与所有权的分离。同时,随着技术的可分性与中间品市场的发育,农地的产权还可以不断细分,以此来提高农业经营效率。[①] 具体可以从以下四个方面进行考虑。

一是健全农村社会保障体系,较大幅度地提高农村的最低生活保障标准和农村合作社医疗保障水平,解决农民的后顾之忧,

---

① 罗必良:《农业经营制度的理论轨迹及其方向创新:川省个案》,载《改革》2014年第2期,第96-112页。

降低土地对农民的社会保障职能。①

二是加大土地租金补贴政策，对家庭农场所租土地进行补贴，降低租赁土地的成本，激发租赁者扩大经营规模。同时，对转出土地者也进行补贴奖励，鼓励他们离开农业，这样可以加速他们转出土地的意愿，降低土地流转的阻力。

三是不管是家庭农场还是农业企业等经营主体，承租土地必须用于农业生产活动，不得改变土地的农业用途，违者将被予以严厉的惩罚。这样可以避免农民的土地权益受到外来资本的侵害，保护农村的社会形态，保持农民家庭在农业经营中的主体地位。②同时，鼓励各种土地整合方式，如农户之间的"互换并地"、土地股份合作、工商企业租赁农户承包地等。③

四是建立健全县、乡、村三级土地流转服务体系④，在政策框定下开展土地平稳流转。通过土地确权登记，完善土地承包经营权，打消各种流转顾虑，推进农村土地有序流转。

（二）完善金融服务，破解家庭农场资金短缺问题

我国新型农业经营主体发展尚处于初级阶段，特别是家庭农场，更是受到资金短缺的困扰，贷款难问题是急需解决的大问题。由于家庭农场经营规模有限，缺少可以用于贷款的抵押担保资产，导致其贷款额度受限。另外，家庭农场的管理模式也难以符合银行的贷款要求。加之农村开展金融业务交易费用高昂，银行为降低管理成本，避免系统性风险发生，就会提高贷款门槛，这都成

---

① 张秀生、单娇：《加快推进农业现代化背景下新型农业经营主体培育研究》，载《湘潭大学学报》（哲学社会科学版）2014年第3期，第17-24页。
② 陈锡文：《把握农村经济结构、农业经营形式和农村社会形态变迁的脉搏》，载《开放时代》2012年第3期，第112-115页。
③ 宋洪远、赵海：《构建新型农业经营体系，推进经营体系创新》，载《团结》2013年第1期，第31-34页。
④ 陈晓华：《大力培育新型农业经营主体：在中国农业经济学会年会上的致辞》，载《农业经济问题》2014年第1期，第4-7页。

为家庭农场难以获得正式金融服务的客观因素。

要解决家庭农场等新型农业经营主体融资难的问题，应从三个方面加以考虑：一是为民营金融机构创造一个良好的制度环境，支持民营金融机构发展，在降低民营金融机构门槛的同时，加强对其行为的规范监管，使其真正活跃于农村金融市场，为各类新型农业经营主体提供金融支持，方便融资业务，提高服务效率。二是充分发挥政府宏观调控作用，加大政策性金融对农业的支持力度，为家庭农场提供无息贷款、低息贷款等，特别是在家庭农场引进新技术、新设备等方面予以资金支持。三是结合不同的新型农业经营主体的特点，创新抵押担保方式，构建借贷双方交流、合作、共生共荣的新机制。

（三）培养合格的职业农民，为农业发展提供主体支持

农业发展离不开从事农业活动的人。培育我国新型农业经营体系，其中的一个关键就是培育新型农业经营主体。家庭农场经营者、合作社带头人、农民经纪人等职业农民的素质，从业者的意愿都将关系到农业的发展。因此，通过多种形式，采取多种举措培育职业农民是发展新型农业经营体系的关键。

可以采取以下举措来吸引人才、培育人才、发展人才从事农业活动。一是吸引乡村能人从事农业经营活动。这些乡村能人或是由于经营较大面积的土地，或是拥有较为雄厚的资金实力，或是头脑灵活、具有企业家的天赋。同时，其对市场有较为准确的判断，是未来职业农民的理想人选。二是吸引、鼓励大学生，尤其是农林类大中专毕业生到农村创业。[1] 这个群体具有现代化的专业知识，同时，又是信息时代的跟进者，如果能够从事农业将会

---

[1] 夏益国、宫春生：《粮食安全视阈下农业适度规模经营与新型职业农民：耦合机制、国际经验与启示》，载《农业经济问题》2015年第5期，第56-64、111页。

给我国农村、农业带来新的希望和活力。而要能够吸引他们，就必须有足够的政策支持，如给他们提供与城镇职工医疗养老保险同等待遇，给他们创业提供无息贷款、特别补贴等。

（四）构建合理的社会服务体系，支撑家庭农场发展

家庭农场由于受其自身在产业链中的地位等的影响，需要与其他市场参与者进行联合、合作，需要有与之配套、为之服务的基础组织体系及社会化服务体系的支持，以化解农业弱质性、提高农业竞争力。

一是构建完善的农业科技推广服务系统。在此过程中，我们可以利用好三类系统。第一类是强化、健全、发挥好现有的农技站、植保站、兽医站、园艺站、林业站等农业服务机构。这类主体服务主要集中在公益性、基础性领域，以及那些市场服务机构不愿干、干不好的领域。第二类是要利用好市场化服务系统，可以将部分细分服务、细分技术交由市场完成，通过市场的竞争机制，提高农业科技服务质量和服务效率。第三类是发挥好村级组织作用，以村委为单位，进行农业科技推广应用。以培养"农村科技能人"为目标，重点对农村精英层进行农业技能培训，如对村干部、农村科技人员、农村各类专业户、示范户和生产技术能手进行科学知识教育培训。[①] 通过对这部分技术能人进行科普教育、培训和农技推广，带动新技术、新成果在农村的推广和扩散，帮助家庭农场以及潜在的可能发展成为家庭农场的农户积极运用新技术发展生产。

二是培育中间品市场创新，发挥专业分工优势，突破土地、资金、技术等的局限。例如在农业机械化方面，家庭农户不再是购买机械设备，而是通过中间品服务，购买机械服务，从而节约

---

① 仲伟霞：《人口分层下农民对现代农业的需求及对策研究——基于许昌市18个村312个农户的调查》，载《西北人口》2014年第5期，第56–61页。

投资，提高资源配置效率。这样，通过社会化服务体系，扩展了家庭农场的生存空间。

三是通过与各类合作组织、农业企业等合作，组建农业经营服务新模式，发挥产业协同效应。农业产前、产中、产后的各个环节要能够有机高效运转，就需要加强与市场主体的联系与配合。家庭农场主要集中在种养业生产环节，而在产业链的多个环节中，还需要其他环节与之匹配。在农资采购、农产品销售和农业生产性服务等环节，应发挥各类农民合作组织作用，以此来解决单个家庭农场办不了、办不好、办起来不划算等问题。家庭农场在农产品加工、物流等环节应与农业企业合作，发挥后者在这些领域的比较优势。

（五）创新家庭农场与小农户、合作社、工商企业的有效对接

1. 处理好家庭农场与小农户之间的关系

土地规模对于家庭农场的发展而言是至关重要的。同时，土地对于绝大多数农户而言，既是资源资产，也是社会保障。为了分析方便，我们对家庭经营农业进行了大致分类。（见表11-1）对于家庭农场成长中对土地的需求，需要做的工作就是保护好小农户的利益，并在此基础上寻求扩大经营规模的途径。可以通过以下三个方面的对接来促进家庭农场的成长。

表11-1 家庭经营农业主体及其特征

指标	纯农户Ⅰ	纯农户Ⅱ	兼业农户
生产规模	10亩左右	20～30亩	10亩左右
劳动力配置	家庭劳动力	家庭劳动力	家庭非主要劳动力
收入来源	依靠农业收入	依靠农业收入	农业收入占一定比例

续表 11-1

指标	纯农户Ⅰ	纯农户Ⅱ	兼业农户
土地来源	自家承包土地	自家承包土地以及通过市场化与非市场化流入的亲戚邻里的土地	自家承包地或者部分承包地
技术装备	落后的技术装备	经营者的经验与现代技术兼备	借助社会化服务
经营目标	维持基本生存	幸福感最大化	生活满意最大化

对接一：将纯农户Ⅰ、兼业农户的土地流转到家庭农场，家庭农场为纯农户Ⅰ、兼业农户提供必要的就业机会。对于纯农户Ⅰ、兼业农户而言，由于其经营土地规模在10亩左右，处于"糊口经济"状态。纯农户Ⅰ不仅在资金、技术等方面资源匮乏，而且劳动力不足，多为体弱多病家庭。而兼业农户往往表现为"老人农业""留守农业"。家庭农场如果能够为这两类家庭中的老人、妇女提供农业就业机会，也能够改善纯农户Ⅰ、兼业农户的生活条件。基于这样的实际，政府应该积极引导这部分农户流出土地，使其通过土地流转获得养老保障，保证其流转出土地后的生活质量得到提升，同时，也为家庭农场扩大经营规模提供支持。

对接二：加强家庭农场与纯农户Ⅱ的交流合作，实现双赢。对于纯农户Ⅱ而言，他们大多处于家庭农场的萌芽期，依靠农业收入获得生活资本。他们是农村中的中坚力量，是保障粮食安全的可靠主体。但由于其自身规模的限制，在新技术、新品种等的引进上有很大的局限。纯农户Ⅱ与家庭农场对接时，一方面，家庭农场通过与纯农户Ⅱ在生产资料的购买、生产资料的使用、市场信息的共享上实现规模经济效应，帮助其间接地提高效率；另一方面，纯农户Ⅱ也在和家庭农场的合作中，得到生产经营上的进步，节约了各种交易费用。同时，也可能通过这种形式的合作促进纯农户Ⅱ转化为新的家庭农场。另外，随着这种合作的扩大、市场影响力的增强，就能够实现范围经济效应。

对接三：通过土地入股等形式将离农户的土地转移到家庭农场。离农户往往是村庄当中的富裕阶层，他们已经不再从事农业生产活动，土地对他们而言成为一种资源资产。因此，可以通过土地入股等形式，将他们的土地集中起来，让那些想种地、会种地、愿意种地的农业经营者来耕种，促使这些耕种者发展成为家庭农场，同时，也保障了离农户应得的权益。可以说，土地股份合作将是一种比较理想的制度选择。①

2. 构建家庭农场与合作社的有效对接

合作社被认为是实现农业现代化的重要组织形式。家庭农场与合作社的有效对接，是提升家庭农场经营能力、提高经营效率的可取选择。

对接一：通过"家庭农场+合作社+市场"降低交易费用，提高交易效率。在农业产业化分工体系中，家庭农场专注于农产品生产，而合作社专注于市场需求、市场贸易。通过家庭农场之间的合作建立自己的合作组织，一方面，实现合作社对家庭农场在产前、产中、产后各个环节的指导，节约家庭农场在市场信息搜集、市场决策等方面的费用；另一方面，避免单个家庭农场势单力薄，实现生产要素采购、产品营销等规模经济效应的发挥。

对接二：通过"家庭农场+合作社+自办加工企业"，进行产品深加工，将利润留在家庭农场内部。这种模式是在同类家庭农场之间，联袂合作社，自办加工企业，延伸产业链，尽可能多地将利润留给家庭农场。

3. 正确定位家庭农场与工商企业之间的分工合作关系

家庭农场与工商企业为同一农业产业链上的不同主体，联系

---

① 黄祖辉、傅琳琳：《新型农业经营体系的内涵与建构》，载《学术月刊》2015年第7期，第50-56页。

紧密。处理好家庭农场与工商企业之间的关系，明确各自的市场定位，对于整个农业的发展都是重要的。

家庭农场的优势在于农业生产环节，这是由农作物生产的特性所决定的，同时，也与我国人多地少的背景有关。而工商企业的优势在于农业生产的产前、产后等与生产服务、市场对接有关的环节。工商企业涉足农业生产尤其是大田作物的产中环节不利于土地产出的提高，进而还会威胁到粮食安全。从已有的经验看，工商企业单纯遵循雇佣制管理模式来经营企业，尤其是农业的上游，往往损害了农户利益。在规范工商企业行为与经营领域的前提下，应鼓励工商企业进入家庭农场干不了、干不好的经营环节，如农产品深加工、现代储运与物流、品牌打造等家庭农场不具备优势的领域。

处理好家庭农场与工商企业之间的分工合作机制，进行制度创新，将农产品契约建立各类经营主体之间的联系转化为各类主体通过要素契约建立更为紧密的利益联结。各类主体要素相互渗透，增强互信，消减机会主义行为的发生，进一步提高资源配置效率。①

中国农业正在发生着深刻的转型，新型农业经营主体将会不断涌现。家庭农场应该成为未来中国农业生产经营的主体形式。我们从中国农业现实出发，在探讨家庭农场发展时，首先要考虑的是广大农民的利益，考虑的是2亿多农户的生存与发展问题。其次，中国家庭农场是在农村"空心化"、农业"老龄化"、农民"分层化"的背景下展开的。因此，它的成长必然是一个较为长期的过程。建立什么样的家庭农场才能够真正适合中国的基本国情，通过什么样的政策措施为家庭农场的成长创造条件，从而提高农业的生产效率以及实现农业现代化，这些都将是政府部门和学界

---

① 蔡海龙：《农业产业化经营组织形式及其创新路径》，载《中国农村经济》2013年第11期，第4–11页。

所需要严肃地认识、思考和解决的。最后，促进家庭农场成长的问题绝不是一个孤立的问题，需要一定的社会环境，这不仅是农业内部经营主体之间的对接问题，更是与中国工业化、城镇化同步发展的问题。

第十二章 美、澳、加、荷四国草地畜牧业的借鉴与启示

本章通过对美国、澳大利亚、加拿大、荷兰等典型国家在发展草地畜牧业中如何利用和保护草地、如何发挥社会服务体系作用、如何保护畜牧产品质量等具体做法进行梳理提炼,发现四国做法具有共同之处。即遵循自然规律,做到草场利用与保护;重视畜牧良种的培育、推广,发挥畜牧合作社、协会等在行业中的作用,建立"产学研"紧密结合的技术支持体系等完善畜牧业服务体系的基本做法;强化法律法规、严格监督检测体系、利用现代信息管理手段以及生产经营者的自律意识对质量的高度重视等保证畜牧产品质量的有效途径。

"他山之石,可以攻玉",本章选取美国、澳大利亚、加拿大、荷兰等典型国家在发展草地畜牧业中的政策措施进行分析,以便为西藏草地畜牧业发展提供参考与借鉴,更好地构建西藏现代畜牧业经营体系。

一、如何利用和保护草地

(一)美国:挖掘人工草地,保护天然草地

美国是最具代表性的发达国家,其在畜牧业发展中,通过以下措施既保护了草地,又促进了畜牧业发展。

(1) 注重饲料种植,保护天然草场。虽然美国拥有2.4亿公顷草原,但其在发展草地畜牧业的过程中,非常注重对草地的保

护,更多的是通过种植饲料作物来发展畜牧业。特别值得注意的是,美国把苜蓿、甜高粱等饲料作物列入农作物范畴而不作为"草"类。① 这一种对农作物的独特认识,有利于发展饲料产业,推进畜牧业发展。

(2) 建立保护区,保护草原资源不被破坏。为了保护生物多样性,美国各地各级政府均建立了不同类型的自然保护区。由于草场产权多为私人所有,因此,联邦政府采取购买使用权的方式,将私人草地也纳入保护范围。同时,联邦政府加大资金投入实施各类环境质量评估项目、湿地保护项目及草原保护项目等众多旨在保护自然资源的项目,促进草地的建设与利用。②

(3) 通过法律保护草地。相比于其他国家,美国在草原管理立法方面起步较早,1934 年美国联邦政府出台了《泰勒放牧法》。其后,1973 年的《濒危物种法》、1976 年的《联邦土地政策与管理法》、1978 年的《公共草地改良法》、1994 年的《草地革新法》等法律的颁布与实施,将草地保护、人与自然共处关系法制化,增强了人与自然的和谐。③

(二) 澳大利亚:顺应自然规律,科学禁牧轮牧

(1) 划分农业产业带,分类种植管理。澳大利亚拥有世界上最大的天然草原,面积达 4.58 亿公顷,占国土面积的 55%。由于其幅员辽阔,地理气候复杂多样,澳大利亚依据不同的降雨量、温度、土壤等将全国划分为四大农业生产带,进行合理规划

---

① 囡丁、徐百志:《国外草原畜牧业发展经验与启示》,载《中国畜牧业》2012 年第 17 期,第 60 - 63 页。
② 囡丁、徐百志:《国外草原畜牧业发展经验与启示》,载《中国畜牧业》2012 年第 17 期,第 60 - 63 页。
③ 杨振海、李明、张英俊、曾珉、刘翔洲:《美国草原保护与草原畜牧业发展的经验研究》,载《世界农业》2015 年第 1 期,第 36 - 40 页。

利用。①

（2）移动放牧，划区轮牧。遵循不同牲畜种类、不同发育阶段等规律，进行畜群分类管理，分类放牧。同时，进行划区轮牧，对不同用途的草地划区轮牧，使草地得到充分利用和永久保护。划区轮牧就是将草地划分为若干季节牧场，再在一个季节牧场内分成若干轮牧小区，然后按一定次序逐区放牧轮回利用。② 为了鼓励转场轮牧，政府对牲畜转场放牧的运输费给予50%的补贴。这种划区轮牧是对自然的适应，是对传统游牧的一种借鉴，当然这也是一种更趋合理、更有效率的经营方式。同时，为鼓励农牧场主加快牲畜出栏，缓解草场压力，政府实行缓税政策，推迟5年后再征税。③

（三）加拿大：结合种植业，培育草品种

（1）利用种植业，发展畜牧业。相比美国、澳大利亚而言，加拿大草原资源并不丰富，草原面积约2770万公顷，其中，天然草原1530万公顷，人工草地1240万公顷。为了加大畜牧业发展，加拿大采取了利用种植业发展畜牧业的方式。在全国40%的农业用地上发展牧草饲料种植，以干草和青饲料形式贮藏的粗饲料占整个饲料产量的40%~60%。④

（2）重视草地育种技术，增强草地载畜量。加拿大相关科研机构投入大量精力研究原生种的选择和培养，在草业科研、教学、技术开发、牧草育种、种子生产、人工草地建植、优质草产品生

---

① 闫旭文、南志标、唐增：《澳大利亚畜牧业发展及其对我国的启示》，载《草业科学》2012年第3期，第482-487页。
② 张立中、辛国昌：《澳大利亚、新西兰草原畜牧业的发展经验》，载《世界农业》2008年第4期，第22-24页。
③ 囡丁、徐百志：《国外草原畜牧业发展经验与启示》，载《中国畜牧业》2012年第17期，第60-63页。
④ 胡业平：《赴加拿大考察畜牧业生产情况及启示》，载《吉林畜牧兽医》2005年第12期，第1-3页。

产及草产品市场开发等领域形成了较为完善的草产业格局。例如，对于人工放牧草场，加拿大采取混播耐旱耐寒、返青早、枯黄期短的多年生禾本科牧草。又如，冰草可以延长天然草场的放牧时间，放牧时间由建设前的3~4个月延长到6个月，从而减轻了冷季饲草短缺的压力。人工打草场和饲料地生产的青干草和青贮饲料可充分满足牲畜冷季补饲之用，达到冷季持续增膘。特别是对退化的天然草场，他们选择当地优良野生草及其混播组合，进行补播改良，有效恢复了草原植被。①

（四）荷兰：精细化管理，人与自然共生

（1）建立自然景观草地，维护生态平衡。荷兰国土面积仅为4万多平方公里，林、草、水域面积大致为4∶4∶2，自然草地面积约为20万公顷。荷兰政府特别重视生态环境的保护，成立了国家级森林保护公司专门负责自然湿地、自然草地、自然林地的保护工作。建立自然景观草地，实现人与自然的和谐、生物物种的多样。②

（2）发展人工种草，实施精细化管理。荷兰的自然草地仅占草地总面积的20%，大部分草地是由耕地改种而成，家庭牧场一般都会有自己的人工草地。发达的机械化管理，加之良好的水土等自然条件，造就了荷兰高效的畜牧产业。同时，家庭牧场对草地进行精细化管理，一般牧草产量和质量都很高，放牧家畜补饲精料也相对较少，保证了草地的持久性利用。

在饲养方面，荷兰特别强调牧草的口感与营养。例如在划区轮牧中，依据牧草高度进行轮牧，在牧草长至15 cm时进行放牧。低于此高度，牧草产量低，不利于牧草再生产；高于此高度，牧

---

① 时彦民、白史且、左玲玲、陈会敏：《加拿大的草地畜牧业》，载《中国牧业通讯》2005年第21期，第68-71页。

② 原京成：《荷兰的草地畜牧业管理模式》，载《中国牧业通讯》2007年第5期，第72-73页。

草老化,营养价值低,适口性差。①

二、如何发挥社会服务体系的作用

(一) 美国:科技支撑体系与发达的合作组织

(1) 注重良种培育和推广。畜禽良种化一直是美国联邦政府以及州政府推进发展畜牧业的重要举措。仅以肉牛繁育体系为例,就包括生产服务体系和技术服务体系两个部分。其中,生产服务体系主要提供种牛生产场、断奶牛犊繁育场等。在技术服务体系方面,一是设立研究机构提供技术服务,如美国农业部设立的州立试验站、推广机构提供的测评和筛选种牛服务性能测评站等,二是注重与各类研究机构的合作。②

(2) 畜牧业协会作用巨大。美国畜牧业行业协会组织系统严密,在经营过程中发挥着巨大的作用。行业协会为生产者提供产前、产中、产后全方位系统化服务,不仅规范统一行业标准,还在维护生产者利益上积极行动。另外,行业协会依据自身优势,不断扩展服务范围,除提供基础性服务外,还在教育培训、调节内部纠纷、外部争端、开拓市场、组织交流等方面发挥作用。③ 从畜牧业协会的作用看,既规范了市场,节约了市场交易费用,也对提升美国畜牧业生产者的整体实力、保持国际竞争力起到非常重要的作用。

---

① 于桂阳、郑春芳:《荷兰家庭牧场考察》,载《中国奶牛》2014 年第 14 期,第 48－50 页。

② 杨森、陈静、程广燕、郑升磊:《美国畜牧业生产体系特征及对我国启示》,载《中国食物与营养》2017 第 4 期,第 20－24 页。

③ 杨森、陈静、程广燕、郑升磊:《美国畜牧业生产体系特征及对我国启示》,载《中国食物与营养》2017 第 4 期,第 20－24 页。

（二）澳大利亚：鼓励土地长期经营，发挥协会积极作用

（1）提供土地服务，稳定市场价格。由于畜牧业生产周期长，澳大利亚政府为了鼓励畜牧业经营主体长期投资，政府将国有土地以非常低的价格出租给畜牧业经营者。当然，政府以低价格出租土地，就是要求经营者能长期经营，合理投资，避免过度开发对草地资源造成破坏，从而达到畜牧业可持续发展。此外，为了提高澳大利亚畜牧业的国际竞争力，政府对畜牧业进行价格补贴；建立畜牧业专项基金，鼓励经营者扩大生产规模。①

（2）产业协会为畜牧业经营提供良好的外部环境。澳大利亚畜牧业协会在服务中发挥重要作用。一是产业协会类型多样，服务范围广泛。如肉类家禽协会、奶业协会、禽蛋有限公司等是其中较为突出的代表。二是产业协会发挥市场协调作用，从收购产品到销售，协会都在发挥协调合作的作用，提高了市场运行效率，避免了因无序竞争而造成的资源浪费。三是产业协会重视技术开发，研究领域从遗传育种、动物福利到产品品质管理、环境污染控制等，都在发挥技术支持作用。②

（三）加拿大：机构完善，产学研紧密结合

（1）精细化的经营管理规范。联邦政府以及省政府分别设立农业食品部，同时，将畜牧兽医管理机构纳入政府机构，以便提高政府管理效率。联邦政府对畜牧业从生产到销售各个环节均进行了非常细致、严格的规范。如在畜牧生产环节，政府通过定额分配系统对全国的畜产品生产和销售实施严格的宏观调控，避免

---

① 王杰：《国外畜牧业发展特点与中国畜牧业发展模式的选择》，载《世界农业》2012年第10期，第32-35页。

② 王杰：《国外畜牧业发展特点与中国畜牧业发展模式的选择》，载《世界农业》2012年第10期，第32-35页。

畜牧产品供不应求或供过于求等市场非出清状态，保护经营者和消费者的利益不受损失。① 同时，政府利用行业协会市场信息传递快、市场动态反应灵敏等特点，发挥行业协会在组织会员应对市场变化、规范经营行为、指导会员依法养殖中的作用。

（2）产学研相结合，推进畜牧业发展。加拿大政府、企业、协会组织等都非常重视技术在畜牧产业中的应用，形成了良好的"产学研"合作模式。遍布全国的畜牧科研机构密切联系生产实际，研究开发新技术、新产品，科技成果贡献率非常高。通过产学研相结合的发展模式，加拿大选育出了如夏洛来、西门塔尔、海福特等肉牛品种，成为世界顶级牛肉品牌。②

（四）荷兰：发达的技术推广与合作体系

（1）合作社作用巨大。由于荷兰自身资源的局限，家庭牧场是畜牧业经营主体，他们之间形成了彼此合作、共荣共生的关系，而非你死我活的竞争关系。如何能够做到这一点，得益于荷兰服务周到、发展成熟的合作社组织体系。合作社不仅在市场中服务经营者，而且在农业相关政策上与议会、政府沟通，发挥了经营者与政府之间的桥梁纽带作用。

（2）构建起发达的农业研究、教育和推广体系。"农业研究、教育和推广"被誉为荷兰农业发展和一体化经营的三个支柱，是荷兰农业成功的关键，三者的协同发展形成了著名的"OVO三位一体"。③ 这一体系的特点表现为：一是研究机构、实验农场开展创新实验，从创新思想的提出到创新成果的实验，形成一个系统

---

① 杨红先：《加拿大畜牧业的概况及特点》，载《中国畜牧业》2016年第22期，第50-52页。

② 杨红先：《加拿大畜牧业的概况及特点》，载《中国畜牧业》2016年第22期，第50-52页。

③ 倪景涛、李建军：《荷兰现代农业发展的成功经验及其对我国的启示》，载《学术论坛》2005年第10期，第74-77页。

化的分工协同方式;二是大力发展农业人力资源开发,培养高素质、高技能的农业生产经营者。荷兰职业教育形成了不同层级、类型的教育网络系统,由此也加快了农业新科技的推广与应用。

三、如何保证畜牧产品质量

(一)美国:健全的法律规范及运行体制

(1)完备的法律法规保障了畜牧产品的质量。美国作为发达国家,法律法规完备健全,在畜牧业领域相关法律法规相当完善,从饲料加工、畜禽育种、兽药生产到加工运输等方面都有法可循。仅就畜产品质量安全卫生而言,就有《联邦肉类检查法》《联邦畜类产品检查法》《食品质量保护法》《公众健康服务法》等法律规范。①

(2)高度专业化、组织化机构。美国食品安全监管机构设置以总统食品安全委员会作为美国最高管理机构,对政府所属的各个机构进行协调管理,包括卫生部、农业部、环境署、财政部、商务部、海关总署、司法部、联邦贸易委员会8个部门的协调管理。在各个部门下又设置了相应的下级机构,如农业部下设食品安全检验局和动植物健康检验局。在职权方面,部门职责权限明确:农业部下设的食品安全检验局主要负责肉、禽、蛋类产品的监管和法律法规的制定;动植物健康检验局主要负责监管果蔬类和其他植物类,防止动植物有害物和食源性疾病的发生。②

---

① 朱继东:《基于美国、澳大利亚、日本畜牧业发展模式和经验分析河南省畜牧业的发展》,载《世界农业》2014年第11期,第165-170页。

② 彭华、王爱梅:《美国、欧盟、日本食品安全监管体系的特点及对中国的启示》,载《粮食科技与经济》2018年第8期,第44-48页。

（二）澳大利亚：分层次的高质量保证体系

澳大利亚畜牧产品在国际市场具有非常强的竞争力，一个重要原因就是与其产品质量紧密相关。高质量产品与澳大利亚先进、严格的畜产品生产质量保证制度分不开。

（1）"国家销售者声明"（英文缩写 NVD）制度是产品质量保证的基石。NVD 制度具有如下特征：一是强制性，即所有畜牧生产者必须达到 NVD 的相关要求；二是基础性，NVD 的质量标准是最基本的市场准入标准，生产者必须达到这一标准才能进入市场。NVD 制度得以顺畅实施的一个关键就是与其相配套的稽查制度，这一制度将生产细节规范得十分细致，确保了畜产品生产所有细节的正确性。

（2）生产者自愿实施的畜产品消费者质量保证制度。该制度相比 NVD 制度而言，是一种由国家畜产品产业管理部门或组织协会制定和实施、畜产品供应者自愿参加的畜产品质量保证制度。[1] 这一制度对产品质量提出了更高的要求，更能赢得消费者的信任，其产品竞争力也更强。

（三）加拿大：全过程严格监控体系

（1）从源头上杜绝食物安全问题的出现。加拿大是世界上饲料立法最早的国家之一，联邦《饲料法》对动物源性饲料成分实行批准和监控制度。形成以《饲料法》为主体，以《新饲料管理规定》和《动物饲料限制和禁止规定》等法律为补充的饲料法律体系。[2]《饲料法》的实施从源头上保证了动物食品的安全性，这既是一种促使畜牧业可持续发展的重要举措，也是一种成本低廉、

---

[1] 朱述斌：《澳大利亚畜产品质量保证制度的启示》，载《中国牧业通讯》2006年第21期，第70-73页。

[2] 沈镇昭、杨振海：《加拿大对饲料安全的监管及启示》，载《世界农业》2005年第1期，第39-42页。

易于监控的保证食品安全的战略措施。

（2）信息技术的应用深化了食品安全的全过程监管。加拿大畜牧业普遍采取计算机应用技术，从饲料配方、生产记录、经营管理到种畜选配等方面全程使用计算机开展工作。① 特别是在乳业生产过程中，形成了乳牛选配、饲料配方、预测产奶量的信息化管理，大大提高了产品质量的可追源性、可控性，同时，对市场调节供应作用巨大。

（四）荷兰：细化分工，规范责任

（1）政府、科研机构、经营者共同合作，把好产品质量关。政府制定严格的政策标准，把产品质量作为衡量农场主信誉度的标准，农场主必须根据政府的相关政策，确保农产品质量安全，才能使自己在市场中立于不败之地。② 科研机构对产品开展检测监督等技术支持。

（2）专业化分工合作，保障产品各个环节的安全。以奶制品为例，在每批原奶售往市场前必须进行抽样检测，而检测是由专门机构进行的，检测合格后，再由专业公司承担运输任务，以此确保原奶从牧场到工厂的运输过程中不受污染。③

（五）启示

以上是我们对美国等四个国家发展畜牧业的梳理，对西藏畜牧业乃至整个国家畜牧业发展都具有非常重大的借鉴意义，归纳总结如下。

---

① 王洪戈：《加拿大畜牧业独具特色》，载《中国牧业通讯》2014 年第 13 期，第 16 – 17 页。

② 金耀忠、俞向前、王政、叶承荣：《荷兰现代畜牧业发展的成功经验及其启示》，载《上海畜牧兽医通讯》2017 年第 2 期，第 62 – 64 页。

③ 刘婉婷：《荷兰如何做到乳品安全享誉全球》，见中国农牧业信息网（http://www.caaa.cn/show/newsarticle.php?ID=352356）。

（1）重视草场保护，强调人与自然的和谐共生。从四国发展畜牧业的实际做法可以得出：一是在发展畜牧业中将保护草地，特别是将保护天然草地置于极其重要的地位；二是遵循自然规律，实行划区轮牧，保证草地资源的有效利用，这也将增强动物福利；三是重视草业，通过农牧结合等提供饲料，支持畜牧业发展；四是依靠科技，培育良种，提高草地承载力。

（2）健全市场服务体系，促进畜牧业市场竞争力。四国的典型做法启发我们：一要建立起"产学研"紧密结合的技术支持体系，重视畜牧良种的培育和推广；二要加强畜牧业合作社、协会等的发展，发挥其在畜牧业经营过程中的巨大作用；三要政府政策大力支持，为畜牧业发展提供良好的市场环境。

（3）在保障畜牧产品质量方面，各国都有其成功的做法，归结起来大致有以下四个方面：首先，健全的法律法规是保证畜牧产品质量安全的强制性保障；其次，严格的监督检测体系是保证畜牧产品质量安全的关键性手段；再次，信息化在畜牧业管理中的广泛应用，是畜牧产品质量监督管理高效开展的技术支撑；最后，生产经营者自身对质量的高度重视，是畜牧产品质量保障的基础。

第十三章 发展家庭农场的国际扫描

发展新型农业经营体系，推进农业现代化，应从我国国情出发，同时积极学习他国的成功做法，借鉴他国经验。受篇幅所限，本章仅就如何发展家庭农场这一农业经营主体进行研究，探讨美国、加拿大、法国、德国、日本等国发展家庭农场的成功做法，从什么是家庭农场，如何为家庭农场扩大规模创造条件，家庭农场经营者如何培养，社会化服务组织怎样支持家庭农场发展等与家庭农场发展紧密相关的问题进行分析，寻求我国家庭农场发展的路径。

伴随着我国工业化、城镇化、信息化的快速发展，传统小农经济已经不能满足农业现代化发展的要求。如何在拥有2亿多农户的中国实现农业现代化，政府与学界已基本达成共识，那就是"改变农业发展方式，走产出高效、产品安全、资源节约、环境友好的农业现代化道路"，"加快构建新型农业经营体系，推进农业经营方式创新"。

一、家庭农场扫描

（一）五国家庭农场的基本状况

1. 美国的家庭农场

美国作为世界上最发达的国家，不到总人口2%的农业劳动力，不仅解决了3亿美国人的吃饭问题，而且向国际市场源源不断地供给了大量的谷物。美国农业的发达，很大程度上得益于其农业经营主体——家庭农场的发展。

依据家庭土地经营面积、收入等因素,美国家庭农场大致可分为六类(见表13-1),表现出以下特征:一是老弱型、兼业型、小型农场数量占家庭农场数量的绝大多数(占比为83%),但其产值仅为农业产值的9.84%。① 二是中等规模及后两类家庭农场数量少,但产值巨大,特别是占美国家庭农场5%的特大型农场,年产值贡献占美国农业总产值的53.7%。② 三是家庭农场差异性大,老弱型家庭农场经营土地面积仅为174英亩,而特大型家庭农场经营土地面积可达到2132英亩,是前者的10多倍。

表13-1 美国家庭农场基本情况

类型	土地面积(英亩)	收入(美元)	占户数比(%)
老弱型农场	174	5万以下	18.1
兼业型农场	148	5万以下	45.1
小型农场	294	5~10万	19.8
中等销售收入纯农户	980	10~25万	5.1
大型农场	1398	25~50万	4.3
特大型农场	2132	50~500万	5.0

资料来源:吴天锡《简述美国家庭农场》,载《古今农业》2013年第4期,第44-50页。

2. 加拿大的家庭农场

加拿大属于粮食出口大国,每一个农业劳动力可养活120人,是农业最发达的国家之一。其家庭农场类型详见表13-2。2010年,加拿大农业就业人口仅占全部就业人口比重的1.71%,农场

---

① 蔺全录、包惠玲、王馨雅:《美国、德国和日本发展家庭农场的经验及对中国的启示》,载《世界农业》2016年第11期,第156-162页。
② 吴夏梦、何忠伟、刘芳、白燕飞:《国外家庭农场经营管理模式研究与借鉴》,载《世界农业》2014年第9期,第128-133页。

平均耕作面积达到775公顷,户均机械数量达到3台。① 规模化经营,高效农机具的相互搭配,大大节约了人力,实现了集约化、信息化、组织化经营。

表13-2 加拿大家庭农场类型

类型	特征	规模
饲畜业农场	饲养牲口	奶牛养殖规模为200～300头,肉牛6000头左右,生猪3000头左右
谷物农场	种植小麦、大麦和燕麦等大田作物	300公顷
农牧业混合农场	既种植大田作物也兼养牲畜	(未有说明)
特种作物农场	水果、蔬菜和烟草等	(未有说明)

资料来源:农业部农垦培训考察团《加拿大现代家庭农场运行机制培训考察报告》,载《中国农垦经济》2004年第4期,第38-44页。

3. 德国的家庭农场

德国虽然属于中等规模国家,但其农业以科技、环保、精准著称。至2010年,德国农业用地约占国土地面积的50%,农业是德国重要的收入来源。按经营土地面积可将德国家庭农场分为三类,详见表13-3。德国家庭农场实行专业化生产,有粮食种植农场、生猪饲养农场、蔬果农场、苗圃农场等不同类型。

表13-3 德国家庭农场类型

类型	经营土地面积(公顷)	农户占比(%)
大型家庭农场	100以上	8.5

---

① 郭熙保、冯玲玲:《家庭农场规模的决定因素分析:理论与实证》,载《中国农村经济》2015年第5期,第82-95页。

续表 13-3

类型	经营土地面积（公顷）	农户占比（%）
中型家庭农场	30～100	27.2
小型家庭农场	2～30	64.3

资料来源：周应恒、俞文博、周德《德国农地管理与农业经营体系研究》，载《改革与战略》2016 年第 5 期，第 150-154 页。

4. 法国家庭农场基本状况

法国农业高度发达，虽然国土面积仅为 55 万平方公里，但其农业在世界农业中起到举足轻重的作用。2011 年，法国农场总数为 100 多万个，50 公顷的大型农场约占总农场数的 20%，其他多为 50 公顷以下的中小型农场。其中，家庭农场也大多在 50 公顷以下。按照专业化划分，法国家庭农场可分为如表 13-4 所示的几种类型。专业农场大多经营一种产品，注重品牌且特色明显。

表 13-4 各类农场占农场总数的比例

单位：%

年份	大田作物	葡萄种植	奶牛养殖	肉牛养殖	多种养殖	种植/养殖	其他
1979	13	11	20	6	5	13	32
1990	18	12	14	11	6	11	28
1997	20	12	11	12	6	11	28

资料来源：朱学新《法国家庭农场的发展经验及其对我国的启示》，载《农场经济》2013 年第 11 期，第 122-126 页。

5. 日本家庭农场基本状况

日本农业与我国农业发展有许多相似之处，都存在人多地少、资源匮乏的问题，只能通过精耕细作、发展精细化农业来推动生产。其农场类型详见表 13-5 所示。2010 年，日本农业就业人口占全部就业人口的比重为2.22%，共有耕地面积454.9万公顷，[1] 家庭农场约占农场总数的35%[2]。

表13-5 日本农场类型

类型		特征
家庭农场	独立农场	经营土地面积0.3公顷以上或农产品销售年收入超过50万日元
	一户一法人	
自给农户		经营土地面积0.3公顷以下和农产品销售年收入少于50万日元
公司农场	一户一法人	经营0.3公顷以上的耕地；种养面积、饲养或交付家禽的数量等于或大于预先确定的标准；基于合同接受农场工作
	其他法人形式	

资料来源：肖鹏《日本家庭农场法律制度研究》，载《亚太经济》2014年第6期，第64-68页。

（二）家庭农场内涵

从上述对美国、加拿大、法国、德国、日本五国家庭农场的基本状况描述看，虽然各国由于其历史、资源禀赋、制度等有所差异，但对"什么是家庭农场"大都包括以下三层内涵：

（1）家庭农场以家庭劳动力为主。家庭农场不管其发育程度如何，都是从家户角度出发，由农场主或与其有血缘、婚姻关系的人来经营，具有非常明显的"家庭管理"特征。这其中，不管是否雇工，雇工多少，其经营管理的核心都是家庭劳动力。

（2）家庭农场具有一定的规模性。从五国家庭农场的实际情

---

[1] 吴夏梦、何忠伟、刘芳、白燕飞：《国外家庭农场经营管理模式研究与借鉴》，载《世界农业》2014年第9期，第128-133页。

[2] 蔺全录、包惠玲、王馨雅：《美国、德国和日本发展家庭农场的经验及对中国的启示》，载《世界农业》2016年第11期，第156-162页。

况和发展趋势看,家庭农场经营规模可大可小,但都有一个最低的规模要求,如美国就规定,家庭农场一年至少有1000美元以上的农业产值。由于经营农作物或饲养牲畜不同,加之经营方式的差异,经营规模就必然有所差异。但实现规模经营、集约化生产是其基本的生产经营动力。

(3)生产经营专业化。随着社会分工的不断细化,社会化服务、市场化经营成为家庭农场发展的外部条件,加之受人、财、物的局限,家庭农场大多一业为主,进行专业化生产经营。

二、家庭农场规模如何扩大

家庭农场在发展中,面临的首要问题就是,其生产经营所需的土地如何扩大,如何达到一个适度规模。

(一)五国家庭农场规模化经营的政策

1. 美国:免费赠送土地与土地划分为标准化商品

(1)宅地法的出台。1862年,美国政府出台了《宅地法》,该项法律给数以百万的西部移民以合法的土地产权,规定只要在土地上耕种5年以上、年满21岁的个人或一家之主就可免费获得64.75公顷的土地。[1] 该法律的出台加速了家庭农场的出现与发展,到20世纪20年代,美国的家庭农场就达到640万个,西部转让土地达10亿英亩。[2]

(2)将土地划分为标准化商品。美国联邦政府成立土地办公室,将西部土地划分为规模化、标准化的地块,并按照这种方式出售土地产权,这就大大方便了家庭规模化经营,克服了由于土

---

[1] 周忠丽、夏英:《国外"家庭农场"发展探析》,载《广东农业科学》2014年第5期,第22-25页。

[2] 何多奇:《19世纪美国西部家庭农场制度与传统农业转型》,载《华南师范大学学报》(社会科学版)2009年第4期,第26-30页。

地零散而导致的土地细碎化。通过将土地标准化、规模化集中连片生产，提高了土地交易效率，节约了交易费用，不因土地交易流转而影响农业经营。土地办公室人员对所出售地块的位置和地权进行详细的登记备案。这样，每份标准化土地商品就具有了流动性，优化了土地资源配置。①

2. 加拿大：土地保护、土地规划与土地产权的限制

（1）通过土地产权限制，保护土地规模化经营。加拿大《土地利用规划和发展法》规定，当转让100公顷或以上的土地，或拥有剩余的相邻土地至少有100公顷的，转让土地时，其土地产权必须同其连带的其他权利一并转出。这就降低了土地流转过程中各种可能的交易费用，将部分依附土地而拥有的其他权利进行了配置，简化了交易过程，有利于农地流转和规模经营。

（2）通过实行差别化税率，保护土地的农业经营。加拿大对不同的土地流转实行差异化税率，这其中主要包括保有税、转让税以及营业性不动产税。对不同的土地流转方式实行差异化税率，税率在0.5%～2%之间浮动，通过征收高额税率，保护土地的农用性，避免资本对土地的侵占。同时，对家庭农场之间的土地流转征收较低的交易税，鼓励家庭农场发展规模，进行集约化、规模化经营。

3. 德国：土地整理、土地租赁与土地流转

（1）严格的土地交易管理，规范了土地流转市场。德国出台的《土地交易法》明确规定，土地所有权人出让土地所有权时，需要征得地方政府农业部门的认可，对于不符合市场交易原则或者未经法律许可、擅自改变农地用途的土地，不得转让。《农地用益租赁交易法》的出台，则明确了租赁土地的用途，鼓励了那些没有能力耕作土地的家庭转出土地，激活了土地租赁市场。据李

---

① 何多奇：《19世纪美国西部家庭农场制度与传统农业转型》，载《华南师范大学学报》（社会科学版）2009年第4期，第26-30页。

波（2014）介绍，德国约有53%的农地用于租赁，进一步促进了家庭农场的规模化经营。① 法律对农地产权规定的清晰化、明确化，提高了土地利用价值，规范了土地流动市场，加快了家庭农场规模化经营。

（2）科学化的土地整理工作，加快了家庭农场的发展。土地与其他生产要素相比具有不可移动性，而分散的土地产权成为阻碍农地规模化的一大制约因素。要实现土地规模化，就需要对土地进行整理来提高土地的利用效率。德国政府通过成立由参加土地整理的土地所有者组成的联合会，来推进土地整理工作。联合会的成立有利于土地所有者之间利益的协调与协商，推进土地整理，通过对土地平整、互换等平等交易形式，使土地整合成片，为家庭农场扩大农地规模奠定了基础。

4. 法国：高买低卖、离农保障鼓励土地流转

（1）政府"高买低卖"促进农地规模经营。1960年，法国成立"乡村设施和农业治理协会"（SAFER），该协会的核心工作就是对土地进行整理。其主要做法就是负责购买零星、分散的地块，将其进行重新规划和整合，然后以一个低于市场的价格出售给家庭农场，实现他们规模化经营需要。②

（2）鼓励老年人转让土地。为了鼓励老年家庭流出土地，法国政府出台了对其的生活保障政策，规定当农民流出土地、放弃农业经营时，可以获得政府给予的各项补贴，而这些补贴及生活保障不低于其他社会成员的社会保障。这就在客观上避免了"老人农业"，鼓励老年人流出自己的土地，加快土地的规模化经营。③

---

① 李波、李晴：《家庭农场法律促进的国际经验》，载《兰州大学学报》（法学版）2014年第4期，第81-88页。
② 李波、李晴：《家庭农场法律促进的国际经验》，载《兰州大学学报》（法学版）2014年第4期，第81-88页。
③ 朱学新：《法国家庭农场的发展经验及其对我国的启示》，载《农场经济》2013年第11期，第122-126页。

5. 日本：公益法人、耕作者主义推进土地流转

（1）设置"农地管理事业团"，促进农地规模经营。1965年，日本在全国范围成立"农地管理事业团"，其目的就是积极促进农地流转。分别于1970年、1971年出台的《农民年金基金保障条例》和《农地占有合理化法人制度》进一步加快推进土地规模化经营，政府为此专门设立公益法人，利用其法人地位介入土地市场交易，通过购买、租入或借入土地等形式整合土地，再以较为优惠的条件转卖、出租或出借给土地的需要者。①

（2）"耕作者主义"的土地保护政策。1970年，日本政府对1952年颁布的《农地法》进行修改。这次修改包括由"自耕农主义"转向"耕作者主义"，以便更好地促进耕作者对土地的开发利用。修改后的《农地法》规定，土地交易双方即便没有对农地或草地的租赁合同进行登记，但事实已经发生，那么，（承租方）对其后取得该土地物权的第三者，可以主张其合同的正当性。租赁合同到期后，出租方如无正当理由，承租方有权继续承租土地。②另外，日本政府对土地租赁合同的解除进行了非常严格的限制，这样就鼓励了土地租赁，稳定了耕作者对土地的长期投资经营。

（二）我国家庭农场土地规模化经营的思考

当前，我国发展家庭农场面临的一大问题就是土地规模如何扩大。由于我国长期以来实行土地家庭承包制，土地细碎化、分散化以及土地使用权的"身份垄断性"等，导致农地无法发挥规模经济效应。通过对上述五国土地政策做法的整理分析，本书认为，当前应该从以下三个方面促进家庭农场土地规模的扩大。

（1）设立"土地出让生活保障"制度，加快农地流转。政府

---

① 冯继康：《日本农业规模经营的实践及启示》，载《当代亚太》1997年第2期，第54－57页。

② 李伟伟、钟震：《维护承包者权益还是经营者权益？——保护耕作权以放活土地经营权的日本经验与启示》，载《管理世界》2016年第2期，第174－175页。

可以对那些老弱病残、鳏寡孤独家庭，设立类似"土地出让生活保障"等制度，鼓励老弱农户流出土地，并为他们提供养老保障，使其流出土地后的生活质量不仅不会降低而且还会提升。这样，既为家庭农场经营规模的扩大提供土地支持，提高土地经营效率，也使得老弱家庭生活质量得到提高，从而达到扶贫的目标。

（2）通过土地入股等形式将离农户的土地转移到家庭农场。离农户往往是村庄当中的富裕阶层，他们已经不再从事农业生产活动，土地对他们而言已经成为一种资源资产。因此，可以通过土地入股等形式，将他们的土地集中起来，让那些想种地、会种地、愿意种地的农业经营者来耕种，促使这些耕种者发展成为家庭农场，同时也保障了离农户应得的权益。

（3）发挥村委会作用，开展土地整合工作。村委会作为基层组织，在新农村建设、农业发展中具有举足轻重的作用。通过发挥好村委会的职能，充分利用他们的地方性知识，推进农地整合，连接成片，培养促进家庭农场的发展。

三、家庭农场主如何培养

农业发展的一大前提是要有从事农业生产经营的主体，只有大量愿意长期从事农业生产经营活动的劳动者的存在，才可能解决"谁来种田"的问题，才可能保障国家的粮食安全问题。同时，农业生产经营者素质的高低，直接关系到食品安全，农产品市场竞争力高低、强弱等问题。

（一）家庭农场主培养五国扫描

1. 美国：自由择业，强化培训

美国对从事农业者没有资格限制，采取自由择业原则，公民是否从事农业生产取决于他们的个人职业意愿。同时，美国政府创造条件、支持农业生产者从事农业活动。2012年，美国农业法草案对新型职业农民的培养提出了全面的规划。一是加大对赠地大学农业专业的资助力度,扩大涉农专业的招生规模,提高新型职业农民的受教育水平。据统计,到2010年,美国25岁以上的农民中接受过大学教育的比例为46%。二是鼓励农场主和政府机构向在校大学生提供兼职和当学徒的机会,为他们将来的职业规划提供实践,便于他们选择农业职业。三是加大培训力度,扩大规模。新农业法草案规定,2013—2017年每年提供5000万美元用于新型职业农民的培训。①

2. 加拿大:全方位系统的职业培训

加拿大政府对农业非常重视,通过各种政策保障农业的可持续发展。其中,对农场主的培养、培训做到了全面、科学、系统、实用、高效。通过开展绿证培训项目,突出强调所学知识的实践性、操作性和实用性。同时,农业管理部门根据行业发展要求,制定岗位规划、绿色认证管理,提供培训资料等。而终身职业教育体系、多类型培训菜单,适合了不同层次、不同需求的农业生产经营者的需要,为加拿大源源不断地输送合格的农业经营者。②

3. 德国:农民资格认证,持证上岗

根据德国法律规定,农业从业者必须接受相关教育,合格后方可持证上岗。德国农业教育主要有两种方式,一种是通过大学培养专门农业人才,另一种是通过职业培训获得农业从业资格。至2000年,德国农业从业人员中,大约40%是通过大学培养的。农业职业教育分为初级职业教育、中级职业教育和高级职业教育。初级农业职业教育在校学习三年,最后需要统一参加全德职业资格考试,合格通过后才能成为正式农民。中级农业职业教育是在其成为正式农民后,进行为期三个学期的学习。由中级农业职业

---

① 李国祥、杨正周:《美国培养新型职业农民政策及启示》,载《农业经济问题》2013年第5期,第93—97、112页。

② 周海鸥、赵邦宏:《加拿大农民培训模式分析与经验借鉴》,载《河北经贸大学学报》2012年第3期,第91—92、97页。

教育毕业并工作一年后可继续上高级农业职业学校，高级农业职业学校主要培养农业企业管理人才。①

4. 法国：农业教育机构完备，农业从业者学历层次较高

1848年，法国成立第一所农业技术学校。自1960年颁布《农业教育指导法案》后，法国在短短十几年时间里建成了一批农业教育、科研机构。同德国等发达国家一样，法国拥有多层次、全方位、科学完备的农业教育体系，大致分为三种类型，即中等农业职业技术教育、高等农业教育和农民职业教育，它们分别培养农业的经营者、生产者、高级技术人员、各类农业工程师以及行政官员和农业院校教师等。②

5. 日本：认定农业者制度

日本同我国一样，也面临农业劳动者不足、农业兼业化明显等问题。面对"谁来种田"的问题，日本在20世纪90年代开始实施认定农业者制度。认定农业者制度就是培养农业生产经营主体力量，面向现代化生产经营制订发展计划；该制度主要是对农业从业者进行大力支持，消除农业与非农产业的收入差别。一是通过对农业生产者结构优化，使认定农业者成为生产核心。二是培养农业经营主体力量，确保农业生产主体满足农业发展需要。三是采取措施，促进农地向有发展欲望的农业者流转等。③

（二）中国新型职业农民如何培养

1. 中国的"老人农业""留守农业"

到2020年，我国还有2亿多农户，6亿多农民，因此，在一

---

① 周应恒、俞文博、周德：《德国农地管理与农业经营体系研究》，载《改革与战略》2016年第5期，第150－154页。
② 陈书娴：《法国农业教育对推进我国农民职业化的启示》，载《中国农业教育》2013年第1期，第16－18页。
③ 赵维清：《日本认定农业者制度及其对我国的启示》，载《现代日本经济》2012年第2期，第65－72页。

个相当长的时期内,小规模家庭经营依然是我国现代农业经营体系的基础。① 同时,一个现实问题是,我国农业普遍出现"老人农业""留守农业"的情况,即从事农业经营活动的主体集中在外出务工无望的中老年人,以及留守在家照顾家中老人和未成年子女的妇女身上。这样的现状是难以为继的。2010 年,种植者年纪在 60 岁以上的占 14.8%,在 60 岁以上的老年人中,还在种田的有 76.6%。② 新一代年轻人几乎是不涉足农业的,他们宁愿在外打工维持基本的生存,也毫无兴趣从事农业活动,这就迫使现在依旧在种田的农户在不久之后主动转出土地。③ 因此,应学习他国的成功做法,培养农业生产经营主体。

2. 新型职业农民的培养

(1) 吸引乡村能人从事农业经营活动。这些乡村能人或是由于经营较大面积的土地,或是拥有较为雄厚的资金实力,或是头脑灵活、具有企业家的天赋。同时,对市场有较为准确的判断,是未来职业农民的理想人选。

(2) 吸引、鼓励大学生,尤其是农林类大中专毕业生到农村创业。这个群体具有现代化的专业知识,同时又是信息时代的跟进者,如果能够从事农业将会给我国农村、农业带来新的希望和活力。而要能够吸引他们,就必须有足够的政策支持,如给他们提供与城镇职工医疗养老保险同等待遇,给他们创业提供无息贷款、特别补贴等。

(3) 构建符合我国农业发展的教育体系。中国作为农业大国,农业人才的培养是农业现代化的关键。从我国当前的农业教育情

---

① 韩长赋:《积极推进新型农业经营体系建设》,载《人民日报》2013 年 8 月 7 日第 9 版。

② 邓大才:《"小承包大经营"的"中农化"政策研究——台湾"小地主大佃农"制度的借鉴与启示》,载《学术研究》2011 年第 10 期,第 80 - 86 页。

③ 陈义媛:《资本主义式家庭农场的兴起与农业经营主体分化的再思考——以水稻生产为例》,载《开放时代》2013 年第 4 期,第 137 - 156 页。

况看，对高、中、初级农业人才的培养体系不健全，结构不合理，教育还比较落后。因此，我们应该按照农业发展的实际，按照不同教育机构、不同培养目标，设置层次鲜明、目标明确的农业教育体系。

四、社会化服务组织如何支持家庭农场

随着社会化分工的不断细化，家庭农场在产业链中的分工需要与其他市场参与者进行联合、合作，需要有与之配套、为之服务的基础组织体系、社会化服务体系的支持才有可能得到发展。

（一）五国发展家庭农场的支持措施

1. 美国：农业与其他产业的高度融合

（1）产业集聚效应的发挥。美国利用其丰富的土地资源，将全国划分为10个农业生产区域，进行集约化、集聚化生产经营。农业区的集中划分，有利于产业集聚效应的发挥，大大推动了农业产前、产中、产后的一体化经营，实现了农业产业化。

（2）强大的科技服务系统。美国对农业的科技支持力度是非常巨大的，政府计划从2009—2019年10年时间向特色作物的科技投入4.66亿美元。[1] 美国建立了以农业大学为核心的"教学+科研+技术推广"的科技体制。通过这一体系，一方面提高农业科学研究能力，使美国农业科技保持领先地位；另一方面，通过农业科技的推广，真正实现农业科技转化率。全美约有1.7万农业科研人员深入到各农场为农民开展培训、提供技术指导。[2]

---

[1] 李国祥、杨正周：《美国培养新型职业农民政策及启示》，载《农业经济问题》2013年第5期，第93-97、112页。

[2] 王晋敏、王宏民：《国外家庭农场发展研究与经验借鉴》，载《农村经济与科技》2015年第3期，第134-136页。

2. 加拿大:"田间到餐桌"的分工系统

(1) 高度发达的社会分工系统。家庭农场只负责生产,其他环节的工作自有专业协会组织代替他们组织供应商、加工商、运输商、零售商去完成。农场主与供应商、加工商、运输商、零售商之间的关系全部按市场规则进行规范。家庭农场实际运行是通过协会等农民自律组织实现高度组织化,由此也在更高层次上实现了农业的规模化和集约化,表现出极强的灵活性与实用性。[①]

(2) 合作社发挥重要的作用。加拿大各类合作组织经过 100 多年的发展已日趋成熟,表现在:一是合作社数量多,据杨玲玲等(2006),加拿大共有各类合作社 7683 个;二是合作社种类多,加拿大合作社主要包括六类,即农业供销合作社、金融类合作社、消费合作社、服务类合作社、农业生产合作社、新一代合作社。[②] 三是合作社影响大,在加拿大,每一头猪的出口,都需要通过"SPI"组织(农民选举出来的机构)向外推销。[③]

3. 德国:健全的社会化服务体系

合作社联盟为家庭农场经营管理活动中各方面的活动提供服务,而农民联合会则更多地关注农户生活中所需的服务和支持;农业联合会为农户在农业生产中提供各类农业技术方面的支持;而农业协会架起了农民与政府、社会之间的桥梁,代表农户利益与国家、社会开展互动,影响政策,维护农户利益。同时,通过举办农业展览会、技术研讨班等推动农业进步与发展。[④] 可以看到,上述四类合作组织既相互分工,又相互合作,共同支持家庭农场的发展。

[①] 农业部农垦培训考察团:《加拿大现代家庭农场运行机制培训考察报告》,载《中国农垦经济》2004 年第 4 期,第 38-44 页。

[②] 杨玲玲、辛小丽:《加拿大合作社运动的起源、发展现状及未来趋势》,载《科学社会主义》2006 年第 4 期,第 121-124 页。

[③] 顾吾浩:《加拿大农业考察记》,载《上海经济》1994 年第 5 期,第 56-58 页。

[④] 顾吾浩:《加拿大农业考察记》,载《上海经济》1994 年第 5 期,第 56-58 页。

4. 法国：强有力的政府支持计划

法国农业之所以强大，一个重要原因就是历届政府对农业都很重视，政府通过直接或间接的手段支持农业发展。为了扩大家庭农场的规模化经营、集约化生产、组织化管理，实现三次产业的融合，法国政府对家庭农场扩大规模、购置设备、提高技术等提供低息贷款，贷款利率远低于市场利率，往往仅为市场利率的1/2。强有力的政策支持，对家庭农场应对各种风险、扩大生产规模、提升经营能力发挥了重大作用。

5. 日本：农业"六次产业化"

农业的"六次产业化"是指现代农业不仅包括农林牧渔产品加工、储藏以及食品制造等过程（第二产业），还包括最终产品的流通、销售、信息服务以及农业旅游等过程（第三产业），从而形成了集生产、加工、销售、服务等一体化的多产业链条。即农业的"六次产业化"＝第一产业×第二产业×第三产业（1×2×3）。其目的是通过将农林牧渔业产品的附加价值尽可能多地存留在农村区域，以提高从业者的收入并有效活用农村、山村和渔村区域的资源。通过"地产地销""农工商联动""农产品出口促进"等模式发展"六次产业化"。①

（二）我国发展家庭农场的社会服务措施

我国发展家庭农场面临的一个较为棘手的问题就是，农业社会化服务体系残缺不全，服务落后，使家庭农场因各种限制而陷入难以发展的局面。作为最为重要的农业服务主体，政府应将服务农业、服务农场主等活动放到依靠市场自身力量很难进入或市场主体不愿进入的服务领域，如新品种新技术示范推广、土壤环境监测等领域。而在家庭农场经营活动中能够让市场提供服务的

---

① 姜长云：《日本的"六次产业化"与我国推进农村一二三产业融合发展》，载《农业经济与管理》2015年第3期，第5-10页。

尽可能地让位于市场，特别是在农产品加工、农产品营销等领域，需要市场来主导。

在服务模式上，结合家庭农场经营内容，创新多种服务模式。如"公共服务机构+农资农贸服务公司+家庭农场""龙头企业+专业合作社+家庭农场""农民专业合作社+社会化服务组织+家庭农场"等服务模式。这样，一方面降低了家庭农场雇工费用，节约了购置部分农机设备的费用；另一方面，节约了产供销等环节的交易费用，缩短了交易时间，提高了交易效率。

第五编 总结

第十四章　结论及余论

在经济新常态下，推进西藏畜牧业创新发展，必须在尊重农牧民主体地位，"使市场在资源配置中起决定性作用"的前提下，通过制度创新和更大力度的政策支持，建立有利于农牧民增收、农牧区稳定、畜牧业发展的内生发展机制。笔者通过近几年的学习、调研和分析，将上述分析概括为以下四大结论。

结论一：草场产权制度创新是推进畜牧业发展的基础

草场产权制度改革是推进畜牧业发展的基础，要在坚持草场土地集体所有权、稳定农牧民承包权的基础上，放活经营权，促进畜牧业适度规模经营。这既是畜牧业经营发展的内在要求，也是西藏推进现代化发展的需要。通过草场产权流转，可以扩大畜牧业经营规模，这既是尊重草地生态自然规律的要求，同时也能够实现规模收益。我们需要强调的一点是规模适度。何为规模适度，就是在不影响广大农牧民生活质量的情况下，与农牧业剩余劳动力流出相适应的草场的集中。避免因规模过大而导致草场过度集中在部分农牧民手中，进而影响公平发展。同时，要让从事畜牧业经营的农牧户能够获得不低于当地从事第二、第三产业的务工收入。通过草场产权制度创新，提高草场资源的配置效率，增加草地的财产性收入，促进畜牧业发展中人与自然的和谐。

结论二：经营方式创新是推进畜牧业发展的关键

在坚持草场农牧民家庭承包的基础上，发展家庭牧场、畜牧业合作社和各种类型的产业化经营组织，是推进畜牧业生产专业化、增加畜牧业收入的关键。这里特别需要强调的是，必须坚持农牧民家庭承包这一制度。至2018年，西藏尚有57.11万户承包农牧户，绝大多数为生存型、自给型。这部分农牧民在一个相当长的时间内将长期从事畜牧业，因此，广大承包农牧户和新型经营主体将长期并存，这是由西藏现实所决定的。一方面，西藏经济发展滞后于社会发展，第二、第三产业在短期内无法吸纳农牧业剩余劳动力；另一方面，西藏城镇发展滞后，辐射带动就业不强。

通过加大扶持力度，解决畜牧业经营中的实际困难，引导广大牧户通过采用现代技术、发展合作经营，增加人、财、物的投资，促进畜牧业可持续发展来增加经济效益和社会效益。积极引导、培育、扶持新型畜牧业经营主体发展，鼓励农牧民根据资源禀赋、自身发展条件等选择自己的发展经营方式。各类新型畜牧业经营主体都有着各自的优势和空间，鼓励畜牧户通过自身努力发展成为新型经营主体，鼓励畜牧大户、家庭牧场创办合作社。引导龙头企业创办或加入合作社，鼓励发展"企业＋合作社＋家庭经营组织""家庭牧场＋合作社＋市场""家庭牧场＋合作社＋自办加工企业""公共服务机构＋农资农贸服务公司＋家庭牧场"等形式，实现畜牧业的纵向一体化发展。

结论三：培养职业农牧民是推动畜牧业发展的重要手段

现代化的畜牧业离不开职业化的从业者。这就需要有一大批有文化、懂科技、会管理，爱农村、爱农牧业的高素质人才，让从事畜牧业经营者获得至少不低于当地从事其他职业的收入，使畜牧业成为有前途、有尊严的就业领域。结合西藏农牧区的实际，围绕畜牧业开展技能和经营能力培养培训，借助扶贫摘帽后的工作机制，扩大农牧区实用人才带头人培训规模，加大对专业大户、家庭牧场经营者、各类合作社带头人、涉牧企业经营管理人、涉牧社会化服务人员、乡村能人等的培训力度。同时，吸引、鼓励大学生，尤其是农林类大中专毕业生到农牧区创业，真正使农牧业成为进入有要求、经营有收益、收入有保障、职业有尊严的行业。

结论四：政策支持是畜牧业发展的保障

西藏地理气候条件恶劣，社会整体发展落后。自脱贫攻坚战以来，西藏经济社会虽然得到全面提升，但相对其他省市而言，依然较为落后。在新的历史时期，要促进畜牧业发展就必然要加大财政资金投入力度；加大政策倾向力度，扶持一批新型畜牧业经营主体发展，降低畜牧业经营风险；加大交通、水利、电力等畜牧基础设施条件的改善，为技术、信息等现代化生产要素进入畜牧业提供基础平台，不断提高畜牧业经营效率、创新经营模式；加大金融政策支持畜牧业的力度，通过面向农牧民的资金互助组织、社会性金融组织，服务西藏畜牧业。

余论：西藏畜牧业现代化要在畜牧业外下功夫

畜牧业作为经济体系的一个部分，其发展离不开整个社会经济体系的支撑与配合。结合西藏发展实际，除了就畜牧业进行讨论之外，我们还应跳出畜牧业来讨论畜牧业发展，同时，还应考虑农牧民、农牧区的发展。本书就此提出以下观点，虽然不全面，但也可以作为一个拓展的思路。

通过加快西藏工业化建设，推动畜牧业发展。一是转移剩余劳动力的需要。通过工业化将农牧区剩余劳动力转移出农牧业，解决农牧民收入不高、农牧业适度规模经营的问题。二是西藏绿色发展的需要。随着西藏的工业化发展，吸纳足够多的农牧业人口，降低农牧民对土地、草场的依赖，有利于发展绿色农牧业，修复土地肥力，阻止草场退化，改善生态环境。三是发展现代农牧业的需要。农牧业人口减少，土地草场流转到家庭农牧场、农牧民合作社等新型农业经营主体手中，这将有利于农牧业新技术、新品种的采用和推广，有利于提高农牧业现代化发展水平。

积极打造高原小镇，促进畜牧业与其他产业融合。"城镇化是现代化的必由之路，是我国最大的内需潜力和发展动能所在，对全面建设社会主义现代化国家意义重大。"通过城镇化建设，提高广大农牧民群众的生活水平就需要依托其产业发展，带动城镇化建设。而发展产业需要结合当地的自然禀赋、生产生活习惯等现实因素。对于西藏而言，可以借助地理环境，丰富畜牧业内涵，通过建立各具特色的高原小镇，促进畜牧业与第二、第三产业融合。

西藏除拉萨、日喀则等地市政府所在地具有较大规模的中小城市外，各县及乡镇所在地人口规模、经济集聚能力都非常有限，可以发展具有地域特色的高原小镇建设①。西藏的现代化首先应表现为人民生活水平的现代化，这是西藏现代化的最大特点，也是我们努力的方向。如前所述，受西藏第二、第三产业发展条件所限，广大农牧区还有更多的农牧民需要从事高原特色农牧业来发展经济。

---

① 这里所提的高原小镇，应包括如下内涵：一是高原小镇，不是以生产为中心，而是主要为当地农牧民群众提供生活便利，特别是提供现代化的卫生、医疗、健康、教育、娱乐等公共服务；二是高原小镇凸显为人口的小集聚，而不是大规模建设。也就是说在现代化的背景下，通过适度人口迁移，既能从事农牧业生产、加工、销售，又能够享受现代化生活服务，小镇辐射范围适度，不贪大图宽，而是小而精的小镇。

同时，西藏地处我国西南边疆，与缅甸、印度、不丹、尼泊尔、克什米尔等国家及地区接壤。在青藏高原守护好祖国边防，贯彻落实"神圣国土的守护者、幸福家园的建设者"，结合西藏实践，构建符合当地实际的边境小城镇，实现"城镇化+畜牧+守边"的发展模式也是可行之举。通过构建边防小镇，鼓励和吸纳群众参与维稳控边队伍，发挥一线守边、固边，把爱民固边战略打造成为惠民工程和强边工程。一是在制度上保障边境小城镇的机构建制，发挥政府职能。二是加强基础社会、公共服务保障。边境小城镇的建设离不开完善的基础设施和公共服务，因此，政府应加大投资力度，因地制宜地发展边境小城镇，满足当地居民生产生活需要。三是加强经济保障。要使边境小镇有活力，就必须做到嵌入者"住得下、留得住、能致富"。这其中就需要发展符合当地的特色产业，实现其可持续发展。如山南市的隆子县玉麦乡，就是依靠发展牧业、编织、旅游、林下经济发展致富。在2018年年底，玉麦乡被国家民委命名为第六批全国民族团结进步创建示范区。

另外，还可借助援藏力量，推动畜牧业发展。从20世纪80年代到现在，中央政府先后七次召开西藏工作座谈会，为西藏发展投入了大量精力。西藏经济社会所取得的成就离不开各援藏单位在人、财、物、市场、信息等各个方面的大力支持。畜牧业发展离不开各种援藏力量，因此，如何更有效、更充分地利用好援藏力量，借助援藏资源实现经济社会现代化，就成为一个关键问题。通过合作发挥援藏单位在管理、技术、市场等方面的优势，积极培育西藏各类畜牧业经营主体，为畜牧业发展提供持续支持，推进畜牧业高质量发展。

参考文献

［1］埃格特森. 新制度经济学［M］. 吴经邦，李耀，朱寒松，等，译. 北京：商务印书馆，1996.

［2］巴泽尔. 产权的经济分析［M］. 费方域，段毅才，译. 上海：上海三联书店，1997.

［3］白玛朗杰，等. 口述西藏百年历程：上册［M］. 北京：中国藏学出版社，2012.

［4］波斯纳. 法律的经济分析［M］. 蒋兆康，译. 北京：中国大百科全书出版社，1997.

［5］布罗姆利. 经济利益与经济制度［M］. 陈郁，郭宇峰，汪春，译. 上海：上海三联书店，1996.

［6］常丽霞. 藏族牧区生态习惯法文化的传承与变迁研究：以拉卜楞地区为中心［M］. 北京：民族出版社，2013.

［7］程恩福，胡乐明. 新制度经济学［M］. 北京：经济日报出版社，2005.

［8］诺斯. 经济史中的结构与变迁［M］. 陈郁，罗华平，等，译. 上海：上海三联书店，1994.

［9］诺斯. 制度、制度变迁与经济绩效［M］. 刘守英，译. 上海：上海三联书店，1994.

［10］波金斯，拉德勒，林道尔，等. 发展经济学［M］. 彭忆欧，等，译. 7版. 北京：中国人民大学出版社，2018.

［11］狄方耀，图登克珠，李宏. 西藏经济学概论［M］. 厦门：厦门大学出版社，2016.

［12］杜赞奇. 文化、权力与国家：1900—1942年的华北农村

[M]. 王福明,译. 2版. 南京:江苏人民出版社,2010.

[13] 段文斌,陈国富,谭庆刚,等. 制度经济学:制度主义与经济分析 [M]. 天津:南开大学出版社,2003.

[14] 多杰才旦. 西藏封建农奴制社会形态 [M]. 北京:中国藏学出版社,2005.

[15] 尕藏才旦,格桑本. 青藏高原游牧文化 [M]. 兰州:甘肃民族出版社,2000.

[16] 韩俊,等. 中国草原生态问题调查 [M]. 上海:上海远东出版社,2011.

[17] 韩念勇. 草原的逻辑:第一辑 [M]. 北京:北京科学技术出版社,2011.

[18] 贺雪峰. 地权的逻辑:中国农村土地制度向何处去 [M]. 北京:中国政法大学出版社,2010.

[19] 贺雪峰. 乡村治理与农业发展 [M]. 武汉:华中科技大学出版社,2017.

[20] 索托. 资本的秘密 [M]. 王晓冬,译,南京:江苏人民出版社,2001.

[21] 黄宗智. 中国乡村研究:第八辑 [M]. 福州:福建人民出版社,2010.

[22] 黄宗智. 中国乡村研究:第六辑 [M]. 福州:福建教育出版社,2008.

[23] 黄宗智. 中国乡村研究:第五辑 [M]. 福州:福建教育出版社,2007.

[24] 科斯. 论生产的制度结构 [M]. 盛洪,陈郁,译. 上海:上海三联书店,1994.

[25] 科斯,阿尔钦,诺斯,等. 财产权利与制度变迁 [M]. 刘守英,等,译. 上海:上海三联书店,2014.

[26] 兰志明. 西藏农牧业政策与实践 [M]. 北京:西藏人民出版社,2013.

[27] 郎维伟,赵书彬,张朴. 藏北牧业社会变迁:达村和宗村牧民权利享有的人类学考察[M]. 北京:民族出版社,2013.

[28] 李丹. 理解农民中国:社会科学哲学的案例研究[M]. 张天虹,张洪云,张胜波,译. 南京:江苏人民出版社,2009.

[29] 李继刚. 西藏农牧区反贫困与乡村建设[M]. 厦门:厦门大学出版社,2016.

[30] 李向林,安迪,晏兆莉. 天然草原共管国际研讨会论文集[M]. 北京:中国农业科学技术出版社,2007.

[31] 李周,杜志雄,朱钢. 农业经济学[M]. 北京:中国社会科学出版社,2017.

[32] 卢现祥. 新制度经济学[M]. 武汉:武汉大学出版社,2003.

[33] 赫勒. 困局经济学[M]. 闰佳,译. 北京:机械工业出版社,2009.

[34] 戈尔茨坦,比尔. 今日西藏牧民:美国人眼中的西藏[M]. 肃文,译. 上海:上海翻译出版公司,1991.

[35] 考尔,等. 游牧社会的转型与现代性:山地卷[M]. 北京:中国社会科学出版社,2015.

[36] 青木昌彦. 比较制度分析[M]. 周黎安,译. 上海:上海远东出版社,2001.

[37] 陕锦风. 青藏高原的草原生态与游牧文化[M]. 北京:中国社会科学出版社,2014.

[38] 速水佑次郎,神门善久. 发展经济学:从贫困到富裕[M]. 李周,译. 3版. 北京:社会科学文献出版社,2009.

[39] 孙勇. 西藏当代经济社会发展中的制度供给研究[M]. 北京:中国社会科学出版社,2016.

[40] 王建林,陈崇凯. 西藏农牧史[M]. 北京:社会科学文献出版社,2014.

[41] 王明珂. 游牧者的抉择:面对汉帝国的北亚游牧部族

[M].桂林:广西师范大学出版社,2008.

[42] 王晓毅.环境压力下的草原社区:内蒙古六个嘎查村的调查[M].北京:社会科学文献出版社,2009.

[43] 习近平.习近平谈治国理政:第二卷[M].北京:外文出版社,2017.

[44] 辛盛鹏.西藏自治区农牧业调查研究[M].北京:中国农业大学出版社,2013.

[45] 杨时民.西藏"三农"政策体系研究:上册[M].北京:人民出版社,2013.

[46] 郝时远,科拉斯,扎洛.当代中国游牧业:政策与实践[M].北京:社会科学文献出版社,2013.

[47] 张济民.渊源流近:藏族部落习惯法法规及案例辑录[M].西宁:青海人民出版社,2005.

[48] 张培刚.农业与工业化:中下合卷[M].武汉:华中科技大学出版社,2002.

[49] 中国藏学研究中心社会经济研究所.西藏家庭四十年变迁:西藏百户家庭调查报告[M].北京:中国藏学出版社,1996.

[50] 哈札诺夫,贾衣肯.游牧及牧业的基本形式[J].西域研究,2015(3):101-110.

[51] 敖仁其,文明.资源利用方式改变与社会经济脆弱性关联探讨:以内蒙古牧业区Y嘎查为例[J].广西民族大学学报(哲学社会科学版),2013(4):46-51.

[52] 敖仁其,席锁柱.游牧文明的现代价值[J].前沿,2012(15):4-6.

[53] 巴贵,白玛罗布,强巴索朗,等.2013—2015年西藏仲巴县畜牧业经济发展现状调查分析[J].畜牧与饲料科学,2016(2):34-35.

[54] 白玲,孟凡栋,贾书刚,等.西藏那曲地区草地畜牧业现状调查及其发展趋势分析[J].西藏大学学报(自然科学版),

2012 (2): 19 – 22.

[55] 蔡海龙. 农业产业化经营组织形式及其创新路径 [J]. 中国农村经济, 2013 (11): 4 – 11.

[56] 曹正汉. 产权的社会建构逻辑: 从博弈论的观点评中国社会学家的产权研究 [J]. 社会学研究, 2008 (1): 200 – 216.

[57] 钞小静, 薛志欣. 以新经济推动中国经济高质量发展的机制与路径 [J]. 西北大学学报 (哲学社会科学版), 2020 (1): 49 – 56.

[58] 陈阿江, 王婧. 游牧的"小农化"及其环境后果 [J]. 学海, 2013 (1): 55 – 63.

[59] 陈柏峰. 土地流转对农民阶层分化的影响: 基于湖北省京山县调研的分析 [J]. 中国农村观察, 2009 (4): 57 – 64, 97.

[60] 陈剑波. 制度变迁与乡村非正规制度: 中国乡镇企业的财产形成与控制 [J]. 经济研究, 2000 (1): 48 – 55.

[61] 陈秋红. 社区主导型草地共管模式: 成效与机制: 基于社会资本视角的分析 [J]. 中国农村经济, 2011 (5): 61 – 71.

[62] 陈书娴. 法国农业教育对推进我国农民职业化的启示 [J]. 中国农业教育, 2013 (1): 16 – 18.

[63] 陈锡文. 把握农村经济结构、农业经营形式和农村社会形态变迁的脉搏 [J]. 开放时代, 2012 (3): 112 – 115.

[64] 陈祥军. 游牧生态 – 环境知识与草原可持续发展: 以新疆阿勒泰哈萨克为例 [J]. 湖北民族学院学报 (哲学社会科学版), 2012 (5): 52 – 56.

[65] 陈晓华. 大力培育新型农业经营主体: 在中国农业经济学会年会上的致辞 [J]. 农业经济问题, 2014 (1): 4 – 7.

[66] 陈义媛. 遭遇资本下乡的家庭农业 [J]. 南京农业大学学报 (社会科学版), 2013 (6): 24 – 26.

[67] 仇思宁, 李华晶. 亲社会性与社会创业机会开发关系研究 [J]. 科学学研究, 2018 (2): 304 – 312.

[68] 邓大才. "小承包大经营"的"中农化"政策研究：台湾"小地主大佃农"制度的借鉴与启示 [J]. 学术研究, 2011 (10): 80-86.

[69] 邓衡山, 王文灿. 合作社的本质规定与现实检视：中国到底有没有真正的农民合作社？[J]. 中国农村经济, 2014 (7): 15-26.

[70] 范远江. 西藏草场制度变迁的实证分析 [J]. 华东经济管理, 2008 (7): 35-39.

[71] 盖志毅, 马军. 论我国牧区土地产权的三个不对称 [J]. 农村经济, 2009 (3): 23-27.

[72] 高永久, 邓艾. 藏族游牧民定居与新牧区建设：甘南藏族自治区调查报告 [J]. 民族研究, 2007 (5): 28-37.

[73] 龚刚. 论新常态下的供给侧改革 [J]. 南开学报（哲学社会科学版), 2016 (2): 13-20.

[74] 贡布泽仁, 李文军. 草场管理中的市场机制与习俗制度的关系及其影响：青藏高原案例研究 [J]. 自然资源学报, 2016 (10): 1637-1647.

[75] 管洪彦, 孔祥智. "三权分置"下集体土地所有权的立法表达 [J]. 西北农林科技大学学报（社会科学版), 2019 (2): 74-82.

[76] 郭红东, 楼栋, 胡卓红, 等. 影响农民专业合作社成长的因素分析：基于浙江省部分农民专业合作社的调查 [J]. 中国农村经济, 2009 (8): 24-31.

[77] 郭亮. 土地"新产权"的实践逻辑：对湖北 S 镇土地承包纠纷的学理阐释 [J]. 社会, 2012 (2): 144-170.

[78] 郭熙保, 冯玲玲. 家庭农场规模的决定因素分析：理论与实证 [J]. 中国农村经济, 2015 (5): 82-95.

[79] 韩俊, 秦中春, 张云华, 等. 我国农民专业合作经济组织发展的影响因素分析 [J]. 红旗文稿, 2006 (15): 14-16.

[80] 胡鞍钢, 周绍杰, 任皓. 供给侧结构性改革: 适应和引领中国经济新常态 [J]. 清华大学学报 (哲学社会科学版), 2016 (2): 17-22.

[81] 胡泊. 培育新型农业经营主体的现实困扰与对策措施 [J]. 中州学刊, 2015 (3): 45-48.

[82] 胡冬生, 余秀江, 王宣喻. 农业产业化途径选择: 农地入股流转、发展股份合作经济: 以广东梅州长教村为例 [J]. 中国农村观察, 2010 (3): 47-59.

[83] 胡平波. 农民专业合作社中农民合作行为激励分析: 基于正式制度与声誉制度的协同治理关系 [J]. 农业经济问题, 2013 (10): 73-82, 111.

[84] 黄季焜. 农业供给侧结构性改革的关键问题: 政府职能和市场作用 [J]. 中国农村经济, 2018 (2): 2-14.

[85] 黄祖辉, 傅琳琳. 新型农业经营体系的内涵与建构 [J]. 学术月刊, 2015 (7): 50-56.

[86] 黄祖辉, 傅琳琳, 李海涛. 我国农业供给侧结构调整: 历史回顾、问题实质与改革重点 [J]. 南京农业大学学报 (社会科学版), 2016 (6): 1-5.

[87] 吉田顺一, 阿拉腾嘎日嘎. 游牧及其改革 [J]. 内蒙古师范大学学报 (哲学社会科学版), 2004 (6): 37-38.

[88] 姜长云, 杜志雄. 关于推进农业供给侧结构性改革的思考 [J]. 南京农业大学学报 (社会科学版), 2017 (1): 1-10.

[89] 姜长云. 日本的"六次产业化"与我国推进农村一二三产业融合发展 [J]. 农业经济与管理, 2015 (3): 5-10.

[90] 姜长云. 推进农业供给侧结构性改革的重点 [J]. 经济纵横, 2018 (2): 91-98.

[91] 康涛. 环境视阈下藏区草山承包到户制度的思考 [J]. 社会科学研究, 2014 (5): 130-135.

[92] 寇彧, 唐玲玲. 心境对亲社会行为的影响 [J]. 北京师

范大学学报（社会科学版），2004（5）：44-49．

[93] 匡远配，陆钰凤．农地流转实现农业、农民和农村的同步转型了吗[J]．农业经济问题，2016（11）：4-14．

[94] 李稻葵．转型经济中的模糊产权理论[J]．经济研究，1995（4）：42-50．

[95] 李锦华，王春梅，田福平，等．西藏牧草种子生产的有关问题与对策[J]．草业与畜牧，2009（11）：17-21．

[96] 李伟伟，钟震．维护承包者权益还是经营者权益？：保护耕作权以放活土地经营权的日本经验与启示[J]．管理世界，2016（2）：174-175．

[97] 李扬，张晓晶．"新常态"：经济发展的逻辑与前景[J]．经济研究，2015（5）：4-19．

[98] 李忠魁，拉西．西藏草地资源价值及退化损失评估[J]．中国草地学报，2009（2）：14-21．

[99] 李祖佩，管珊．"被产权"：农地确权的实践逻辑及启示：基于某土地产权改革试点村的实证考察[J]．南京农业大学学报（社会科学版），2013（1）：80-87，102．

[100] 连雪君，毛雁冰，王红丽．细碎化土地产权、交易成本与农业生产：来自内蒙古中部平原地区乌村的经验调查[J]．中国人口·资源与环境，2014（4）：86-92．

[101] 蔺全录，包惠玲，王馨雅．美国、德国和日本发展家庭农场的经验及对中国的启示[J]．世界农业，2016（11）：156-162．

[102] 刘博，谭淑豪．社会资本与牧户草地租赁倾向[J]．干旱区资源与环境，2018（4）：13-18．

[103] 刘灿，刘明辉．产业融合发展、农产品供需结构与农业供给侧改革[J]．当代经济研究，2017（11）：32-41，97．

[104] 刘鸿渊，陈怡男．农地流转：组织形态、利益关系与策略行为治理[J]．求索，2017（11）：73-80．

[105] 刘建利. 牧业经营方式的转变:从草场承包到草场整合 [J]. 经济社会体制比较, 2008 (6): 112 - 116.

[106] 刘世定. 科斯悖论和当事者对产权的认知 [J]. 社会学研究, 1998 (2): 12 - 21.

[107] 刘世锦. 如何适应中国经济新常态大逻辑 [J]. 人民论坛, 2015 (9): 22 - 24.

[108] 刘守英, 熊雪锋, 龙婷玉. 集体所有制下的农地权利分割与演变 [J]. 中国人民大学学报, 2019 (1): 2 - 12.

[109] 刘同山, 孔祥智. 关系治理与合作社成长:永得利蔬菜合作社案例研究 [J]. 中国经济问题, 2013 (3): 3 - 10.

[110] 刘伟. 经济新常态与经济发展新策略 [J]. 中国特色社会主义研究, 2015 (2) 5 - 13.

[111] 刘瑶, 王伊欢. 我国农业产业化深度发展的有效路径 [J]. 山东社会科学, 2016 (1): 183 - 188.

[112] 刘一明, 罗必良, 郑燕丽. 产权认知、行为能力与农地流转签约行为:基于全国 890 个农户的抽样调查 [J]. 华中农业大学学报 (社会科学版), 2013 (5): 23 - 28.

[113] 罗必良. 从产权界定到产权实施:中国农地经营制度变革的过去与未来 [J]. 农业经济问题, 2019 (1): 17 - 31.

[114] 罗康隆. 论藏族游牧生计与寒漠带冻土层的维护 [J]. 青海民族大学学报 (社会科学版), 2014 (4): 36 - 45.

[115] 罗绒战堆. 沟域中生存的藏人 [J]. 中国西藏, 2007 (4): 16 - 23.

[116] 梅小伟. 西藏加查县畜牧业发展现状研究 [J]. 畜牧与饲料科学, 2013 (11): 93 - 94.

[117] 孟作亭, 格桑塔杰. 西藏吐蕃时期畜牧业发展管窥 [J]. 西藏研究, 1989 (4): 22 - 26.

[118] 囡丁, 徐百志. 国外草原畜牧业发展经验与启示 [J]. 中国畜牧业, 2012 (17): 60 - 63.

[119] 南文渊. 藏族牧民游牧生活考察 [J]. 青海民族研究, 1999 (1): 46-54.

[120] 农业部农垦培训考察团. 加拿大现代家庭农场运行机制培训考察报告 [J]. 中国农垦经济, 2004 (4): 38-44.

[121] 潘劲. 合作社与村两委的关系探究 [J]. 中国农村观察, 2014 (2): 26-38.

[122] 潘劲. 中国农民专业合作社: 数据背后的解读 [J]. 中国农村观察, 2011 (6): 2-11.

[123] 秦愚. 中国农业合作社股份合作化发展道路的反思 [J]. 农业经济问题, 2013 (6): 19-29.

[124] 任大鹏、李琳琳、张颖. 有关农民专业合作社的凝聚力和离散力分析 [J]. 中国农村观察, 2012 (5): 13-20.

[125] 任健, 墨继光, 张树斌. 草地共管在滇西北退化草地治理中的实践 [J]. 云南农业大学学报 (社会科学版), 2010 (4): 19-23.

[126] 申静, 王汉生. 集体产权在中国乡村生活中的实践逻辑: 社会学视角下的产权建构过程 [J]. 社会学研究, 2005 (1): 113-148, 247.

[127] 沈镇昭, 杨振海. 加拿大对饲料安全的监管及启示 [J]. 世界农业, 2005 (1): 39-42.

[128] 石建勋, 张悦. 中国经济新常态趋势分析及战略选择 [J]. 新疆师范大学学报 (哲学社会科学版), 2015 (4): 1-7.

[129] 时彦民, 白史且, 左玲玲, 等. 加拿大的草地畜牧业 [J]. 中国牧业通讯, 2005 (21): 68-71.

[130] 苏发祥, 桑德杰布. 论西藏牧区社会变迁对高原生态的影响: 以藏南牧区为例 [J]. 青海民族大学学报, 2014 (3): 4-9.

[131] 苏永杰. 试论藏族传统文化与青藏高原游牧经济的相互影响 [J]. 西南民族大学学报 (人文社会科学版), 2011 (6):

162-165.

[132] 孙新华. 强制商品化:"被流转"农户的市场化困境:基于五省六地的调查 [J]. 南京农业大学学报(社会科学版), 2013 (5): 25-31.

[133] 特力更, 敖仁其. 游牧文明与草场畜牧业 [J]. 前沿, 2002 (12): 53-55.

[134] 仝志辉. 草畜双承包制度下牧民抗击自然灾害的能力减弱与合作经济组织的减贫效应:哈日高毕嘎查调查 [J]. 北方经济, 2008 (5): 21-22.

[135] 王洪戈. 加拿大畜牧业独具特色 [J]. 中国牧业通讯, 2014 (13): 16-17.

[136] 王杰. 国外畜牧业发展特点与中国畜牧业发展模式的选择 [J]. 世界农业, 2012 (10): 32-35.

[137] 王晋敏, 王宏民. 国外家庭农场发展研究与经验借鉴 [J]. 农村经济与科技, 2015 (3): 134-136.

[138] 王军. 中国农民专业合作社社员机会主义行为的约束机制分析 [J]. 中国农村观察, 2011 (5): 25-32.

[139] 王小映. 农业产业化经营的合约选择与政策匹配 [J]. 改革, 2014 (8): 56-64.

[140] 王勇. "草场承包"为何姗姗来迟 [J]. 西北民族大学学报(哲学社会科学版), 2013 (4): 149-153, 164.

[141] 王智民. 意识形态与文化的关系 [J]. 安顺学院学报, 2008 (6): 19-21.

[142] 韦惠兰, 郭达. 联户规模对高寒草场质量的影响分析:以甘肃玛曲为例 [J]. 草地学报, 2014 (6): 1147-1152.

[143] 魏杰, 杨林. 经济新常态下的产业结构调整及相关改革 [J]. 经济纵横, 2015 (6): 1-5.

[144] 吴彬, 徐旭初. 合作社治理结构:一个新的分析框架 [J]. 经济学家, 2013 (10): 79-88.

[145] 吴夏梦，何忠伟，刘芳，等. 国外家庭农场经营管理模式研究与借鉴 [J]. 世界农业，2014（9）：128-133.

[146] 武广汉. "中间商+农民"模式与农民的半无产化 [J]. 开放时代，2012（3）：100-111.

[147] 夏冬泓，杨杰. 合作社收益及其归属新探 [J]. 农业经济问题，2010（4）：33-40.

[148] 夏益国，宫春生. 粮食安全视阈下农业适度规模经营与新型职业农民：耦合机制、国际经验与启示 [J]. 农业经济问题，2015（5）：56-64，111.

[149] 星全成. 民主改革前藏族部落组织制度 [J]. 青海民族研究，1997（3）：40-43，45-46.

[150] 熊万胜. 合作社：作为制度化进程的意外后果 [J]. 社会学研究，2009（5）：83-109.

[151] 熊镇邦，沈采虹. 基于比较优势原理的西藏农牧业结构调整研究 [J]. 康定民族师范高等专科学校学报，2009（1）：17-22.

[152] 徐旺生. 中国原始畜牧的萌芽与产生 [J]. 农业考古，1993（1）：189-198，188.

[153] 徐旭初，吴彬. 治理机制对农民专业合作社绩效的影响：基于浙江省526家农民专业合作社的实证分析 [J]. 中国农村经济，2010（5）：43-55.

[154] 闫旭文，南志标，唐增. 澳大利亚畜牧业发展及其对我国的启示 [J]. 草业科学，2012（3）：482-487.

[155] 杨春学. "超载"现象、制度选择和政策思考：以金沙江两岸藏区为案例的研究 [J]. 中国藏学，2014（1）：5-14.

[156] 杨光华，贺东航，朱春燕. 群体规模与农民专业合作社发展：基于集体行动理论 [J]. 农业经济问题，2014（11）：80-86，111.

[157] 杨红先. 加拿大畜牧业的概况及特点 [J]. 中国畜牧

业, 2016 (22): 50-52.

[158] 杨华. 中国农村的"半工半耕"结构 [J]. 农业经济问题, 2015 (9): 19-32.

[159] 杨理. 草原治理: 如何进一步完善草原家庭承包制 [J]. 中国农村经济, 2007 (12): 62-67.

[160] 杨玲玲, 辛小丽. 加拿大合作社运动的起源、发展现状及未来趋势 [J]. 科学社会主义, 2006 (4): 121-124.

[161] 杨明. 川西北藏族游牧部落的经济形态 [J]. 西南民族学院学报 (社会科学版), 1986 (1): 51-56.

[162] 杨武, 曹玉凤, 李运起, 等. 国内外发展草地畜牧业的现状与发展趋势 [J]. 中国草食动物, 2011 (1): 65-68.

[163] 姚宇、陈津竹. 关于高寒牧区冲突的经济学再分析 [J]. 中国藏学, 2015 (3): 73-92.

[164] 叶航. 公共合作中的社会困境与社会正义: 基于计算机仿真的经济学跨学科研究 [J]. 经济研究, 2012 (8): 132-145.

[165] 叶斯汗. 从游牧到定居是游牧民族传统生产生活方式的重大变革 [J]. 西北民族研究, 2004 (4): 132-140, 166.

[166] 于桂阳, 郑春芳. 荷兰家庭牧场考察 [J]. 中国奶牛, 2014 (14): 48-50.

[167] 余练. 产权的地方性形态及其表达逻辑: 基于对W村土地纠纷的考察 [J]. 中国农业大学学报 (社会科学版), 2013 (1): 150-156.

[168] 原京成. 荷兰的草地畜牧业管理模式 [J]. 中国牧业通讯, 2007 (5): 72-73.

[169] 苑鹏. 中国特色的农民合作社制度的变异现象研究 [J]. 中国农村观察, 2013 (3): 40-46.

[170] 扎呷. 论西藏的草场资源与环境保护 [J]. 中国藏学, 2005 (3): 97-101.

[171] 湛志伟. "公地悲剧"及其治理的博弈分析 [J]. 经济评论, 2004 (3): 49-52.

[172] 张红宇. 中国现代农业经营体系的制度特征与发展取向 [J]. 中国农村经济, 2018 (1): 23-33.

[173] 张建世. 藏族传统的游牧方式 [J]. 中国藏学, 1994 (4): 61-71.

[174] 张立中、辛国昌. 澳大利亚、新西兰草原畜牧业的发展经验 [J]. 世界农业, 2008 (4): 22-24.

[175] 张社梅, 李冬梅. 农业供给侧结构性改革的内在逻辑及推进路径 [J]. 农业经济问题, 2017 (8): 59-65.

[176] 张雯. 草原沙漠化问题的一项环境人类学研究 [J]. 社会, 2008 (4): 187-205.

[177] 张小军. 象征地权与文化经济: 福建阳村的历史地权个案研究 [J]. 中国社会科学, 2004 (3): 121-135, 208.

[178] 张晓山. 促进以农产品生产专业户为主体的合作社发展: 以浙江省农民专业合作社的发展为例 [J]. 中国农村经济, 2004 (11): 4-10, 23.

[179] 张秀生、单娇. 加快推进农业现代化背景下新型农业经营主体培育研究 [J]. 湘潭大学学报 (哲学社会科学版), 2014 (3): 17-24.

[180] 张占斌, 周跃辉. 关于中国经济新常态若干问题的解析与思考 [J]. 经济体制改革, 2015 (1): 34-38.

[181] 张自和, 郭正刚, 吴素琴. 西部高寒地区草业面临的问题与可持续发展 [J]. 草业学报, 2002 (3): 29-33.

[182] 赵维清. 日本认定农业者制度及其对我国的启示 [J]. 现代日本经济, 2012 (2): 65-72.

[183] 赵晓峰, 付少平. 多元主体、庇护关系与合作社制度变迁: 以府城县农民专业合作社的实践为例 [J]. 中国农村观察, 2015 (2): 2-12.

[184] 折晓叶, 陈婴婴. 产权怎样界定: 一份集体产权私化的社会文本 [J]. 社会学研究, 2005 (4): 1-43.

[185] 钟文晶、罗必良. 禀赋效应、产权强度与农地流转抑制: 基于广东省的实证分析 [J]. 农业经济问题, 2013 (3): 6-16.

[186] 钟涨宝, 陈小伍, 王绪朗. 有限理性与农地流转过程中的农户行为选择 [J]. 华中科技大学学报 (社会科学版), 2007 (6): 113-118.

[187] 周大鸣. 藏北游牧部落与马克思的亚细亚生产方式 [J]. 西藏研究, 1996 (4): 47-53.

[188] 周立, 董小瑜. "三牧"问题的制度逻辑: 中国草场管理与产权制度变迁研究 [J]. 中国农业大学学报 (社会科学版), 2013 (2): 94-107.

[189] 周文, 陈翔云. 公共资源的马克思主义经济学研究 [J]. 政治经济学评论, 2018 (1): 180-190.

[190] 周歆红. 西方人类学产权研究的三种路径 [J]. 社会学研究, 2016 (2): 217-240.

[191] 周雪光. "关系产权": 产权制度的一个社会学解释 [J]. 社会学研究, 2005 (2): 1-31, 243.

[192] 周应恒, 俞文博, 周德. 德国农地管理与农业经营体系研究 [J]. 改革与战略, 2016 (5): 150-154.

[193] 周忠丽, 夏英. 国外"家庭农场"发展探析 [J]. 广东农业科学, 2014 (5): 22-25.

[194] 洲塔. 试论甘肃藏族部落发展进程中的特点 [J]. 中国藏学, 1998 (3): 74-79.

[195] 朱富强. "公地悲剧"如何转化为"公共福祉": 基于现实的行为机理之思考 [J]. 中山大学学报 (社会科学版), 2011 (3): 182-189.

[196] 朱述斌. 澳大利亚畜产品质量保证制度的启示 [J].

中国牧业通讯，2006（21）：70-73.

［197］朱文珏，罗必良. 农地流转、禀赋效应及对象歧视性：基于确权背景下的 IV - Tobit 模型的实证分析［J］. 农业技术经济，2019（5）：4-15.

后 记

本书是我于 2016 年申报并获立项的国家社会科学基金项目——"经济新常态背景下西藏草场产权改革与畜牧业经营方式创新研究"的最终成果；同时，得到了西藏民族大学"高原学者"计划项目的支持。我热爱西藏，更爱西藏淳朴的农牧民，希望本书能对西藏农牧区发展、农牧业现代化有所帮助。

本书的顺利出版得到了我所在的西藏民族大学的大力支持。西藏民族大学宽松的教学科研环境，为本人的研究提供了最为重要的基础。同时，我要感谢西藏民族大学财经学院陈爱东教授、魏小文教授、张志恒教授，以及财经学院的其他同仁，正是他们对我的鼎力支持，使我有更多时间开展研究；科研处陈敦山教授、张剑雄教授、张传庆教授，他们创造便利条件，支持我参与多个课题研究，使我对西藏有更深入的认识；西藏乡村振兴研究所禄树晖教授给我提供了深入农牧区、走进农牧户开展调研的可能。我的研究生朱亚荣、原寒旭完成了诸多琐碎工作，帮助良多。

感谢中山大学出版社的各位编辑，他们投入了大量时间和精力，使得本书增色不少。

最后，我要感谢我的母亲和岳母，他们对我的理解和支持，使我能够安心工作。我的爱人潘琪女士，从无怨言，尽一切所能支持我的追求。

谨以此书献给所有帮助我、支持我的人，以表达我对他们的感激之情。

李继刚

2021 年 1 月 30 日于西藏民族大学